Schau nach!
FRANZÖSISCH für die Schule

Alles, was du brauchst, um Französisch zu lernen

von
Gabriele Forst
Elisabeth Froget-Seeger
Stéphanie Gehrke

Ernst Klett Sprachen GmbH
Barcelona - Belgrad - Budapest - Ljubljana - London - Posen - Prag - Sofia - Stuttgart - Zagreb

PONS
Schau nach!
FRANZÖSISCH für die Schule

Alles, was du brauchst, um Französisch zu lernen

von
Gabriele Forst
Elisabeth Froget-Seeger
Stéphanie Gehrke

Auflage A1 5 4 3 2 1 / 2009 2008 2007 2006

© Ernst Klett Sprachen GmbH, Rotebühlstraße 77, 70178 Stuttgart, 2006
Internet: www.pons.de
E-Mail: info@pons.de
Alle Rechte vorbehalten.

Redaktion: Astrid Saathoff, Antje Wollenweber
Logoentwurf: Erwin Poell, Heidelberg
Logoüberarbeitung: Sabine Redlin, Ludwigsburg
Einbandgestaltung: deutschewerbeagentur
Titelfoto: Vlado Golub, Stuttgart
Layout/Satz: andrea grundmann kommunikationsgestaltung, Karlsruhe
Druck: Legoprint
Printed in Italy
ISBN10: 3-12-560742-6
ISBN13: 978-3-12-560742-2

Vorwort

Willkommen in der Welt der französischen Sprache!

Schau nach! Französisch für die Schule ist ein umfassendes Nachschlagewerk, das dich in deiner gesamten Sprachlernlaufbahn begleiten wird.

Es bietet dir als Sprachanfänger oder fortgeschrittenem Lerner die Möglichkeit, die wichtigsten Bereiche und Aspekte der französischen Sprache nachzuschlagen:

- **Grammatik**
  In diesem Kapitel findest du die wichtigsten Grammatikregeln an zahlreichen Beispielen sinnvoll veranschaulicht. Leicht verständliche Erklärungen und nützliche Tipps helfen dir, typische Fehler zu vermeiden.

- **Verben**
  Dieses Kapitel bietet dir übersichtliche Konjugationstabellen der wichtigsten Verben. Für einen besseren Überblick sind die Besonderheiten in den Konjugationen farbig hervorgehoben.

- **Thematisches Wörterbuch**
  In diesem Wörterbuch findest du die 5000 wichtigsten Stichwörter thematisch sortiert. Die Lautschrift sowie die Einbettung in Redewendungen helfen dir, die Wörter korrekt auszusprechen und zu behalten. Die Wörter werden durch optische Hervorhebung den verschiedenen Lernjahren zugeordnet. Des Weiteren findest du hier umfangreiche aktuelle Ergänzungen und Ausdrücke aus der Umgangssprache.

Viel Spaß und Erfolg beim Französischlernen!

Inhalt

1 Grammatik   **5**

   Stichwortregister   113

2 Verben   **118**

3 Thematisches Wörterbuch   **142**

   Alphabetisches Register Französisch   321

Grammatik

Grammatik

Inhaltsverzeichnis

Erklärung der Grammatikbegriffe	8
So benutzt du dieses Kapitel	9
1 L'article – Der Artikel	10
Der bestimmte Artikel	10
Der unbestimmte Artikel	11
Der Teilungsartikel	12
2 Le substantif – Das Substantiv	14
Das Geschlecht der Substantive	14
Das Geschlecht bei Lebewesen	14
Das Geschlecht bei Sachen und Dingen	15
Der Plural der Substantive	17
Nominativ, Genitiv, Dativ, Akkusativ	18
3 L'adjectif – Das Adjektiv	19
Die Stellung des Adjektivs	19
Das Adjektiv im Singular und im Plural	20
Sonderfälle bei den Femininformen	21
Sonderfälle bei der Pluralbildung	21
Die Adjektive beau, nouveau und vieux	22
Die Steigerung der Adjektive	24
4 L'adverbe – Das Adverb	26
Die Formen	26
Die Stellung der Adverbien	28
Die Steigerung der Adverbien	28
5 Les pronoms – Die Pronomen	30
Die verbundenen Personalpronomen	30
Die unverbundenen Personalpronomen	32
Die direkten Objektpronomen	33
Die indirekten Objektpronomen	34
Die Reflexivpronomen	36
Das Adverbialpronomen en	36
Das Adverbialpronomen y	38
Die Stellung der Pronomen bei mehreren Pronomen im Satz	39
Die Demonstrativpronomen	39
Die Possessivpronomen	40
Die Indefinitpronomen	41
- aucun	41
- certain	41
- chaque, chacun	42
- Das unpersönliche on	42
- plusieurs	42
- quelqu'un/quelque chose – personne/rien	43
- quelque(s)	43
- tout	44
6 La négation – Die Verneinung	45
Die Verneinungselemente	45
Die Stellung der Verneinungselemente	46
Die Verneinung in Verbindung mit Mengen	48
7 Le verbe – Das Verb	49
Die Bildung der Verben auf -er im Präsens	49
Die Bildung der Verben auf -ir im Präsens	52
Die Bildung der Verben auf -re im Präsens	53
Die wichtigsten unregelmäßigen Verben im Präsens	53
Die Bildung der reflexiven Verben	57
Die Bildung des Imperfekts	57
Die Bildung des Passé composé	59
Die Formen des Passé composé mit avoir und être	59
Die Bildung des Passé composé mit avoir oder être	59
Besonderheiten beim Partizip Perfekt bei der Bildung des Passé composé mit avoir	60
Die Bildung des Plusquamperfekts	61

Grammatik

Die Bildung des Passé simple	62	Die Inversionsfrage	90
Die Bildung des Futur composé	64	Der Relativsatz	91
Die Bildung des Futurs I	64	Der Relativsatz mit qui	91
Die Bildung des Futurs II	66	Der Relativsatz mit que	92
Die Bildung des Konditionals I	67	Der Relativsatz mit dont	92
Die Bildung des Konditionals II	68	Der Relativsatz mit lequel, laquelle,	
Die Bildung des Partizips Perfekt	69	lesquels, lesquelles	92
Die Bildung des Partizips Präsens	70	Der Relativsatz mit où	94
Die Bildung des Gerundiums	70	Der Relativsatz mit ce qui, ce que	94
Die Bildung des Imperativs	71	Der Bedingungssatz	94
Die Bildung des Subjonctif	72	Der reale Bedingungssatz	94
Die Bildung des Subjonctif passé	75	Der irreale Bedingungssatz	95
Die Bildung des Passivs	76	Die indirekte Rede	96

**8 L'emploi des temps et des modes –
Der Gebrauch der Zeiten und Modi** 77

Die wichtigsten Zeiten in		Die Bildung der indirekten Rede	
der Übersicht	77	und der indirekten Frage	96
Der Gebrauch des Präsens	77	Die Zeitenfolge in der indirekten	
Der Gebrauch des Imperfekts	77	Rede und in der indirekten Frage	96

**10 Les numéraux et les indications du
temps – Zahlen und Zeitangaben** 99

Der Gebrauch des Passé composé	78	Die Grundzahlen	99
Der Gebrauch des Plusquamperfekts	78	Die Ordnungszahlen	101
Der Gebrauch des Passé simple	79	Die Bruchzahlen	103
Der Gebrauch des Futur composé	79	Die Datumsangabe	103
Der Gebrauch des Futurs I	80	Die Zeitangabe	104
Der Gebrauch des Futurs II	80		

**11 Les prépositions –
Die Präpositionen** 105

Der Gebrauch des Konditionals I	80	Die Präpositionen des Ortes	105
Der Gebrauch des Konditionals II	81	Die Präpositionen der Zeit	107
Der Gebrauch des Partizips Präsens	82	Modale Präpositionen	110
Der Gebrauch des Gerundiums	81		
Der Gebrauch des Subjonctif	82		

**12 Les conjonctions –
Die Konjunktionen** 112

9 Les types de phrases – Satzarten 87

		Beiordnende Konjunktionen	112
Der Aussagesatz	87	Unterordnende Konjunktionen	112
Der Fragesatz	87		
Die Intonationsfrage	87		
Die Frage mit est-ce que		**Stichwortregister**	**114**
als Gesamtfrage	87		
Die Frage mit Fragepronomen	88		
Die Frage mit qui	89		
Die Frage mit que	90		

Grammatik

Erklärung der Grammatikbegriffe

Französisch	Deutsch	Latein
Adjectif	Eigenschaftswort	Adjektiv
Adverbe	Umstandswort	Adverb
Article	Geschlechtswort	Artikel
Comparatif	1. Steigerungsstufe	Komparativ
Conditionnel	Bedingungsform	Konditional
Conjonction	Bindewort	Konjunktion
Futur	Zukunft	Futur
Imparfait	Vergangenheit	Imperfekt
Impératif	Befehlsform	Imperativ
Indicatif	Wirklichkeitsform	Indikativ
Infinitif	Grundform	Infinitiv
Nom	Hauptwort	Substantiv
Participe passé	Mittelwort der Vergangenheit	Partizip Perfekt
Passé composé	Vollendete Gegenwart	Perfekt
Passif	Leideform	Passiv
Pluriel	Mehrzahl	Plural
Plus-que-parfait	Vorvergangenheit	Plusquamperfekt
Préposition	Verhältniswort	Präposition
Présent	Gegenwart	Präsens
Pronom	Fürwort	Pronomen
Pronom démonstratif	Hinweisendes Fürwort	Demonstrativpronomen
Pronom indéfini	Unbestimmtes Fürwort	Indefinitpronomen
Pronom interrogatif	Fragefürwort	Interrogativpronomen
Pronom personnel	Persönliches Fürwort	Personalpronomen
Pronom possessif	Besitzanzeigendes Fürwort	Possessivpronomen
Pronom réfléchi	Rückbezügliches Fürwort	Reflexivpronomen
Pronom relatif	Bezügliches Fürwort	Relativpronomen
Singulier	Einzahl	Singular
Subjonctif	Möglichkeitsform	Konjunktiv
Superlatif	2. Steigerungsstufe	Superlativ
Verbe	Tätigkeitswort	Verb

Grammatik

So benutzt du dieses Kapitel

Wenn du die französische Grammatik auf einfache und verständliche Weise erlernen, wiederholen und gezielt nachschlagen möchtest, dann bietet dir dieses Kapitel dazu die Möglichkeit.

Das Kapitel **Grammatik Französisch** bietet dir eine **übersichtliche Darstellung** der aktuellen französischen Sprache. Die **klar formulierten Regeln** werden durch aussagekräftige Beispiele veranschaulicht.

Die **Grammatik** warnt auch vor **typischen Fehlerquellen**, die gerade deutschsprachigen Französischlernenden häufig passieren.

Bei der Arbeit mit dieser Grammatik helfen dir folgende Symbole:

 Hier wird die **Regel** formuliert oder auf **Besonderheiten** aufmerksam gemacht, die man nicht übersehen sollte.

 Lerntipps verraten dir an dieser Stelle, wie du dir die Regeln besser merken kannst.

 Hier wird auf **Unterschiede** zwischen der deutschen und der französischen Sprache aufmerksam gemacht.

▶ Hier wird auf andere Grammatikkapitel verwiesen.

Wenn du etwas gezielt nachschlagen möchtest, führt dich das ausführliche **Stichwortregister** im Anhang schnell zur richtigen Stelle. So wird die **Grammatik** zu deinem wertvollen Begleiter beim Erlernen der französischen Sprache.

Viel Spaß und Erfolg!

Grammatik

1 L'article – Der Artikel

Der bestimmte Artikel

Die Formen des bestimmten Artikels

	VOR KONSONANT		VOR STUMMEM H		VOR VOKAL	
männliche Formen						
Singular	le	train	l'	hôtel	l'	arbre
Plural	les	trains	les	hôtels	les	arbres
weibliche Formen						
Singular	la	ville	l'	heure	l'	autoroute
Plural	les	villes	les	heures	les	autoroutes

 Im Französischen gibt es im Gegensatz zum Deutschen nur einen männlichen und weiblichen Artikel. Das deutsche Neutrum existiert im Französischen nicht.

 Der bestimmte Artikel im Singular lautet für männliche Substantive **le**, für weibliche Substantive **la**. Vor Vokal und stummem h werden **le** und **la** zu **l'**.
Im Plural heißt der bestimmte Artikel für **le, la** und **l'** einfach **les**.

Da die Artikel im Französischen anders als im Deutschen verwendet werden, ist es sinnvoll, den bestimmten Artikel im Singular bei neuen Vokabeln gleich mitzulernen, z. B.
le livre *das Buch*, **la place** *der Platz*, **la tour** *der Turm*

Die Präpositionen à und de und der bestimmte Artikel

à			de		
Je pense	au	travail.	Je parle	du	voyage.
	à l'	hôtel.		de l'	hôtel.
	aux	copains.		des	copains.
	à la	discothèque.		de la	discothèque.
	à l'	école.		de l'	employée.
	aux	grandes villes.		des	grandes villes.

Die Präpositionen **à** und **de** verschmelzen mit dem bestimmten Artikel **le** und **les** zu einem Wort:
à + le = au   de + le = du
à + les = aux   de + les = des

Grammatik

Der Gebrauch des bestimmten Artikels
Im Gegensatz zum Deutschen wird der bestimmte Artikel im Französischen verwendet bei:

- der Gesamtheit einer Menge: J'aime les livres.
- Eigennamen: Les Noblet habitent à Paris.
- Titeln: Le docteur Lacroix est parti en vacances.
- Körperteilen: Géraldine a les yeux verts.
- festen Wendungen: J'apprends le français.

Der Gebrauch des bestimmten Artikels bei Ländernamen

Je connais l'Amérique.	Ich kenne Amerika.
J'aime le Mali.	Ich mag Mali.
J'aime les Etats-Unis.	Ich mag die Vereinigten Staaten.
Le Poitou est situé dans le sud-ouest de la France.	Das Poitou befindet sich im Südwesten Frankreichs.

Du hast sicherlich bemerkt, dass der bestimmte Artikel im Französischen bei Ländern gebraucht wird, während er im Deutschen in der Regel nur bei weiblichen Ländernamen benutzt wird.

 Vor Kontinenten, Ländern und Provinzen wird der Artikel im Französischen verwendet. Bei weiblichen Ländernamen wird der Artikel nicht verwendet, wenn sie in Verbindung mit der Präposition **en, de** und **d'** stehen:
Ma famille habite en **France, mais mon père vient** de **Belgique et ma mère vient** d'**Allemagne.**

Der unbestimmte Artikel

	MÄNNLICH		WEIBLICH	
Singular	un	livre	une	voiture
Plural	des	livres	des	voitures

Der unbestimmte Artikel lautet bei männlichen Substantiven im Singular **un** und bei weiblichen Substantiven **une**. Im Plural werden **un** und **une** zu **des**.

Grammatik

Du weißt sicherlich schon, dass es im Deutschen keinen Plural des unbestimmten Artikels gibt. Er fällt im Deutschen einfach weg.

J'achète   **un**   **livre.**   *Ich kaufe ein Buch.*
J'achète   **des**   **livres.**   *Ich kaufe Bücher.*

Der Teilungsartikel

Das Deutsche kennt den Teilungsartikel nicht! Also aufgepasst!

Die Formen des Teilungsartikels

Jean prend son petit-déjeuner.
Il prend   **du**   **pain,**
           de la   **confiture,**
           de l'   **eau.**

Der Teilungsartikel besteht aus der Präposition **de** und dem bestimmten Artikel.

Der Gebrauch des Teilungsartikels

1. Der Teilungsartikel wird verwendet, wenn man eine unbestimmte Menge, d. h. unzählbare Dinge, bezeichnen möchte. Er gibt einen Teil eines Ganzen an.

2. Der Teilungsartikel wird allerdings nicht verwendet, wenn eine Sorte oder Gattung als solche bezeichnet wird. In diesem Fall gebraucht man den bestimmten Artikel.
   Il aime l'eau, mais il déteste le thé.

3. Nach **sans** und **de** steht kein Teilungsartikel.
   Jean prend son pain   **sans**   **beurre.**
   Jean a besoin   **d'**   **argent.**

   Sollte jedoch eine bestimmte Menge gemeint sein, dann steht bei **de** der bestimmte Artikel:
   Jean a besoin de l'argent qu'il a gagné.

   Sans, avec und der Teilungsartikel, das ist ein Kinderspiel. Merke dir einfach, dass nach **avec** der Teilungsartikel verwendet wird und nach **sans** direkt das Substantiv ohne irgendeinen Artikel folgt.
   Jean prend son pain avec de la confiture, mais sans beurre.

Grammatik

4. Außerdem steht der Teilungsartikel bei einigen festen Wendungen, z. B.:

faire du **volley/**du **sport**   *Volleyball spielen/Sport treiben*
jouer du **piano**   *Klavier spielen*
avoir de la **chance**   *Glück haben*

Wenn du dir das Leben erleichtern willst, dann lerne den Teilungsartikel bei festen Wendungen gleich mit.

Der Teilungsartikel und die Verneinung

Jean demande:				Annick répond:			
Est-ce qu'il y a encore	du	pain ?		Non, il	n'	y a plus	de	pain.
Est-ce qu'il y a encore	de la	confiture ?		Non, il	n'	y a plus	de	confiture.
Est-ce qu'il y a encore	de l'	eau ?		Non, il	n'	y a plus	d'	eau.

 Die Verneinung wird beim Teilungsartikel mit **ne... pas de** gebildet.

Mengenangaben mit de

Il faut acheter		
un litre	de	vin,
un kilo	de	tomates,
une bouteille	d'	eau minérale,
beaucoup	de	fruits,
un peu	de	fromage,
assez	de	limonade.

An Mengenangaben, die eine bestimmte Menge oder eine unbestimmte Anzahl bezeichnen, wird das nachfolgende Substantiv nur mit der Präposition **de** angeschlossen.

13

Grammatik

2 Le substantif – Das Substantiv

Alle Substantive sind durch Geschlecht und Zahl (Singular oder Plural) gekennzeichnet.

Das Geschlecht der Substantive

Im Französischen gibt es nur männliche und weibliche Substantive. Das deutsche Neutrum existiert im Französischen nicht.
Außerdem haben deutsche männliche und weibliche Substantive im Französischen oft ein anderes Geschlecht, z. B.: **la mort** *der Tod* und **le vase** *die Vase*.

 Da man das Geschlecht der Substantive oft nur am Artikel erkennen kann, empfiehlt es sich, den Artikel und das Geschlecht immer gleich mitzulernen.

Das Geschlecht bei Lebewesen

1. Bei Personen oder Tieren gibt es in der Regel für jedes Geschlecht eine Form.
   Für die Bildung der weiblichen Formen bestehen folgende Möglichkeiten:

MÄNNLICH	→	WEIBLICH	MÄNNLICH	→	WEIBLICH
un ami	→	une amie	-	→	-e
un employé	→	une employée	-é	→	-ée
un acteur	→	une actrice	-teur	→	-trice
			Ausnahme:		
			un chanteur	→	une chanteuse
un vendeur	→	une vendeuse	-eur	→	-euse
			Ausnahme:		
			un pécheur	→	une pécheresse
un boulanger	→	une boulangère	-er	→	-ère
un voisin	→	une voisine	-in	→	-ine
			Ausnahme:		
			un copain	→	une copine
un paysan	→	une paysanne	-an	→	-anne
un espion	→	une espionne	-on	→	-onne
			Ausnahme:		
			un compagnon	→	une compagne
un Italien	→	une Italienne	-ien	→	-ienne
un veuf	→	une veuve	-f	→	-ve
un tigre	→	une tigresse	-e	→	-esse

Grammatik

2. Bei einigen Substantiven kann man das Geschlecht nur am Artikel erkennen, da die männlichen und die weiblichen Formen identisch sind.

   Beispiele:
un	élève	une	élève
un	enfant	une	enfant
un	journaliste	une	journaliste
un	secrétaire	une	secrétaire

   Für einige Berufe gibt es nur eine männliche Berufsbezeichnung, z. B.:
   un ingénieur, un médecin, un reporter, un professeur...

3. Daneben gibt es auch Personen-, Verwandtschafts- und Tierbezeichnungen, bei denen die männliche und weibliche Form aus zwei verschiedenen Substantiven bestehen.

   Beispiele:
un	homme	une	femme
un	garçon	une	fille
un	frère	une	sœur
un	coq	une	poule

Das Geschlecht bei Sachen und Dingen

Das Geschlecht von Wortgruppen
Männlich sind
- Wochentage: **le lundi**, **le vendredi**;
- Jahreszeiten: **le printemps**, **l'automne**;
- Himmelsrichtungen: **le sud**, **le nord**;
- Sprachen: **le portugais**, **l'italien**;
- Bäume: **le chêne**, **le sapin**;
- Metalle: **l'or**, **le platine**;
- chemische Elemente: **le mercure**, **le soufre**, **l'uranium**;
- Transportmittel: **le bus**, **le train**, **l'avion**

Grammatik

Weiblich sind

– Länder:	la **France**, la **Pologne**,
	aber: le **Portugal**, le **Danemark**, le **Luxembourg**;
– Flüsse:	la **Saône**, la **Moselle**,
	aber: le **Rhône**, le **Danube**;
– Wissenschaften:	la **géographie**, la **médecine**,
	aber: le **droit**;
– Autonamen:	la **BMW**, la **Citroën**

Das Geschlecht bei bestimmten Wortendungen

Anhand von Wortendungen lässt sich das Geschlecht der Substantive bestimmen.
Substantive, die folgende Endungen aufweisen, sind meist männlich:

ENDUNG	BEISPIEL	AUSNAHME
-aire	le commiss**aire**, le diction**aire**	
-an (+ Kons)	l'**an**, le s**an**g	
-ent	le v**ent**, l'arg**ent**	la d**ent**
-ment	le développe**ment**	
-ier	le mét**ier**, le cah**ier**	
-et	le bill**et**, le guich**et**	
-in	le v**in**, le vois**in**	la f**in**
-ain	le p**ain**, le b**ain**	la m**ain**
-ail	le trav**ail**, le dét**ail**	
-al	l'hôpit**al**, le chev**al**	
-isme	le tour**isme**, le social**isme**	
-eau	le tabl**eau**, le bur**eau**	l'**eau**
-oir	le dev**oir**, le pouv**oir**	
-teur	le mo**teur**, l'ordina**teur**	
-age	le gar**age**, le vis**age**	l'im**age**, la c**age**, la p**age**, la pl**age**
-ège	le coll**ège**, le man**ège**	

 Im Deutschen sind Substantive, die auf **-age** und **-ege** enden weiblich, während sie im Französischen männlich sind, z. B. **die** *Garage*, **die** *Manege*.

Grammatik

Substantive, die folgende Endungen aufweisen, sind meist weiblich:

ENDUNG	BEISPIEL	AUSNAHME
-ade	la promenade, la salade	le stade
-ance	la distance, la confiance	
-ence	la différence, la concurrence	
-ée	la journée, l'employée	le musée, le lycée
-elle	la nouvelle, la chandelle	
-ère	la bouchère, la panthère	
-esse	la jeunesse, la politesse	
-ette	la baguette, la cigarette	
-euse	la vendeuse, la friteuse	
-ie	la boulangerie, la maladie	l'incendie
-ité	la nationalité, la popularité	le comité
-ine	la cuisine, la semaine	le domaine
-ion	la conversation, la télévision	l'avion, le camion, le million
-ure	la nature, la voiture	le murmure
-té	la bonté, la santé	le pâté, l'été
-tude	l'habitude, l'inquiétude	

 Es wäre auch möglich, dass dir Substantive begegnen, die sowohl weiblich als auch männlich sind. Pass bei diesen Wörtern auf, da sich hinter dem unterschiedlichen Geschlecht ein Bedeutungsunterschied verbirgt, z. B.:

| **le livre** | *das Buch* | **la livre** | *das Pfund* |
| **le mode** | *die Art und Weise* | **la mode** | *die Mode* |

Der Plural der Substantive

1. Im Plural erhalten die meisten Substantive einfach ein **-s**. Dieses **-s** wird aber nicht ausgesprochen.

SINGULAR		PLURAL
le train	→	les trains
la voiture	→	les voitures

2. Substantive, die im Singular auf **-x**, **-z** oder **-s** enden, bleiben im Plural unverändert.

SINGULAR		PLURAL
le prix	→	les prix
le nez	→	les nez
le Français	→	les Français

Grammatik

3. Bei Substantiven, die auf **-au**, **-eu** und **-ou** enden, wird im Plural einfach ein **-x** angehängt. Die Substantive auf **-al** und einige Substantive auf **-ail** erhalten im Plural die Endung **-aux**.

SINGULAR		PLURAL	AUSNAHMEN		
le gât**eau**	→	les gât**eaux**			
le j**eu**	→	les j**eux**	le pneu	→	les pneu**s**
le bij**ou**	→	les bij**oux**	le cou	→	les cou**s**
			le trou	→	les trou**s**
le journ**al**	→	les journ**aux**	le bal	→	les bal**s**
le trav**ail**	→	les trav**aux**	le détail	→	les détail**s**

Nominativ, Genitiv, Dativ, Akkusativ

 Die vier Fälle haben im Französischen im Gegensatz zum Deutschen keinen Einfluss auf die Form der Substantive.

Genitiv und Dativ werden mit Hilfe von Präpositionen ausgedrückt.
Beim Genitiv verwendet man die Präposition **de**, beim Dativ die Präposition **à**.

Je veux donner la lettre de Christine à ma mère.
Ich will Christines Brief meiner Mutter geben.

Wie die Präpositionen **à** und **de** mit dem bestimmten Artikel verschmelzen, entnehme bitte dem
▶Kapitel Der bestimmte Artikel.

Grammatik

3 L'adjectif – Das Adjektiv

Die Stellung des Adjektivs

Das Adjektiv als Attribut

 Im Gegensatz zum Deutschen stehen die meisten Adjektive im Französischen hinter dem Substantiv.

1. Die meisten Adjektive, insbesondere mehrsilbige Adjektive stehen in der Regel hinter dem Substantiv.

un livre	**intéressant**
un garçon	**sympathique**
une lettre	**importante**
une robe	**blanche**
un homme	**triste**
la langue	**française**

2. Kurze und häufig gebrauchte Adjektive stehen vor dem Substantiv, z. B. **grand, gros, petit, jeune, vieux, bon, mauvais, beau** und **joli**.

un	**bon**	livre
une	**jolie**	fille
un	**petit**	jardin
une	**grande**	maison
une	**mauvaise**	note
un	**vieil**	homme
une	**belle**	ville

3. Bei einigen Adjektiven ändert sich die Bedeutung je nachdem, ob sie vor oder hinter dem Substantiv stehen, z. B.:

   un grand homme
   ein großartiger Mann
   un pauvre homme
   ein bedauernswerter Mann
   la dernière minute
   die letzte Minute

   un homme grand
   ein groß gewachsener Mann
   un homme pauvre
   ein armer Mann
   l'année dernière
   das vorige Jahr/letztes Jahr

Das Adjektiv als Prädikat

Auch im Französischen hat man die Möglichkeit, das Adjektiv mit einem Verb zu verbinden. Meist benutzt man dabei das Verb **être**.
La maison est petite mais le jardin est grand.

Grammatik

Das Adjektiv im Singular und im Plural

 Das Adjektiv richtet sich in Zahl und Geschlecht immer nach dem Substantiv.

Im Gegensatz zum Deutschen wird auch das prädikativ gebrauchte Adjektiv dem Substantiv angeglichen.

	MÄNNLICH	WEIBLICH
Singular	le **petit** jardin	la **petite** maison
	le jardin est **petit**	la maison est **petite**
Plural	les **petits** jardins	les **petites** maisons
	les jardins sont **petits**	les maisons sont **petites**

 Die weibliche Form des Adjektivs bildet man, indem man an die männliche Form ein **-e** anhängt.
Endet die männliche Form bereits auf **-e**, so bleibt die weibliche Form unverändert, z. B.:
le livre rouge   **la voiture rouge**

Der Plural wird durch Anhängen von **-s** an die jeweilige Form des Singulars gebildet.

 Es gibt einige wenige Adjektive, die grundsätzlich nicht verändert werden, so zum Beispiel **bon marché, marron, orange, super** und **chic**.
La jupe marron est bon marché et très chic.
Et les pantalons marron, ils sont aussi bon marché et très chic.

Grammatik

Sonderfälle bei den Femininformen

Adjektive, die folgende Endungen haben, weisen Besonderheiten bei der Bildung der weiblichen Formen auf.

REGEL		MÄNNLICH	WEIBLICH	AUSNAHME
-er	→ -ère	cher	→ chère	
-et	→ -ète	complet	→ complète	muet → muette
-c	→ -que	turc	→ turque	blanc → blanche
				sec → sèche
				grec → grecque
-f	→ -ve	actif	→ active	
-g	→ -gue	long	→ longue	
-eux	→ -euse	heureux	→ heureuse	
-el	→ -elle	naturel	→ naturelle	
-il	→ -ille	gentil	→ gentille	
-en	→ -enne	européen	→ européenne	
-on	→ -onne	bon	→ bonne	
-os	→ -osse	gros	→ grosse	
-teur	→ -teuse	menteur	→ menteuse	
	→ -trice	conservateur	→ conservatrice	
-eur	→ -eure	meilleur	→ meilleure	
	→ -euse	rieur	→ rieuse	

Wenn du dir nicht ganz sicher bist, wie die weibliche Form eines unregelmäßigen Adjektivs gebildet wird, dann schau im Wörterbuch nach. Die meisten Wörterbücher geben Hinweise auf die Bildung der weiblichen Form.

Sonderfälle bei der Pluralbildung

1. Adjektive, die auf **-al** enden, weisen Besonderheiten bei der Pluralbildung auf.

	MÄNNLICH		WEIBLICH	
Singular	un homme	génial	une femme	géniale
Plural	des hommes	géniaux	des femmes	géniales

Die meisten Adjektive auf **-al** bilden den männlichen Plural auf **-aux**. Die weibliche Pluralfom wird allerdings ganz regelmäßig gebildet, indem man ein **-s** an die weibliche Form im Singular anhängt.

Grammatik

> **!** Es gibt aber auch Adjektive, die auf **-al** enden, wie z. B. **banal, final, fatal** und **naval**, bei denen sowohl der männliche als auch der weibliche Plural durch das Hinzufügen von **-s** an die jeweilige Singularform gebildet werden:
> **un problème banal   des problèmes banals**

Wenn du Adjektive auf **-al** problemlos anwenden willst, dann lerne bei jedem neuen Adjektiv auf **-al** den männlichen Plural einfach gleich mit.

2. Besonderheiten im Plural weisen auch Adjektive auf, die auf **-eau, -s** oder **-x** enden.

	MÄNNLICH			WEIBLICH		
Singular	un	**beau**	jour	une	**belle**	surprise
	un	**gros**	sac	une	**grosse**	valise
Plural	de(s)	**beaux**	jours	de(s)	**belles**	surprises
	de(s)	**gros**	sacs	de(s)	**grosses**	valises

Männliche Singularformen auf **-eau** erhalten im Plural ein **-x**.
Adjektive, die männlich im Singular auf **-s** oder **-x** enden, bleiben im Plural unverändert.

Die Adjektive beau, nouveau und vieux

Beau, nouveau und **vieux** sind Adjektive, die Besonderheiten aufweisen und wie folgt angeglichen werden:

beau

	MÄNNLICH		WEIBLICH		
	Il connaît…				
Singular	un	**beau** café.	une	**belle** ville.	vor Konsonant
	un	**bel** hôtel.	une	**belle** usine.	vor Vokal und stummem h
Plural	de(s)	**beaux** cafés.	de(s)	**belles** villes.	vor Konsonant
	de(s)	**beaux** hôtels.	de(s)	**belles** usines.	vor Vokal und stummem h

Grammatik

nouveau

	MÄNNLICH		WEIBLICH		
	Elle a...				
Singular	un	**nouveau** vélo.	une	**nouvelle** jupe.	vor Konsonant
	un	**nouvel** hôtel.	une	**nouvelle** idée.	vor Vokal und stummem h
Plural	des	**nouveaux** vélos.	des	**nouvelles** jupes.	vor Konsonant
	des	**nouveaux** hôtels.	des	**nouvelles** idées.	vor Vokal und stummem h

vieux

	MÄNNLICH		WEIBLICH		
	Elle a...				
Singular	un	**vieux** vélo.	une	**vieille** jupe.	vor Konsonant
	un	**vieil** hôtel.	une	**vieille** écharpe.	vor Vokal und stummem h
Plural	de(s)	**vieux** vélos.	de(s)	**vieilles** jupes.	vor Konsonant
	de(s)	**vieux** hôtels.	de(s)	**vieilles** écharpes.	vor Vokal und stummem h

Beau, nouveau und **vieux** haben männlich im Singular je nachdem, ob das nachfolgende Substantiv mit einem Konsonanten oder einem Vokal oder stummem h beginnt, zwei Formen, wenn sie attributiv gebraucht werden.

beau, nouveau, vieux	vor männlichen Substantiven im Singular, die mit Konsonant beginnen.
bel, nouvel, vieil	vor männlichen Substantiven im Singular, die mit Vokal oder stummem h beginnen.

Bei prädikativem Gebrauch ist alles viel einfacher, da auch männlich im Singular nur die Formen **beau, nouveau** und **vieux** zur Verfügung stehen, z. B.:
L'**h**ôtel est beau.
L'**o**rdinateur est nouveau.
L'**o**rdinateur est vieux.

Grammatik

Die Steigerung der Adjektive

Die Steigerung im Französischen wird anders als im Deutschen gebildet. Aber keine Angst! Das Prinzip ist ganz einfach!

Der Positiv und der Komparativ

Positiv	Marseille est grand.
	Marseille ist groß.
Komparativ	Marseille est plus grand que Montpellier.
	Marseille ist größer als Montpellier.
	Marseille est moins grand que New York.
	Marseille ist kleiner (weniger groß) als New York.
	Marseille est aussi grand que Lyon.
	Marseille ist genauso groß wie Lyon.

 Der Komparativ wird gebildet, indem man **plus** (Überlegenheit), **moins** (Unterlegenheit) oder **aussi** (Gleichheit) vor das Adjektiv setzt. Das Bezugswort des Vergleichs wird mit **que** angeschlossen.

Dem französischen Komparativ der Unterlegenheit mit **moins** entspricht im Deutschen in der Regel der Komparativ des Gegensatzbegriffs zum gesteigerten Adjektiv, z. B.:

Nadine est grande, mais elle est moins grande que sa mère.   *Nadine ist groß, aber sie ist kleiner als ihre Mutter.*

 Auch bei der Steigerung richtet sich das Adjektiv nach dem Substantiv, auf das es sich bezieht.

Der Superlativ

Singular	Quel est	le	fleuve	le	plus	long	d'	Europe ?
				le	moins	long		
	Quelle est	la	ville	la	plus	grande	du	monde ?
				la	moins	grande		
Plural	Quels sont	les	trains	les	plus	rapides	de	France ?
				les	moins	rapides		
	Quelles sont	les	montagnes	les	plus	hautes	du	monde ?
				les	moins	hautes		

Grammatik

Der Superlativ wird gebildet, indem man **le/la/les plus** (Überlegenheit) oder **le/la/les moins** (Unterlegenheit) vor das Adjektiv setzt.
Das Adjektiv gleicht sich auch beim Superlativ in Zahl und Geschlecht dem Substantiv an, auf das es sich bezieht.
Das Bezugswort wird mit der Präposition **de** angeschlossen.

Kurze häufig gebrauchte Adjektive können auch im Superlativ vor dem Substantiv stehen. Die Bildung des Superlativs erfolgt auf die gleiche Art und Weise.

| Nicolas est | **le plus jeune** | fils | **de** | notre famille. |
| Marie est | **la plus petite** | fille | **de** | notre famille. |

 Es gibt allerdings auch unregelmäßige Steigerungsformen:

bon, bonne	*gut*
meilleur, e	*besser*
le/la meilleur, e	*der/die/das beste*
mauvais, e	*schlecht*
pire	*schlechter*
le/la pire	*der/die/das schlechteste*

Grammatik

4 L'adverbe – Das Adverb

Die Adverbien dienen zur näheren Bestimmung eines Verbs, Adjektivs oder Adverbs.

Die Formen

Die ursprünglichen Adverbien
Adverbien, die nicht von einem Adjektiv abgeleitet werden, nennt man ursprüngliche Adverbien. Sie lassen sich nach bestimmten Gesichtspunkten ordnen:

- Adverbien des Ortes: **ici, là**
- Adverbien der bestimmten Zeit: **aujourd'hui, demain, hier, maintenant**
- Adverbien der unbestimmten Zeit: **déjà, encore, longtemps, souvent, tard, tôt, toujours**
- Adverbien der Menge: **assez, beaucoup, moins, peu, plus, trop**
- Adverbien der Art und Weise: **bien, ensemble, mal, mieux, vite**

Die abgeleiteten Adverbien
1. Die Adverbien, die von einem Adjektiv abgeleitet werden, nennt man abgeleitete Adverbien. Abgeleitete Adverbien bildet man, indem man die Endung **-ment** an die weibliche Form des Adjektivs anhängt.

ADJEKTIV		ADVERB
männlich	weiblich	
fort	forte	fortement
froid	froide	froidement
sérieux	sérieuse	sérieusement

2. Bei Adjektiven, deren männliche und weibliche Form auf **-e** enden, wird die Endung **-ment** an diese Form angehängt.

ADJEKTIV		ADVERB
männlich	weiblich	
terrible	terrible	terriblement
difficile	difficile	difficilement
pratique	pratique	pratiquement
rapide	rapide	rapidement

Grammatik

3. Bei Adjektiven, die auf einem hörbaren Vokal, aber nicht auf **-e** enden, wird **-ment** an die männliche Form angehängt, z. B.:

ADJEKTIV		ADVERB
männlich	weiblich	
vra**i**	vraie	vra**iment**
jol**i**	jolie	jol**iment**
absol**u**	absolue	absol**ument**

Es gibt Ausnahmen, bei denen das Adverb von der weiblichen Form abgeleitet wird:
gai, gaie → **gai**ement
nouveau, nouvelle → **nou**vellement
fou, folle → **fo**llement

4. Adjektive, die auf **-ant** oder **-ent** enden, bilden ihr Adverb auf **-amment** und **-emment**:

ADJEKTIV		ADVERB
männlich	weiblich	
élég**ant**	élégante	élég**amment**
évid**ent**	évidente	évid**emment**

5. Es gibt außerdem unregelmäßige Adverbformen, z. B.:

ADJEKTIV		ADVERB
männlich	weiblich	
précis	précise	précisément
énorme	énorme	énormément
gentil	gentille	gentiment
bref	brève	brièvement
bon	bonne	bien
meilleur	meilleure	mieux
mauvais	mauvaise	mal

Grammatik

Die Stellung der Adverbien

1. Die Adverbien des Ortes und der bestimmten Zeit stehen am Satzanfang oder am Satzende
   Aujourd'hui, il fait beau.   oder: Il fait beau aujourd'hui.

2. Die meisten anderen Adverbien stehen direkt hinter dem konjugierten Verb.
   Philippe regarde toujours **la télé.**
   Hier, il a beaucoup **travaillé.**
   Aujourd'hui, il ne fait pratiquement **rien.**
   Il veut toujours **se reposer.**

    Tôt, tard und **ensemble** stehen in zusammengesetzten Zeiten immer hinter dem Participe passé und bei Infinitivkonstruktionen hinter dem Infinitiv.
   Nous sommes arrivés tôt.
   Nous voulons manger ensemble.

3. Adverbien, die sich auf den ganzen Satz beziehen, stehen in der Regel am Anfang oder am Ende des Satzes. Sie werden durch ein Komma vom restlichen Satz getrennt.
   Malheureusement, **je n'ai pas trouvé l'hôtel.**

Die Steigerung der Adverbien

Das Adverb lässt sich genauso wie das Adjektiv steigern.

Positiv	**Elle court**	vite.		
	Sie rennt schnell.			
Komparativ	**Elle court**	plus	vite	que **son ami.**
	Sie rennt schneller als ihr Freund.			
	Elle court	moins	vite	que **son ami.**
	Sie rennt langsamer als ihr Freund.			
	Elle court	aussi	vite	que **son ami.**
	Sie rennt genauso schnell wie ihr Freund.			
Superlativ	**Elle court**	le plus	vite	de **tous.**
	Sie rennt von allen am schnellsten.			
	Elle court	le moins	vite	de **tous.**
	Sie rennt von allen am langsamsten.			

Grammatik

Der Komparativ des Adverbs wird mit **plus... que** bzw. **moins... que** gebildet, der Vergleich mit **aussi... que**.
Der Superlativ wird mit **le plus... (de)** und **le moins... (de)** gebildet.

 Es gibt allerdings auch unregelmäßige Steigerungsformen:

bien	*gut*
mieux	*besser*
le mieux	*am besten*
beaucoup	*viel*
plus	*mehr*
le plus	*am meisten*
peu	*wenig*
moins	*weniger*
le moins	*am wenigsten*

Grammatik

5 Les pronoms – Die Pronomen

Die verbundenen Personalpronomen

Im Gegensatz zu den unverbundenen Personalpronomen, denen wir uns später zuwenden, werden die verbundenen Personalpronomen nur in Verbindung mit einem Verb verwendet.

Die Formen der verbundenen Personalpronomen

Singular	1. Person	**je**	*ich*	
		j'		vor Vokal und stummem h
	2. Person	**tu**	*du*	
		il	*er*	
	3. Person	**elle**	*sie*	
		on	*man*	
Plural	1. Person	**nous**	*wir*	
	2. Person	**vous**	*ihr, Sie*	
	3. Person	**ils**	*sie*	männlich
		elles	*sie*	weiblich

1. Da das Französische nur männliche und weibliche Formen kennt, existiert das Personalpronomen *es* im Französischen nicht. Je nachdem, ob es sich um männliche oder weibliche Personen oder Sachen handelt, verwendet man anstelle von *es* **il** oder **elle**, z. B.:
La maison **est grande.**   *Das Haus ist groß.*
Elle **est grande.**   *Es ist groß.*

2. Im Deutschen verwendet man sowohl für männliche als auch für weibliche Personen in der 3. Person Plural *sie*. Im Französischen muss man hingegen je nach Geschlecht **ils** oder **elles** wählen, z. B.:
Les garçons, ils **jouent bien au tennis.**
Die Jungen, sie spielen gut Tennis.
Les filles aussi, elles **jouent bien au tennis.**
Die Mädchen, sie spielen auch gut Tennis.

Grammatik

Der Gebrauch der verbundenen Personalpronomen
Il, elle, ils, elles

	MÄNNLICH	WEIBLICH
Singular	**Monsieur Pasquali** est d'où ? **Il** est de Montpellier. **Le livre** est où ? **Il** est sur la table. **Il** steht für einzelne männliche Personen und Dinge.	**Madame Pasquali** est d'où ? **Elle** est aussi de Montpellier. **La clé** est où ? **Elle** est sur la table. **Elle** steht für einzelne weibliche Personen und Dinge.

	MÄNNLICH	WEIBLICH
Plural	**Les garçons** sont d'où ? **Ils** sont de Lyon. **Les livres** sont où ? **Ils** sont sur la table. **Ils** steht für mehrere männliche Personen und Dinge.	**Les filles** sont d'où ? **Elles** sont de Paris. **Les clés** sont où ? **Elles** sont sur la table. **Elles** steht für mehrere weibliche Personen und Dinge.

 Sind sowohl mehrere männliche als auch weibliche Personen oder Dinge vertreten, so verwendet man **ils**.
Les filles et les garçons sont où ?
Ils sont dans le jardin.

Die Höflichkeitsform vous
Das Pronomen **vous** wird auch als Höflichkeitsform für eine oder mehrere männliche oder weibliche Personen verwendet.

Monsieur Noblet, vous **êtes fatigué ?**	*Sind Sie müde, Herr Noblet?*
Voulez-vous **entrer, Madame ?**	*Wollen Sie eintreten, meine Dame?*
Mesdames et Messieurs, voulez-vous **entrer ?**	*Meine Damen und Herren, wollen Sie eintreten?*

Grammatik

Die unverbundenen Personalpronomen

Im Deutschen gibt es keine eigenen Formen für die unverbundenen Personalpronomen.

Die Formen der unverbundenen Personalpronomen

Singular	1. Person	**moi**	*ich*	
	2. Person	**toi**	*du*	
	3. Person	**lui**	*er*	
		elle	*sie*	
Plural	1. Person	**nous**	*wir*	
	2. Person	**vous**	*ihr, Sie*	
	3. Person	**eux**	*sie*	männlich
		elles	*sie*	weiblich

Der Gebrauch der unverbundenen Personalpronomen

Die unverbundenen oder betonten Personalpronomen werden verwendet

– nach einer Präposition: **Est-ce que tu sors avec moi, ce soir ?**
Non, je préfère sortir sans toi.

– zur Hervorhebung eines Subjekts: **Qu'est-ce que vous faites dans la vie ?**
Moi, je suis pharmacienne.

– allein: **Qui veut apprendre le français ?**
Moi !

– nach **c'est** und **ce sont**: **Qui est-ce qui a pris les photos ?**
C'est lui qui a pris les photos.

– beim bejahten Imperativ: **Donnez-moi le livre, s'il vous plaît.**

Grammatik

Die direkten Objektpronomen

Die Formen der direkten Objektpronomen

Singular	1. Person	me	mich	
		m'	mich	vor Vokal und stummem h
	2. Person	te	dich	
		t'	dich	vor Vokal und stummem h
		le	ihn, es	
	3. Person	l'	ihn, es	vor Vokal und stummem h
		la	sie	
		l'	sie	vor Vokal und stummem h
Plural	1. Person	nous	uns	
	2. Person	vous	euch, Sie	
	3. Person	les	sie	

Denke daran, dass auch bei den direkten Objektpronomen das **-e** vor Vokalen und stummem h entfällt.
Insbesondere bei Sätzen im Passé composé mit **avoir** wirst du damit ständig konfrontiert.
Beispielsweise **je l'ai vu(e), tu l'as vu(e)** etc.

Der Gebrauch der direkten Objektpronomen

Die direkten Objektpronomen ersetzen ein Akkusativobjekt und stimmen in Zahl und Geschlecht mit ihm überein, z. B.:

	MÄNNLICH	WEIBLICH
Personen	Est-ce que tu as vu **Jean** ?	Est-ce que tu as vu **Brigitte** ?
	Oui, je **l'**ai vu.	Oui, je **l'**ai vue.
	Est-ce que tu as vu **les garçons** ?	Est-ce que tu as vu **les filles** ?
	Oui, je **les** ai vus.	Oui, je **les** ai vues.
Dinge	Est-ce que Eric lit **ce livre** ?	Est-ce que vous lisez **cette revue** ?
	Oui, il **le** lit.	Non, nous ne **la** lisons pas.
	Est-ce que vous lisez **ces livres** ?	Est-ce que vous lisez **ces revues** ?
	Oui, nous **les** lisons.	Non, nous ne **les** lisons pas.

Grammatik

Die Stellung der direkten Objektpronomen
1. Die direkten Objektpronomen stehen vor dem konjugierten Verb.
   Wird der Satz verneint, so umschließt die Verneinung das Objektpronomen und das konjugierte Verb.
   Steht der Satz im Passé composé oder im Plusquamperfekt, dann stehen die Objektpronomen vor dem konjugierten Hilfsverb.

La télé t'intéresse ?	– Oui, elle m'intéresse.
	– Non, elle ne m'intéresse pas.
Est-ce que vous avez acheté les journaux ?	– Oui, nous les avons achetés.
	– Non, nous ne les avons pas achetés.

2. Bei Verben, die einen Infinitiv bei sich haben, steht das direkte Objektpronomen vor dem Infinitiv.

Est-ce que tu vas écouter la radio ?	– Oui, je vais l'écouter.
	– Non, je ne vais pas l'écouter.
Est-ce que tu peux ranger ta chambre ?	– Oui, je peux la ranger.
	– Non, je ne peux pas la ranger.

3. Bei Imperativen wird das Objektpronomen an den bejahten Imperativ mit Hilfe eines Bindestrichs angehängt.

Maman, est-ce que je peux inviter mes amis ?	– Oui, invite-les.

Die indirekten Objektpronomen

Die Formen der indirekten Objektpronomen

Singular	1. Person	me	mir	
		m'	mir	vor Vokal und stummem h
	2. Person	te	dir	
		t'	dir	vor Vokal und stummem h
	3. Person	lui	ihm, ihr	
Plural	1. Person	nous	uns	
	2. Person	vous	euch, Ihnen	
	3. Person	leur	ihnen	

Grammatik

 Me, te, nous und **vous** erleichtern einem das Leben im Französischen sehr, da die direkten und indirekten Objektpronomen dieselbe Form haben.

Der Gebrauch der indirekten Objektpronomen
Die indirekten Objektpronomen ersetzen Dativobjekte, die in der Zahl mit dem Dativobjekt übereinstimmen.
Bei den Dativobjekten handelt es sich fast ausschließlich um Personen und Tiere.

Für männliche und weibliche Dativobjekte gibt es jeweils nur ein indirektes Objektpronomen.

MÄNNLICH	WEIBLICH	
Tu donnes ton adresse **à Jean** ?	Tu vas répondre **à Sandra** ?	**Singular**
Oui, je **lui** donne mon adresse.	Non, je ne vais pas **lui** répondre.	
Vous écrivez **à vos amis** ?	Vous pouvez téléphoner **à mes amies** ?	**Plural**
Oui, nous **leur** écrivons.	Oui, nous pouvons **leur** téléphoner.	

 Im Deutschen hat man die Möglichkeit, in der 3. Person Singular ein männliches oder weibliches Pronomen zu wählen. Im Französischen hingegen gibt es dafür nur das indirekte Objektpronomen **lui**, z. B.:
Ich gebe ihm ein Buch.   *Ich gebe ihr ein Buch.*
   Je lui donne un livre.

Die Stellung der indirekten Objektpronomen
1. Die indirekten Objektpronomen stehen vor dem konjugierten Verb.
   Wird der Satz verneint, so umschließt die Verneinung das Objektpronomen und das konjugierte Verb.
   Steht der Satz im Passé composé oder im Plusquamperfekt, dann steht das Objektpronomen vor dem konjugierten Hilfsverb.

   Brigitte, tu téléphones à tes amies ?   – Oui, je leur téléphone.
                                                – Non, je ne leur téléphone pas.
   Est-ce que tu as montré   – Oui, je lui ai montré les photos.
   les photos à ton copain ?   – Non, je ne lui ai pas montré les photos.

2. Bei Verben, die einen Infinitiv bei sich haben, steht das indirekte Objektpronomen vor dem Infinitiv.
   Est-ce que tu vas écrire à ta grand-mère ?   – Oui je vais lui écrire.
                                                     – Non, je ne vais pas lui écrire.

Grammatik

Die Reflexivpronomen

Das Reflexivpronomen, das sich auf die gleiche Person wie das Subjekt des Satzes bezieht, verfügt nur für die 3. Person Singular und Plural über eine eigenständige Form, nämlich **se** bzw. **s'** vor Vokal und stummem h.
In den beiden anderen Personen ist das Reflexivpronomen identisch mit den Objektpronomen.

Je	**m'**	appelle Annie.
Tu	**t'**	appelles Jean.
Il } Elle	**se**	promène en ville.
Nous	**nous**	lavons les mains.
Vous	**vous**	douchez ce soir.
Ils } Elles	**s'**	habillent.

Das Adverbialpronomen en

Der Gebrauch von en

1. **En** ist ein Pronomen, das bestimmte Ergänzungen, meist Mengen, vertritt und in diesem Zusammenhang oft mit davon übersetzt wird.

   Das Pronomen **en** vertritt Ergänzungen mit **de.**
   Es vertritt

   – **des** + Substantiv: **Est-ce que tu achètes des fruits ?**
   – Oui, j'en achète.

   – den Teilungsartikel + Substantiv: **Est-ce que tu prends de la limonade ?**
   – Oui, j'en prends.

   – Mengenangabe + Substantiv: **Tu veux une bouteille de coca ?**
   – Oui, j'en veux une.

   – Zahlwort + Substantiv: **Tu prends dix pommes ?**
   – Non, j'en prends seulement six.

   – **un/une** + Substantiv: **Est-ce que tu prends une pomme ?**
   – Oui, j'en prends une.

   Vertritt **en** eine Mengenangabe, ein Zahlwort oder **un/une** + Substantiv, so wird die Mengenangabe, das Zahlwort oder der unbestimmte Artikel im nachfolgenden Satz wieder aufgegriffen.

Grammatik

2. **En** vertritt auch andere Ergänzungen mit **de**.
In diesen Fällen wird **en** oft mit *davon, darüber, von dort* und *dorther* übersetzt.

Das Pronomen **en** vertritt Ergänzungen mit **de** + Sachsubstantiven, z. B. nach den Verben **parler de, rêver de, revenir de, se souvenir de, rentrer de** usw.:
Tu es déjà rentré du Portugal ?

– **Oui, j'en suis rentré hier, mais j'en rêve encore.**

Achtung! Folgt auf die Präposition **de** ein Personensubstantiv, so übernehmen die betonten Personalpronomen seine Vertretung, z. B.:
Tu te souviens d'Annette ?

Non, je ne me souviens pas d'elle.

Die Stellung von en

1. Das Pronomen **en** steht vor dem konjugierten Verb. Wird der Satz verneint, so umschließt die Verneinung **en** und das konjugierte Verb.
Steht der Satz im Passé composé oder im Plusquamperfekt, dann steht **en** vor dem konjugierten Hilfsverb.

Est-ce que tu prends du beurre ? – **Oui, j'en prends.**
Est-ce que Martin a – **Oui, il en a acheté.**
acheté du beurre hier? – **Non, il n'en a pas acheté.**

2. Bei Verben, die einen Infinitiv bei sich haben, steht **en** vor dem Infinitiv.
Il me manque du café.
Alors je vais en acheter tout de suite.

3. Bei Imperativen wird **en** an den bejahten Imperativ mit Hilfe eines Bindestrichs angehängt.
Est-ce que je peux prendre du fromage ?
– **Oui, prends-en.**

Aber aufgepasst! Bei den Verben auf **-er** wird an den Imperativ Singular des Verbs ein **-s** angehängt.
Est-ce que je peux manger du pain ?
– **Oui, manges-en.**

37

Grammatik

Das Adverbialpronomen y

Der Gebrauch von y
Das Pronomen **y** vertritt
- Ortsbestimmungen, die durch Präpositionen wie **à, dans, en, chez, sur** und **sous** eingeleitet werden:

  Est-ce que vous habitez à Paris ?
  – Oui, nous y habitons.

- Ergänzungen mit **à** + Sachsubstantiven:

  Est-ce que tu penses à Noël ?
  – Oui, j'y pense toujours.

 Das Pronomen **y** ersetzt niemals Ergänzungen mit **de**, auch wenn es sich um Ortsangaben handelt!
Est-ce que tu es rentré de France ?
– Oui, j'en suis rentré hier.

Die Stellung von y
1. Das Pronomen **y** steht vor dem konjugierten Verb. Wird der Satz verneint, so umschließt die Verneinung **y** und das konjugierte Verb.
   Steht der Satz im Passé composé oder im Plusquamperfekt, dann steht **y** vor dem konjugierten Hilfsverb.
   Est-ce que vous allez en France ?
   – Oui, nous y allons.
   – Non, nous n'y allons pas.

   Est-ce que tu as acheté ton pain dans ce supermarché ?
   – Oui, j'y ai acheté mon pain.
   – Non, je n'y ai pas acheté mon pain.

2. Bei Verben, die einen Infinitiv bei sich haben, steht **y** vor dem Infinitiv.
   J'ai oublié mon porte-monnaie à la boulangerie.
   Alors je vais y aller tout de suite.

3. Bei Imperativen wird **y** an den bejahten Imperativ mit Hilfe eines Bindestrichs angehängt. Aber aufgepasst! Bei den Verben auf **-er** sowie bei dem unregelmäßigen Verb **aller** wird an den Imperativ Singular ein **-s** angehängt.
   Vas-y.

Grammatik

Die Stellung der Pronomen bei mehreren Pronomen im Satz

 Wenn mehrere Pronomen in einem Satz auftreten, so erscheinen sie in einer bestimmten Reihenfolge:

me	le	lui			
te	la		y	en	+ konjugierte Verbform oder Infinitiv
se	les	leur			
nous					
vous					

Es können bis zu zwei Pronomen vor dem konjugierten Verb oder Infinitiv, wie folgt, stehen:

me te se nous vous	vor	le la les :
Maman, est-ce que tu me racontes l'histoire ?		– Oui, je te la raconte tout de suite.
le la les	vor	lui leur :
Est-ce que vous lui avez donné le livre ?		– Non, je ne le lui ai pas encore donné.
me te se nous vous lui leur	vor	y en :
Est-ce que tu peux nous parler des vacances ?		– Oui, je vais vous en parler tout de suite.
y	vor	en :
Il y a encore du café ?		– Oui, il y en a encore.

Die Demonstrativpronomen

Die Formen der Demonstrativpronomen

		VOR KONSONANT		VOR VOKAL		VOR STUMMEM H
männliche Formen						
Singular	ce	train	cet	arbre	cet	hôtel
Plural	ces	trains	ces	arbres	ces	hôtels
weibliche Formen						
Singular	cette	ville	cette	information	cette	histoire
Plural	ces	villes	ces	informations	ces	histoires

Grammatik

Das Demonstrativpronomen im Singular lautet für männliche Substantive **ce** und für weibliche Substantive **cette**. Vor Vokal und stummem h wird **ce** zu **cet**.
Im Plural gibt es für männliche und weibliche Substantive nur eine Form, nämlich **ces**.

Der Gebrauch der Demonstrativpronomen
Die Demonstrativpronomen werden benutzt, um auf bestimmte Gegenstände oder Personen hinzuweisen.
Il faut lire ce **livre.**   *Man muss dieses Buch lesen.*

 Die Demonstrativpronomen gebraucht man auch in folgenden Wendungen, die du dir am besten gleich einprägst:
ce matin *heute Morgen*
cet après-midi *heute Nachmittag*
ce soir *heute Abend*

Die Possessivpronomen

Die Formen der Possessivpronomen

	SUBSTANTIV SINGULAR				SUBSTANTIV PLURAL	
Ein Besitzer	**männlich**		**weiblich**		**männlich + weiblich**	
1. Person	mon	frère	ma	sœur	mes	frères/amis
	mon	ami	mon	amie	mes	sœurs/amies
2. Person	ton	frère	ta	sœur	tes	frères/amis
	ton	ami	ton	amie	tes	sœurs/amies
3. Person	son	frère	sa	sœur	ses	frères/amis
	son	ami	son	amie	ses	sœurs/amies
Mehrere Besitzer						
1. Person	notre	frère	notre	sœur	nos	frères
					nos	sœurs
2. Person	votre	frère	votre	sœur	vos	frères
					vos	sœurs
3. Person	leur	frère	leur	sœur	leurs	frères
					leurs	sœurs

 Im Gegensatz zum Deutschen richtet sich das Possessivpronomen im Französischen nicht nach dem Geschlecht des Besitzers, sondern nach der Zahl und dem Geschlecht des Besitzes.

Grammatik

 Aufgepasst! Wenn ein weibliches Substantiv mit Vokal oder stummem h beginnt, so stehen in der 1., 2. und 3. Person Singular die Possessivpronomen **mon, ton** und **son** vor dem Substantiv, auf das sie sich beziehen.

Der Gebrauch der Possessivpronomen
Die Possessivpronomen werden verwendet, um ein Besitz- oder ein Zugehörigkeitsverhältnis zum Ausdruck zu bringen.

Sur la table, il y a mon livre. *Auf dem Tisch befindet sich mein Buch.*
Je vais passer les vacances avec mes parents. *Ich werde die Ferien mit meinen Eltern verbringen.*

Die Indefinitpronomen

aucun
Est-ce qu'il y a un problème ou une question ?
Gibt es ein Problem oder eine Frage?
– Non, nous n'avons aucun problème et aucune question.
Nein, wir haben kein Problem und keine Frage.

Aucun stimmt im Genus mit seinen Bezugselementen überein.
Tritt es hingegen in verneinten Sätzen auf, so wird es von der Negation **ne** begleitet und mit *kein* übersetzt.

certain
certain als Begleiter des Substantivs
Certain als Begleiter des Substantivs wird in der Bedeutung *gewiss* oder *bestimmt* verwendet.

		MÄNNLICH			WEIBLICH	
Singular	Il y a	un certain	problème	avec	une certaine	personne.
Plural	Il y a	certains	problèmes	avec	certaines	personnes.

Wenn **certain** als Begleiter des Substantivs verwendet wird, so gleicht es sich in Zahl und Geschlecht dem Substantiv an, auf das es sich bezieht.
Im Singular steht vor **certain, certaine** der unbestimmte Artikel **un** oder **une**, der im Plural entfällt.

Grammatik

certains als Stellvertreter des Substantivs
Tous mes amis veulent faire une fête, mais certains ne veulent pas m'aider à la préparer.

Wenn **certains** als Stellvertreter des Substantivs gebraucht wird, kann es ins Deutsche mit *einige, gewisse* oder *bestimmte* übersetzt werden.
Certains ist in dieser Funktion unveränderlich.
Das Verb wird in der 3. Person Plural angeschlossen.

chaque, chacun
Chaque ist unveränderlicher Begleiter des Substantivs.

Le chef du supermarché parle aux employés:
On a besoin de chaque client et de chaque cliente.
Wir brauchen jeden Kunden und jede Kundin.

Chacun und **chacune** ersetzen ein Substantiv. Sie werden nur im Singular gebraucht.
Chacun steht für männliche Substantive. **Chacune** ersetzt weibliche Substantive.
Il dit bonjour à chacun et à chacune. *Er sagt jedem und jeder guten Tag.*

Das unpersönliche on
On wird in der Umgangssprache häufig für **nous** verwendet und wird mit *wir* übersetzt.
Vous êtes où ?
Nous sommes ici. *Wir sind hier.*
On est ici. *Wir sind hier.*

On kann auch für das deutsche *man* stehen.
On dit que... *Man sagt, dass ...*

plusieurs
Plusieurs in der Bedeutung von *mehrere* ist unveränderlich und steht als
– Begleiter des Substantivs: **On a vendu plusieurs jupes et pantalons.**
– Stellvertreter des Substantivs: **Plusieurs sont bon marché.**

Grammatik

quelqu'un/quelque chose – personne/rien

Quelqu'un est venu.
Jemand ist gekommen.
Quelque chose me fait plaisir.
Etwas macht mir Spaß.
J'ai vu quelqu'un.
Ich habe jemanden gesehen.
J'ai trouvé quelque chose.
Ich habe etwas gefunden.

Personne n'est venu.
Niemand ist gekommen.
Rien ne me fait plaisir.
Nichts macht mir Spaß.
Je n'ai vu personne.
Ich habe niemanden gesehen.
Je n'ai rien trouvé.
Ich habe nichts gefunden.

Quelqu'un und **quelque chose** werden als Subjekt und Objekt in bejahenden Sätzen verwendet.
Personne und **rien** stehen in verneinenden Sätzen in Verbindung mit dem Verneinungselement **ne**.

quelque(s)

Il me faut quelque temps pour terminer le livre.
Ich benötige einige Zeit, um das Buch zu beenden.
Je vais acheter quelques livres.
Ich werde einige Bücher kaufen.
Plus tard, je vais acheter aussi quelques pommes.
Später werde ich auch einige Äpfel kaufen.

Quelque als Begleiter des Substantivs gleicht sich in der Zahl dem Substantiv an.
Quelque steht im Singular vor männlichen und weiblichen Substantiven ohne Artikel. Es wird meistens literarisch gebraucht.
Quelques steht im Plural vor männlichen oder weiblichen Substantiven, die von dem bestimmten Artikel oder einem Demonstrativpronomen begleitet werden oder aber ohne Artikel stehen.

Grammatik

tout
Die Formen von tout als Begleiter des Substantivs

	MÄNNLICH		WEIBLICH	
	Philippe a vu			
Singular	tout	le monde,	toute	la France,
Plural	tous	les pays,	toutes	les capitales.

Tout ist veränderlich und richtet sich in Geschlecht und Zahl nach dem zugehörigen Substantiv. Nach **tout** folgt meist der bestimmte Artikel.
Anstelle des bestimmten Artikels können auch Possessivpronomen oder Demonstrativpronomen folgen, z. B. **toutes mes amies, toute ma famille.**

 Im Gegensatz zum Deutschen steht **tout** immer vor dem bestimmten Artikel.
J'ai déjà écouté toutes les   *Ich habe schon die ganzen*
chansons d'Edith Piaf.   *Chansons von Edith Piaf gehört.*

Der Gebrauch von tout als Begleiter des Substantivs
Tout + bestimmter Artikel wird gebraucht, um *der/die/das Ganze* oder *alle* zum Ausdruck zu bringen.

Das unveränderliche tout
Tout ist in der Bedeutung von *alles* unveränderlich:
Est-ce que tu as tout mangé ?   *Hast du alles gegessen?*

Grammatik

6 La négation – Die Verneinung

Die Verneinungselemente

Die Verneinung wird aus dem Verneinungselement **ne** und einem weiteren Verneinungswort gebildet.
Steht **ne** vor Vokal oder stummem h, so verkürzt es sich zu **n'**.

 Anders als im Deutschen besteht die französische Verneinung aus zwei Wörtern.

Folgende Verneinungselemente gibt es im Französischen:

ne... pas	*nicht*
ne... plus	*nicht mehr*
ne... jamais	*nie*
ne... plus jamais	*nie mehr*
ne... rien	*nichts*
ne... plus rien	*nichts mehr*
ne... personne	*niemand*
ne... plus personne	*niemand mehr*
ne... pas encore	*noch nicht*
ne... toujours pas	*immer noch nicht*
ne... pas toujours	*nicht immer*
ne... ni... ni	*weder ... noch*
ne... pas... ni	*weder ... noch*
ne... pas... du tout	*überhaupt nicht*

 Wenn du willst, kannst du in der Umgangssprache im Gespräch das Element **ne** auch weg lassen, denn dies machen die Franzosen gerne.
In der Schriftsprache muss **ne** allerdings immer benutzt werden, daran führt kein Weg vorbei.

Grammatik

Die Stellung der Verneinungselemente

Im Folgenden haben wir für dich aufgeführt, wie sich die Verneinungselemente in einem Satz verhalten.

Le pauvre Luc !

Il	ne	sait	pas	conduire.	
Il	n'	habite	plus	ici.	
Il	ne	va	jamais	au théâtre.	
Il	ne	mange	plus jamais	dans un restaurant.	
Il	ne	lit	rien.		
Il	ne	fait	plus rien.		
Il	ne	voit	personne.		
Il	ne	connaît	plus personne.		
Il	ne	sait	pas encore	faire la cuisine.	
Il	n'	est	toujours pas	heureux.	
Il	n'	a	pas toujours	envie de se lever.	
Il	n'	aime	ni	sa femme	ni son fils.
Il	n'	aime	pas	sa femme,	ni son fils d'ailleurs !
Il	ne	veut	ni	faire les courses	ni manger.
Il	ne	veut	pas	boire,	ni manger d'ailleurs !
Il	n'	est	pas	content	du tout.

1. Die Verneinungselemente umschließen in einfachen Zeiten und im Imperativ das konjugierte Verb:

ne	konjugiertes Verb	pas
n'		plus
		rien
		jamais
		personne etc.

2. Dies gilt auch bei Infinitivkonstruktionen, außer bei der Veneinung mit **ne... personne**:

ne	konjugiertes Verb	pas	Infinitiv
n'		plus	
		rien	
		jamais etc.	

Grammatik

Ne... personne umschließt das konjugierte Verb und den Infinitiv:

| ne | konjugiertes Verb | Infinitiv | **personne** |
| n' | | | |

3. Steht ein Reflexivpronomen, ein direktes oder indirektes Objektpronomen bzw. **en** oder **y** vor dem konjugierten Verb, so umschließt die Verneinung die Gruppe aus Pronomen und Verb:

ne	Pronomen	konjugiertes Verb	**pas**
n'			**plus**
			rien
			jamais
			personne etc.

4. In zusammengesetzten Zeiten umschließen die Verneinungselemente das Hilfsverb, außer bei der Verneinung **ne... personne**.

ne	avoir/être	**pas**	Partizip
n'		**plus**	
		rien	
		jamais etc.	

Ne... personne umschließt das Hilfsverb und das Partizip:

| ne | avoir/être | Partizip | **personne** |
| n' | | | |

Merke dir, dass **ne** immer links von dem konjugierten Verb und **pas, plus, jamais** usw. rechts davon stehen.

Grammatik

Die Verneinung in Verbindung mit Mengen

Bei Verneinungen in Verbindung mit Mengenangaben drückt die Verneinung die Menge Null aus. Zwischen der Verneinung und dem folgenden Substantiv steht **de**.
Vor Vokal und stummem h wird **de** zu **d'**:

Je	n'	ai	d'	oranges.	*keine*
		pas	de	pommes.	*keine … mehr*
		plus	de	viande.	*nie*
		jamais			

Un, une oder **des** werden in der Verneinung zu **de**:

Est-ce qu'il y a		un	restaurant	
		une	école	près d'ici ?
		des	hôtels	
		de	restaurant	
– Non, monsieur, il n'y a pas		d'	école	près d'ici.
		d'	hôtels	

Werden jedoch die Verben **être, aimer** oder **détester** verneint, so steht kein **de**.
Bei **aimer** und **détester** folgt der bestimmte Artikel:

Je	n'	aime	pas	les	oranges.
Je	ne	déteste	pas	les	poires.

Bei **être** folgt der unbestimmte Artikel **des** oder ein anderer Begleiter:

Est-ce que c'est un chien ?	– Non, ce n'est pas un chien. C'est un chat.
Est-ce que ce sont des fraises bon marché ?	– Non, ce ne sont pas des fraises bon marché. Elles sont chères.
Est-ce que c'est ton copain ?	– Non, ce n'est pas mon copain.

Grammatik

7 Le verbe – Das Verb

Die Bildung der Verben auf -er im Präsens

Die regelmäßigen Verben auf -er

 Es lohnt sich, die Konjugation der Verben auf **-er** zu lernen, da die meisten dieser Verben regelmäßig sind und sie rund 90% der französischen Verben ausmachen.

Die Konjugation der Verben auf **-er** lautet im Präsens wie folgt:

parler	
je	parle
tu	parles
il / elle / on	parle
nous	parlons
vous	parlez
ils / elles	parlent

Die Verben auf **-er** haben die Endungen **-e, -es, -e, -ons, -ez, -ent**.
Allerdings kann man in der gesprochenen Sprache nur die Endungen **-ons** und **-ez** hören, da alle anderen Endungen fast stumm sind.

Die Verben auf -er mit Besonderheiten in der Schreibweise

Die Verben, die auf **-cer** und **-ger** enden, weisen Besonderheiten im Schriftbild auf:

commencer	
je	commence
tu	commences
il / elle / on	commence
nous	commençons
vous	commencez
ils / elles	commencent

manger	
je	mange
tu	manges
il / elle / on	mange
nous	mangeons
vous	mangez
ils / elles	mangent

 Damit die Aussprache des Stammes immer erhalten bleibt, wird bei den Verben:
– auf **-cer** in der 1. Person Plural **-c-** zu **-ç-**.
– auf **-ger** in der 1. Person Plural **-g-** zu **-ge-**.

Grammatik

Die Verben auf -ayer, -oyer und -uyer

Die Konjugation der Verben auf **-ayer** lautet wie folgt:

Bei den Verben, die auf **-ayer** enden, wird meist das **-y-** in der 1., 2. und 3. Person Singular sowie in der 3. Person Plural zu **-i-**. Die Formen mit **-y-** existieren jedoch ebenfalls.

Das Konjugationsmuster der Verben, die auf **-oyer** und **-uyer** enden, lautet wie folgt:

nettoyer	
je	nettoie
tu	nettoies
il / elle / on	nettoie
nous	nettoyons
vous	nettoyez
ils / elles	nettoient

essuyer	
je	essuie
tu	essuies
il / elle / on	essuie
nous	essuyons
vous	essuyez
ils / elles	essuient

Bei den Verben auf **-oyer** und **-uyer** wird das **-y-** in der 1., 2. und 3. Person Singular sowie in der 3. Person Plural zu **-i-**.

Grammatik

Verben auf -er mit stamm- und endungsbetonten Formen
Bei Verben mit stammbetonten und endungsbetonten Formen sind immer die 1., 2. und 3. Person Singular sowie die 3. Person Plural stammbetont und die 1. und 2. Person Plural endungsbetont.

1. Es gibt Verben auf -er mit stamm- und endungsbetonten Formen, die wie folgt konjugiert werden:

acheter	
je	ach**è**te
tu	ach**è**tes
il / elle / on	ach**è**te
nous	ach**e**tons
vous	ach**e**tez
ils / elles	ach**è**tent

   Wenn man die Endung fast nicht hört, erhält das -e des Stammes einen Akzent. Nach diesem Konjugationsmuster werden auch folgende Verben konjugiert: **enlever, lever, mener, peser** usw.

2. Andere Verben mit stamm- und endungsbetonten Formen verdoppeln im Stamm einen Konsonanten, wenn die Form stammbetont ist.

jeter	
je	je**tt**e
tu	je**tt**es
il / elle / on	je**tt**e
nous	je**t**ons
vous	je**t**ez
ils / elles	je**tt**ent

   Nach diesem Konjugationsmuster werden auch folgende Verben konjugiert: **s'appeler, se rappeler, épeler, projeter** usw.

3. Stamm- und endungsbetonte Verben, die auf -é...er enden, werden wie folgt konjugiert:

préférer	
je	préf**è**re
tu	préf**è**res
il / elle / on	préf**è**re
nous	préf**é**rons
vous	préf**é**rez
ils / elles	préf**è**rent

   Nach diesem Konjugationsmuster werden auch folgende Verben konjugiert: **compléter, espérer, répéter, exagérer** usw.

Grammatik

Die Bildung der Verben auf -ir im Präsens

Die Verben auf **-ir** werden in Verben mit und ohne Stammerweiterung unterteilt. Insgesamt gibt es ungefähr 300 Verben, die auf **-ir** enden.

 Lerne bei jedem Verb, das auf **-ir** endet, gleich mit, ob es sich um ein Verb mit oder ohne Stammerweiterung handelt.

Verben auf -ir ohne Stammerweiterung

Das Konjugationsmuster dieser Verben sieht so aus:

partir	
je	par**s**
tu	par**s**
il / elle / on	par**t**
nous	par**tons**
vous	par**tez**
ils / elles	par**tent**

Die Verben auf **-ir** ohne Stammerweiterung haben im Präsens die Endungen **-s, -s, -t, -ons, -ez, -ent**.
In der 1., 2. und 3. Person Singular fällt der Endkonsonant weg.

Verben auf -ir mit Stammerweiterung

Die Konjugation der Verben, die auf **-ir** enden und die Stammerweiterung haben, sieht wie folgt aus:

finir	
je	fini**s**
tu	fini**s**
il / elle / on	fini**t**
nous	fini**ssons**
vous	fini**ssez**
ils / elles	fini**ssent**

Die Verben auf **-ir** mit Stammerweiterung haben dieselben Endungen wie die Verben ohne Stammerweiterung.
Sie enden auf **-s, -s, -t, -ons, -ez, -ent**.
Außerdem wird in der 1., 2. und 3. Person Plural **-iss-** vor der Endung hinzugefügt.

Grammatik

Die Bildung der Verben auf -re im Präsens

Diese Verbgruppe umfasst ungefähr 180 Verben, wovon viele unregelmäßig sind. Es ist deshalb ratsam, zu jedem neu gelernten Verb die Konjugation gleich mitzulernen.

Die Verben auf **-re** enden in der Regel auf **-s, -s, -t, -ons, -ez, -ent**.
Da sie aber oft einen unregelmäßigen Stamm haben, muss man jedes Verb einzeln lernen.

Anders hingegen ist das Konjugationsmuster der Verben auf **-dre**.
Die Verben auf **-dre** enden in der 1. und 2. Person Singular auf **-s**, in der 1. Person Plural auf **-ons**, in der 2. Person Plural auf **-ez** und in der 3. Person Plural auf **-ent**.

Die wichtigsten unregelmäßigen Verben im Präsens

INFINITIV	VERBFORMEN			EBENSO
avoir	j'	ai	nous	avons
	tu	as	vous	avez
	il elle on }	a	ils elles }	ont
être	j'	suis	nous	sommes
	tu	es	vous	êtes
	il elle on }	est	ils elles }	sont

Grammatik

INFINITIV	VERBFORMEN				EBENSO
aller	j'	vais	nous	allons	
	tu	vas	vous	allez	
	il elle on }	va	ils elles }	vont	
boire	j'	bois	nous	buvons	
	tu	bois	vous	buvez	
	il elle on }	boit	ils elles }	boivent	
conduire	j'	conduis	nous	conduisons	**construire, cuire,**
	tu	conduis	vous	conduisez	**traduire**
	il elle on }	conduit	ils elles }	conduisent	
connaître	j'	connais	nous	connaissons	**disparaître, paraître**
	tu	connais	vous	connaissez	
	il elle on }	connaît	ils elles }	connaissent	
courir	j'	cours	nous	courons	**concourir, parcourir**
	tu	cours	vous	courez	
	il elle on }	court	ils elles }	courent	
craindre	j'	crains	nous	craignons	**atteindre, contraindre,**
	tu	crains	vous	craignez	**joindre, se plaindre**
	il elle on }	craint	ils elles }	craignent	
croire	j'	crois	nous	croyons	
	tu	crois	vous	croyez	
	il elle on }	croit	ils elles }	croient	
devoir	j'	dois	nous	devons	
	tu	dois	vous	devez	
	il elle on }	doit	ils elles }	doivent	
dire	j'	dis	nous	disons	**contredire, interdire**
	tu	dis	vous	dites	
	il elle on }	dit	ils elles }	disent	

Grammatik

INFINITIV	VERBFORMEN				EBENSO
écrire	j' tu il elle } on	écris écris écrit	nous vous ils elles }	écrivons écrivez écrivent	**décrire, inscrire**
faire	j' tu il elle } on	fais fais fait	nous vous ils elles }	faisons faites font	
falloir	il	faut			
mettre	j' tu il elle } on	mets mets met	nous vous ils elles }	mettons mettez mettent	**permettre, promettre, transmettre**
mourir	j' tu il elle } on	meurs meurs meurt	nous vous ils elles }	mourons mourez meurent	
offrir	j' tu il elle } on	offre offres offre	nous vous ils elles }	offrons offrez offrent	**découvrir, ouvrir, souffrir**
plaire	j' tu il elle } on	plais plais plaît	nous vous ils elles }	plaisons plaisez plaisent	
pleuvoir	il	pleut			
pouvoir	j' tu il elle } on	peux peux peut	nous vous ils elles }	pouvons pouvez peuvent	
prendre	j' tu il elle } on	prends prends prend	nous vous ils elles }	prenons prenez prennent	**comprendre, surprendre**

Grammatik

INFINITIV	VERBFORMEN				EBENSO
recevoir	j' tu il elle } on	reçois reçois reçoit	nous vous ils elles }	recevons recevez reçoivent	
rire	j' tu il elle } on	ris ris rit	nous vous ils elles }	rions riez rient	
savoir	j' tu il elle } on	sais sais sait	nous vous ils elles }	savons savez savent	
suivre	j' tu il elle } on	suis suis suit	nous vous ils elles }	suivons suivez suivent	**poursuivre**
venir	je tu il elle } on	viens viens vient	nous vous ils elles }	venons venez viennent	**appartenir, devenir, soutenir, tenir**
valoir	j' tu il elle } on	vaux vaux vaut	nous vous ils elles }	valons valez valent	
vivre	j' tu il elle } on	vis vis vit	nous vous ils elles }	vivons vivez vivent	**survivre**
voir	j' tu il elle } on	vois vois voit	nous vous ils elles }	voyons voyez voient	
vouloir	j' tu il elle } on	veux veux veut	nous vous ils elles }	voulons voulez veulent	

Grammatik

Die Bildung der reflexiven Verben

Die reflexiven Verben haben ein Reflexivpronomen bei sich, das sich auf das Subjekt bezieht. Ansonsten werden sie wie alle anderen Verben behandelt.

 Im Gegensatz zum Deutschen stehen die Reflexivpronomen im Französischen vor dem konjugierten Verb:

Die Reflexivpronomen lauten **me, te, se, nous, vous** und **se**.
Me, te und **se** werden vor Vokal oder stummem h zu **m', t'** und **s'**.

Die Bildung des Imperfekts

Die Formen des Imperfekts sehen wie folgt aus:

regarder	
je	regardais
tu	regardais
il/elle/on	regardait
nous	regardions
vous	regardiez
ils/elles	regardaient

Das Imperfekt wird gebildet, indem man an den Stamm der 1. Person Plural Präsens der regelmäßig und unregelmäßig gebildeten Verben die Imperfektendungen **-ais, -ais, -ait, -ions, -iez** und **-aient** anhängt.

Grammatik

Hier findest du eine schematische Darstellung der Bildung des Imperfekts:

INFINITIV	1. PERSON PLURAL PRÄSENS		IMPERFEKT	
parler	nous parl	ons	je	parlais
prendre	nous pren	ons	tu	prenais
aller	nous all	ons	il	allait
dormir	nous dorm	ons	nous	dormions
finir	nous finiss	ons	vous	finissiez
faire	nous fais	ons	ils	faisaient

Das Imperfekt ist eine lernerfreundliche Zeit, weil nur **être** unregelmäßig ist:

être	j'	étais	nous	étions
	tu	étais	vous	étiez
	il/elle/on	était	ils/elles	étaient

Die Verben, die auf **-cer** und **-ger** enden, weisen Besonderheiten bei der Schreibweise des Imperfekts auf:

commencer	
je	commençais
tu	commençais
il / elle / on	commençait
nous	commencions
vous	commenciez
ils / elles	commençaient

manger	
je	mangeais
tu	mangeais
il / elle / on	mangeait
nous	mangions
vous	mangiez
ils / elles	mangeaient

Damit die Aussprache des Stammes immer erhalten bleibt, wird bei den Verben:
- auf **-cer** bei **je, tu, il, elle, on, ils** und **elles** **-c-** zu **-ç-**.
- auf **-ger** bei **je, tu, il, elle, on, ils** und **elles** **-g-** zu **-ge-**.

Grammatik

Die Bildung des Passé composé

Die Formen des Passé composé mit avoir und être

Das Passé composé setzt sich aus einer Präsensform von **avoir** oder **être** und dem Partizip Perfekt des jeweiligen Verbs zusammen.

parler				arriver		
j'	ai	parlé		je	suis	arrivé/arrivée
tu	as	parlé		tu	es	arrivé/arrivée
il	}			il	} est	arrivé
elle	a	parlé		elle	est	arrivée
on				on	est	arrivée(s)/arrivée(s)
nous	avons	parlé		nous	sommes	arrivées/arrivées
vous	avez	parlé		vous	êtes	arrivées/arrivées
ils	} ont	parlé		ils	} sont	arrivés
elles				elles	sont	arrivées

Bei der Bildung des Passé composé mit **avoir** bleibt das Partizip Perfekt in der Regel unveränderlich.
Wird das Passé composé jedoch mit **être** gebildet, so gleicht sich das Partizip Perfekt in Geschlecht und Zahl dem Subjekt des Satzes an.
Bezieht sich das Partizip Perfekt auf ein Subjekt, das aus unterschiedlichem Genus besteht, so richtet es sich nach dem Männlichen, z. B.:
Marc et Marie sont allés à la piscine.

Die Bildung des Passé composé mit avoir oder être

Die Verwendung beim Perfekt von haben und sein verhält sich anders als im Deutschen, z. B.:
J'ai été à la piscine.   *Ich bin im Schwimmbad gewesen.*
J'ai beaucoup voyagé.   *Ich bin viel gereist.*

1. Die meisten Verben bilden das Passé composé mit **avoir**.
   Hier, Pierre a préparé le repas. Puis, il a mangé.

2. Einige wenige Verben bilden das Passé composé mit **être**:
   Dazu gehören einige Verben der Bewegungsrichtung oder des Verweilens, z. B. **aller, arriver, entrer, partir, rester, rentrer, tomber, venir** und **revenir**.
   Hier, je suis allé(e) à Paris. Je suis arrivé(e) vers dix heures.

Grammatik

Die Verben **naître, devenir, mourir** und **décéder** bilden das Passé composé mit **être**.
Il est né en 1960.
Ebenso mit **être** wird das Passé composé sämtlicher reflexiver Verben gebildet.
Elle s'est réveillée. Puis, elle s'est levée.

 Aber aufgepasst! Wenn dem reflexiven Verb ein direktes Objekt folgt, so bleibt das Partizip Perfekt unverändert, z. B.:
Elle s'est lavée.   aber: **Elle s'est lavé les mains.**

3. Es gibt einige wenige Verben, die das Passé composé mit **avoir** und **être** bilden.
Die Verben **monter, descendre, sortir, entrer** und **rentrer** bilden das Passé composé

– in der Regel mit **être**: **Elle est descendue du train.**

– mit **avoir**, wenn ihnen ein direktes Objekt folgt: **Elle a descendu la valise du train.**

Besonderheiten beim Partizip Perfekt bei der Bildung des Passé composé mit avoir

In der Regel bleibt das Partizip Perfekt bei der Bildung des Passé composé mit **avoir** unverändert:
Nous avons vu Julie.   *Wir haben Julie gesehen.*

Geht dem Passé composé jedoch ein direktes Objekt voraus, so wird das Partizip Perfekt in Geschlecht und Zahl dem direkten Objekt angeglichen.
Das direkte Objekt kann ein direktes Objektpronomen, z. B. **me, te, le, la, nous, vous** oder **les**, sein. Es kann aber auch in Form des Relativpronomens **que** vorausgehen.

Est-ce que vous avez vu Julie ?   **J'ai acheté les livres.**

Oui, nous l'avons vue.   **Je les ai achetés.**

C'est Julie que nous avons vue.   **Ce sont les livres que j'ai achetés.**

Grammatik

Die Bildung des Plusquamperfekts

Das Plusquamperfekt setzt sich aus der Imperfektform von **avoir** oder **être** und dem Partizip Perfekt des jeweiligen Verbs zusammen.

lire		
j'	avais	lu
tu	avais	lu
il elle on	} avait	lu
nous	avions	lu
vous	aviez	lu
ils elles	} avaient	lu

rester		
j'	étais	resté/restée
tu	étais	resté/restée
il elle on	} était	resté restée resté(s)/restée(s)
nous	étions	restés/restées
vous	étiez	restés/restées
ils elles	} étaient	restés restées

Bei der Bildung des Plusquamperfekts mit **avoir** bleibt das Partizip Perfekt in der Regel unveränderlich.
Wird das Plusquamperfekt jedoch mit **être** gebildet, so gleicht sich das Partizip Perfekt in Geschlecht und Zahl dem Subjekt des Satzes an. Bezieht sich das Partizip Perfekt auf ein Subjekt, das aus unterschiedlichem Genus besteht, so richtet es sich nach dem Männlichen, z. B.:
Marc et Marie **étaient allés** à la piscine.

Wenn du die Bildung des Passé composé beherrscht, dann weißt du jetzt auch schon, wann das Plusquamperfekt mit **avoir** und wann mit **être** gebildet wird.
Die Regel ist nämlich dieselbe. Auch die Besonderheiten bei der Veränderlichkeit des Partizip Perfekts bei der Bildung mit **avoir** sind identisch. Ist das nicht fantastisch?
Le français, ce n'est pas trop difficile !

Den Gebrauch von **avoir** und **être** und die Regeln zur Veränderlichkeit von **être** und **avoir** entnehme bitte dem ▶ Kapitel Die Bildung des Passé composé, da die Bildung des Plusquamperfekts analog zur Bildung des Perfekts erfolgt.

Grammatik

Die Bildung des Passé simple

 Das Passé simple existiert in der deutschen Sprache nicht.

Die regelmäßigen Formen des Passé simple

PERSON	parler	attendre	choisir	croire
je/j'	parlai	attendis	choisis	crus
tu	parlas	attendis	choisis	crus
il/elle/on	parla	attendit	choisit	crut
nous	parlâmes	attendîmes	choisîmes	crûmes
vous	parlâtes	attendîtes	choisîtes	crûtes
ils/elles	parlèrent	attendirent	choisirent	crurent

Die regelmäßigen Verben auf **-er** bilden das Passé simple, indem folgende Endungen an den Stamm des Infinitivs angehängt werden:
-ai, -as, -a, -âmes, -âtes, -èrent.

Die regelmäßigen Verben auf **-re** und **-ir** bilden das Passé simple, indem folgende Endungen an den Stamm des Infinitivs angehängt werden:
-is, -is, -it, -îmes, -îtes, -irent.

Einige meist unregelmäßige Verben, so z. B. Verben, die auf **-oire** oder **-oir** enden aber auch andere, haben folgende Endungen:
-us, -us, -ut, -ûmes, -ûtes, -urent.

Wichtige unregelmäßige Formen im Passé simple

1. Unregelmäßige Verben mit den Endungen auf **-us, -ut** usw.

avoir	j'	eus	tu	eus	il/elle/on	**eut**
	nous	eûmes	vous	eûtes	ils/elles	**eurent**
être	je	fus	tu	fus	il/elle/on	**fut**
	nous	fûmes	vous	fûtes	ils/elles	**furent**
boire	je	bus	tu	bus	il/elle/on	**but**
	nous	bûmes	vous	bûtes	ils/elles	**burent**
lire	je	lus	tu	lus	il/elle/on	**lut**
	nous	lûmes	vous	lûtes	ils/elles	**lurent**
pouvoir	je	pus	tu	pus	il/elle/on	**put**
	nous	pûmes	vous	pûtes	ils/elles	**purent**

Grammatik

recevoir	je	re**çus**	tu	re**çus**	il/elle/on	re**çut**
	nous	re**çûmes**	vous	re**çûtes**	ils/elles	re**çurent**
savoir	je	s**us**	tu	s**us**	il/elle/on	s**ut**
	nous	s**ûmes**	vous	s**ûtes**	ils/elles	s**urent**
vivre	je	véc**us**	tu	véc**us**	il/elle/on	véc**ut**
	nous	véc**ûmes**	vous	véc**ûtes**	ils/elles	véc**urent**
vouloir	je	voul**us**	tu	voul**us**	il/elle/on	voul**ut**
	nous	voul**ûmes**	vous	voul**ûtes**	ils/elles	voul**urent**

2. Unregelmäßige Verben mit den Endungen auf **-is, -it** usw.

dire	je	d**is**	tu	d**is**	il/elle/on	d**it**
	nous	d**îmes**	vous	d**îtes**	ils/elles	d**irent**
écrire	j'	écriv**is**	tu	écriv**is**	il/elle/on	écriv**it**
	nous	écriv**îmes**	vous	écriv**îtes**	ils/elles	écriv**irent**
faire	je	f**is**	tu	f**is**	il/elle/on	f**it**
	nous	f**îmes**	vous	f**îtes**	ils/elles	f**irent**
mettre	je	m**is**	tu	m**is**	il/elle/on	m**it**
	nous	m**îmes**	vous	m**îtes**	ils/elles	m**irent**
prendre	je	pr**is**	tu	pr**is**	il/elle/on	pr**it**
	nous	pr**îmes**	vous	pr**îtes**	ils/elles	pr**irent**
voir	je	v**is**	tu	v**is**	il/elle/on	v**it**
	nous	v**îmes**	vous	v**îtes**	ils/elles	v**irent**

3. Die unregelmäßigen Verben **tenir** und **venir**

tenir	je	t**ins**	tu	t**ins**	il/elle/on	t**int**
	nous	t**înmes**	vous	t**întes**	ils/elles	t**inrent**
venir	je	v**ins**	tu	v**ins**	il/elle/on	v**int**
	nous	v**înmes**	vous	v**întes**	ils/elles	v**inrent**

Grammatik

Die Bildung des Futur composé

Die nahe Zukunft, das Futur composé, wird gebildet aus einer Präsensform von **aller** und dem Infinitiv des jeweiligen Verbs.

attendre		
je	vais	aller
tu	vas	chercher
il/elle/on	va	prendre
nous	allons	rester
vous	allez	boire
ils/elles	vont	faire

 Die Bildung der Formen des Futur composé ist der Bildung des deutschen Futurs sehr ähnlich.

Die Bildung des Futurs I

Das Futur I oder Futur simple wird im Französischen in einem Wort ausgedrückt, während man für die deutsche Zukunft zwei Wörter benötigt, wie das Beispiel zeigt:
Je voyagerai.   *Ich werde reisen.*

Die regelmäßigen Formen

	regarder		attendre		écrire
je	regarde**rai**	j'	attend**rai**	j'	écri**rai**
tu	regarde**ras**	tu	attend**ras**	tu	écri**ras**
il/elle/on	regarde**ra**	il/elle/on	attend**ra**	il/elle/on	écri**ra**
nous	regarde**rons**	nous	attend**rons**	nous	écri**rons**
vous	regarde**rez**	vous	attend**rez**	vous	écri**rez**
ils/elles	regarde**ront**	ils/elles	attend**ront**	ils/elles	écri**ront**

Die Futurendungen lauten:
-rai, -ras, -ra, -rons, -rez, -ront.

 Kennst du schon die Präsensformen von **avoir**? Dann werden dir die Futurendungen sehr bekannt vorkommen. Sie entsprechen den Präsensformen von **avoir** mit einem **-r** davor, außer bei **nous** und **vous**.

Grammatik

1. Bei den Verben auf **-er** wird das Futur simple gebildet, indem man an die 1. Person Singular Präsens die Futurendungen anhängt:

INFINITIV	1. PERSON SINGULAR PRÄSENS	FUTUR SIMPLE
parl**er**	je **parle**	je **parlerai**
jet**er**	je **jette**	tu **jetteras**
achet**er**	j'**achète**	il **achètera**

Eine Ausnahme bilden die Verben auf **-é...rer**.
Bei dieser Gruppe wird das Futur simple gebildet, indem man den Infinitiv ohne **-r** nimmt und die Futurendungen anhängt, z. B.:
espérer → **tu espéreras.**

2. Bei den Verben auf **-re** wird das Futur simple gebildet, indem man die Futurendungen direkt an den Infinitivstamm anhängt:

INFINITIVSTAMM	INFINITIVENDUNG	FUTUR SIMPLE	
prend	re	je	**prendrai**
li	re	tu	**liras**
boi	re	il	**boira**

3. Bei den Verben auf **-ir** wird das Futur simple gebildet, indem man das End**-r** des Infinitivs entfernt und die Futurendungen anhängt:

INFINITIV	INFINITIV OHNE -R	FUTUR SIMPLE	
chois**ir**	**choisi**	je	**choisirai**
part**ir**	**parti**	tu	**partiras**
fin**ir**	**fini**	il	**finira**

Grammatik

Die unregelmäßigen Formen
Bei den unregelmäßigen Formen verändern sich die Stämme des Verbs. Die regelmäßigen Futurendungen bleiben erhalten.

avoir	j'	aurai	pleuvoir	il	pleuvra
être	tu	seras	pouvoir	je	pourrai
aller	il	ira	recevoir	tu	recevras
courir	elle	courra	savoir	il	saura
devoir	nous	devrons	tenir	elle	tiendra
envoyer	vous	enverrez	valoir	il	vaudra
faire	ils	feront	venir	nous	viendrons
falloir	il	faudra	voir	vous	verrez
mourir	il	mourra	vouloir	ils	voudront

Die Bildung des Futurs II

 Das Futur II ist eine zusammengesetzte Zeit, deren Bildung ähnlich erfolgt, wie die des Passé composé oder des Plusquamperfekts.

Das Futur II setzt sich aus der Futurform von **avoir** oder **être** und dem Partizip Perfekt des jeweiligen Verbs zusammen.

parler			arriver		
j'	aurai	parlé	je	serai	arrivé/arrivée
tu	auras	parlé	tu	seras	arrivé/arrivée
il			il		arrivé
elle	aura	parlé	elle	sera	arrivée
on			on		arrivé(s)/arrivée(s)
nous	aurons	parlé	nous	serons	arrivés/arrivées
vous	aurez	parlé	vous	serez	arrivés/arrivées
ils	auront	parlé	ils	seront	arrivés
elles			elles		arrivées

Bei der Bildung des Futurs II mit **avoir** bleibt das Partizip Perfekt in der Regel unveränderlich. Wird das Futur II mit **être** gebildet, so gleicht sich das Partizip Perfekt in Geschlecht und Zahl dem Subjekt an.
Bezieht sich das Partizip Perfekt auf ein Subjekt, das aus unterschiedlichem Genus besteht, so richtet es sich nach dem Männlichen.

Das ▶Kapitel Die Bildung des Passé composé informiert über den Gebrauch von **avoir** und **être** und die Veränderlichkeit des Partizips Perfekt.

Grammatik

Die Bildung des Konditionals I

Die regelmäßigen Formen

regarder		attendre		écrire	
je	regarderais	j'	attendrais	j'	écrirais
tu	regarderais	tu	attendrais	tu	écrirais
il elle on	regarderait	il elle on	attendrait	il elle on	écrirait
nous	regarderions	nous	attendrions	nous	écririons
vous	regarderiez	vous	attendriez	vous	écririez
ils elles	regarderaient	ils elles	attendraient	ils elles	écriraient

Wenn du die Imperfektendungen bereits beherrscht, bereitet dir das Konditional keine Schwierigkeiten.
Nimm einfach die Imperfektendungen und setze ein **-r** davor, dann hast du schon die Endungen des Konditionals.

Die Konditionalendungen lauten wie folgt:
-rais, -rais, -rait, -rions, -riez, -raient.

1. Bei den Verben auf **-er** wird der Konditional gebildet, indem man an die 1. Person Singular Präsens die Konditionalendungen anhängt:

INFINITIV	1. PERSON SINGULAR PRÄSENS	KONDITIONAL
parler	je **parle**	je **parlerais**
jeter	je **jette**	tu **jetterais**
acheter	j'**achète**	il **achèterait**

Eine Ausnahme bilden die Verben auf **-é...rer**.
Bei dieser Gruppe wird das Konditional gebildet, indem man den Infinitiv ohne **-r** nimmt und die Konditionalendungen anhängt, z. B.:
espérer   tu **espérerais**.

Grammatik

2. Bei den Verben auf **-re** wird der Konditional gebildet, indem man die Endungen direkt an den Infinitivstamm anhängt:

INFINITIVSTAMM	INFINITIVENDUNG	KONDITIONAL	
prend	re	je	**prendrais**
li	re	tu	**lirais**
boi	re	il	**boirait**

3. Bei den Verben auf **-ir** wird der Konditional gebildet, indem man das End-**r** des Infinitivs entfernt und die Endungen anhängt:

INFINITIV	INFINITIV OHNE -R	KONDITIONAL	
chois**ir**	**choisi**	je	**choisirais**
part**ir**	**parti**	tu	**partirais**
fin**ir**	**fini**	il	**finirait**

Die unregelmäßigen Formen

Bei den unregelmäßigen Formen verändern sich die Stämme des Verbs. Die regelmäßigen Endungen des Konditionals bleiben erhalten.

avoir	j'	aurais	**pleuvoir**	il	pleuvrait
être	tu	serais	**pouvoir**	je	pourrais
aller	il	irait	**recevoir**	tu	recevrais
courir	elle	courrait	**savoir**	il	saurait
devoir	nous	devrions	**tenir**	elle	tiendrait
envoyer	vous	enverriez	**valoir**	il	vaudrait
faire	ils	feraient	**venir**	nous	viendrions
falloir	il	faudrait	**voir**	vous	verriez
mourir	il	mourrait	**vouloir**	ils	voudraient

Die Bildung des Konditionals II

 Der Konditional II ist eine zusammengesetzte Zeit, deren Bildung ähnlich erfolgt, wie die des Passé composé oder des Plusquamperfekts.

Der Konditional II setzt sich aus der Konditionalform von **avoir** oder **être** und dem Partizip Perfekt des jeweiligen Verbs zusammen.

Grammatik

parler			arriver		
j'	aurais	parlé	je	serais	arrivé/arrivée
tu	aurais	parlé	tu	serais	arrivé/arrivée
il			il		arrivé
elle	aurait	parlé	elle	serait	arrivée
on			on		arrivé(s)/arrivée(s)
nous	aurions	parlé	nous	serions	arrivés/arrivées
vous	auriez	parlé	vous	seriez	arrivés/arrivées
ils	auraient	parlé	ils	seraient	arrivés
elles			elles		arrivées

Bei der Bildung des Konditionals II mit **avoir** bleibt das Partizip Perfekt in der Regel unveränderlich.
Wird der Konditional II jedoch mit **être** gebildet, so gleicht sich das Partizip Perfekt in Geschlecht und Zahl dem Subjekt des Satzes an.
Bezieht sich das Partizip Perfekt auf ein Subjekt, das aus unterschiedlichem Genus besteht, so richtet es sich nach dem Männlichen.

Den Gebrauch von **avoir** und **être** und die Regeln zu deren Veränderlichkeit entnehme bitte dem ▶Kapitel Die Bildung des Passé composé, da die Bildung des Konditionals II analog zur Bildung des Passé composé erfolgt.

Die Bildung des Partizips Perfekt

Die regelmäßige Bildung des Partizips Perfekt
Das Partizip Perfekt der Verben

- auf **-er** wird gebildet, indem die Endung des Infinitivs, **-er**, durch **-é** ersetzt wird: **parl**er → **parl**é

- auf **-ir** wird gebildet, indem die Endung des Infinitivs, **-ir**, durch **-i** ersetzt wird: **dorm**ir → **dorm**i
     choisir → **chois**i

- auf **-re** wird gebildet, indem die Endung des Infinitivs, **-re**, durch **-u** ersetzt wird: **attend**re → **attend**u

Grammatik

Die wichtigsten unregelmäßigen Partizipien

avoir	**eu**	être	**été**	prendre	**pris**
boire	**bu**	faire	**fait**	recevoir	**reçu**
conduire	**conduit**	falloir	**fallu**	résoudre	**résolu**
connaître	**connu**	lire	**lu**	rire	**ri**
courir	**couru**	mettre	**mis**	savoir	**su**
craindre	**craint**	mourir	**mort**	suivre	**suivi**
croire	**cru**	naître	**né**	valoir	**valu**
devoir	**dû**	ouvrir	**ouvert**	vivre	**vécu**
dire	**dit**	plaire	**plu**	voir	**vu**
écrire	**écrit**	pleuvoir	**plu**	vouloir	**voulu**

Die Bildung des Partizips Präsens

Das Partizip Präsens wird gebildet, indem man an die 1. Person Plural Präsens die Endung **-ant** anhängt:

INFINITIV	1. PERSON PLURAL PRÄSENS			PARTIZIP PRÄSENS
parler	nous	**parl**	ons	**parlant**
dormir	nous	**dorm**	ons	**dormant**
choisir	nous	**choisiss**	ons	**choisissant**
attendre	nous	**attend**	ons	**attendant**

Es gibt nur ganz wenige unregelmäßige Formen:
avoir ayant
être étant
savoir sachant

Die Bildung des Gerundiums

Das Gerundium setzt sich aus der Präposition **en** und dem Partizip Präsens des jeweiligen Verbs zusammen. Das Gerundium ist unveränderlich.

INFINITIV	GERUNDIUM	INFINITIV	GERUNDIUM
être	**en étant**	attendre	**en attendant**
avoir	**en ayant**	dormir	**en dormant**
regarder	**en regardant**	finir	**en finissant**

Grammatik

Die Bildung des Imperativs

INFINITIV	DU-FORM	WIR-FORM	SIE-FORM/IHR-FORM
parler	parle	parlons	parlez
descendre	descends	descendons	descendez
dormir	dors	dormons	dormez
choisir	choisis	choisissons	choisissez
faire	fais	faisons	faites

Der Befehl bzw. die Aufforderung an eine Person wird in der Du-Form erteilt. Die Du-Form entspricht der 1. Person Singular Präsens der Verben.

Die Wir-Form wird verwendet, wenn man einen Befehl an eine Gruppe erteilt, der man selbst angehört.
Die Wir-Form entspricht der 1. Person Plural Präsens.

Der Befehl an eine Person, die man siezt, oder an mehrere Personen, die man duzt, wird in der Sie-Form bzw. Ihr-Form erteilt. Bei der Sie- bzw. Ihr-Form handelt es sich um ein und dieselbe Form, die der 2. Person Plural Präsens entspricht.

Die Regel gilt für regelmäßige und unregelmäßige Verben im Präsens.

 Der Imperativ verfügt nur über wenige unregelmäßige Formen, die wir hier für dich aufgeschrieben haben.

INFINITIV	DU-FORM	WIR-FORM	SIE-FORM/IHR-FORM
avoir	aie	ayons	ayez
être	sois	soyons	soyez
savoir	sache	sachons	sachez

Grammatik

Die Bildung des Subjonctif

Die Subjonctif-Endungen
Die Endungen des Subjonctif sind regelmäßig.
Sie gelten für sämtliche regelmäßige und unregelmäßige Verben:

Il veut que j'	attend **e**.
Il veut que tu	attend **es**.
Il veut qu'il Il veut qu'elle Il veut qu'on	attend **e**.
Il veut que nous	attend **ions**.
Il veut que vous	attend **iez**.
Il veut qu'ils Il veut qu'elles	attend **ent**.

Die Endungen des Subjonctif lauten:
-e, -es, -e, -ions, -iez, -ent.

 Hast du schon bemerkt, dass die Subjonctif-Endungen dir gar nicht so fremd sind? Die Endungen der 1. und 2. Person Plural sind dir vom Imperfekt her vertraut und die restlichen Endungen entsprechen dem Präsens der Verben auf **-er**.
Ist das nicht wundervoll?

Die Ableitung des Subjonctif
Die meisten regelmäßigen und unregelmäßigen Verben werden vom Stamm der 3. Person Plural Präsens abgeleitet:

INFINITIV	3. PERSON PLURAL PRÄSENS			SUBJONCTIF		
parler	ils	**parl**	ent	que je	**parl**	e
mettre →	ils	**mett**	ent →	que tu	**mett**	es
partir	ils	**part**	ent	qu'il	**part**	e
finir	ils	**finiss**	ent	qu'elle	**finiss**	e
dire	ils	**dis**	ent	qu'on	**dis**	e
connaître	ils	**connaiss**	ent	que nous	**connaiss**	ions
plaire	ils	**plais**	ent	que vous	**plais**	iez
vivre	ils	**viv**	ent	qu'ils	**viv**	ent
écrire	ils	**écriv**	ent	qu'elles	**écriv**	ent

Grammatik

Unregelmäßigkeiten im Subjonctif

1. Die Verben auf **-ayer, -oyer, -uyer, -é...rer** sowie stamm- und endungsbetonte Verben auf **-er**, die orthographische Besonderheiten im Präsens aufweisen, zeigen diese Besonderheiten auch bei der 1. und 2. Person Plural des Subjonctif.

	payer	**nettoyer**	**essuyer**
que je/j'	paie	nettoie	essuie
que tu	paies	nettoies	essuies
qu'il / qu'elle / qu'on	paie	nettoie	essuie
que nous	payions	nettoyions	essuyions
que vous	payiez	nettoyiez	essuyiez
qu'ils / qu'elles	paient	nettoient	essuient

	acheter	**jeter**	**préférer**
que je/j'	achète	jette	préfère
que tu	achètes	jettes	préfères
qu'il / qu'elle / qu'on	achète	jette	préfère
que nous	achetions	jetions	préférions
que vous	achetiez	jetiez	préfériez
qu'ils / qu'elles	achètent	jettent	préfèrent

2. Verben auf **-oir** und einige Verben auf **-re** und **-ir** haben in der 1. und 2. Person Plural einen anderen Stamm als in der 3. Person Plural. Diese Verben behalten auch ihre zwei Stämme im Subjonctif.

Sämtliche Subjonctif-Formen, außer die der 1. und 2. Person Plural, werden von der 3. Person Plural Präsens abgeleitet.
Die 1. und 2. Person Plural des Subjonctif richtet sich nach dem entsprechenden Präsensstamm.

Zu dieser Verbgruppe gehören:
acquérir, venir, tenir, mourir, décevoir, devoir, voir, croire, boire, recevoir.

Grammatik

prendre					
Indikativ	ils/elles	prennent	nous	prenons	
			vous	prenez	
Subjonctif	que je	prenne	que nous	prenions	
	que tu	prennes	que vous	preniez	
	qu'il / qu'elle	prenne			
	qu'ils / qu'elles	prennent			

Unregelmäßige Subjonctif-Formen

Es gibt einige Verben, die unregelmäßige Subjonctif-Formen bilden, die wir für dich aufgelistet haben:

avoir	que j'	aie	que nous	ayons	
	que tu	aies	que vous	ayez	
	qu'il / qu'elle / qu'on	ait	qu'ils / qu'elles	aient	
être	que j'	sois	que nous	soyons	
	que tu	sois	que vous	soyez	
	qu'il / qu'elle / qu'on	soit	qu'ils / qu'elles	soient	
aller	que j'	aille	que nous	allions	
	que tu	ailles	que vous	alliez	
	qu'il / qu'elle / qu'on	aille	qu'ils / qu'elles	aillent	
faire	que j'	fasse	que nous	fassions	
	que tu	fasses	que vous	fassiez	
	qu'il / qu'elle / qu'on	fasse	qu'ils / qu'elles	fassent	
falloir	qu'il faille				
pleuvoir	qu'il pleuve				

Grammatik

pouvoir	que j' que tu qu'il qu'elle qu'on	puisse puisses ⎫ ⎬ puisse ⎭	que nous que vous qu'ils qu'elles	puissions puissiez ⎫ ⎬ puissent ⎭
savoir	que j' que tu qu'il qu'elle qu'on	sache saches ⎫ ⎬ sache ⎭	que nous que vous qu'ils qu'elles	sachions sachiez ⎫ ⎬ sachent ⎭
vouloir	que j' que tu qu'il qu'elle qu'on	veuille veuilles ⎫ ⎬ veuille ⎭	que nous que vous qu'ils qu'elles	voulions vouliez ⎫ ⎬ veuillent ⎭

Die Bildung des Subjonctif passé

Der Subjonctif passé wird gebildet aus den jeweiligen Subjonctif-Formen von **avoir** oder **être** und dem Partizip Perfekt des jeweiligen Verbs.

		travailler		sortir	
Il faut	que j'/je	aie	travaillé.	sois	sorti/sortie.
	que tu	aies	travaillé.	sois	sorti/sortie.
	qu'il			soit	sorti.
	qu'elle ⎫ qu'on ⎭	ait	travaillé.	soit soit	sortie. sorti(s)/sortie(s).
	que nous	ayons	travaillé.	soyons	sortis/sorties.
	que vous	ayez	travaillé.	soyez	sortis/sorties.
	qu'ils/qu'elles	aient	travaillé.	soient	sortis/sorties.

Den Gebrauch von **avoir** und **être** und die Regeln zu deren Veränderlichkeit entnehme bitte dem ▶ Kapitel Die Bildung des Passé composé, da die Bildung des Subjonctif passé analog zur Bildung des Passé composé erfolgt.

Grammatik

Die Bildung des Passivs

Die Passivformen im Präsens
Das Passiv im Präsens wird gebildet aus den Formen von **être** im Präsens und dem Partizip Perfekt des jeweiligen Verbs. Das Partizip Perfekt richtet sich dabei in Zahl und Geschlecht nach dem Subjekt des Satzes.

je	suis	interrogé/interrogée
tu	es	interrogé/interrogée
il	est	interrogé
elle	est	interrogée
on	est	interrogé(s)/interrogée(s)
nous	sommes	interrogés/intérrogées
vous	êtes	interrogés/interrogées
ils	sont	interrogés
elles	sont	interrogées

Das Passiv in anderen Zeiten und Modi
Das Passiv kann in verschiedene Zeiten und Modi gesetzt werden.

Il	a été	interrogé.	**Passé composé**
Il	était	interrogé.	**Imperfekt**
Il	fut	interrogé.	**Passé simple**
Il	sera	interrogé.	**Futur I**
Il	serait	intérrogé.	**Konditional I**
Il faut qu'il	soit	interrogé.	**Subjonctif**

Das Passiv wird in verschiedenen Zeiten und Modi gebildet, indem man **être** in die entsprechende Zeit bzw. den jeweiligen Modus setzt und das Partizip Perfekt des jeweiligen Verbs hinzufügt.

Die Nennung des Urhebers im Passiv
Der Urheber der Handlung wird einfach mit der Präposition **par** als präpositionale Ergänzung angeschlossen:
Il sera interrogé par la police. *Er wird von der Polizei verhört.*

Grammatik

8 L'emploi des temps et des modes – Der Gebrauch der Zeiten und Modi

Die wichtigsten Zeiten in der Übersicht

VERGANGENHEIT		GEGENWART	ZUKUNFT	
Plusquamperfekt	Passé composé Passé simple Imperfekt	Präsens	Futur II	Futur composé Futur I

Der Gebrauch des Präsens

Das Präsens wird benutzt, um
- Vorgänge oder Zustände in der Gegenwart auszudrücken:
- Wiederholungen und Gewohnheiten zu bezeichnen:
- allgemeingültige Dinge zu beschreiben:

Il fait les courses.
Il a beaucoup d'argent.
Tous les jours, je me lève à 6 heures.
Il ne prend jamais de petit-déjeuner.
Paris est la capitale de la France.

Der Gebrauch des Imperfekts

Das Imperfekt wird benutzt, um
- Beschreibungen in der Vergangenheit zu geben:
- Zustände in der Vergangenheit zu beschreiben:
- gewohnheitsmäßige Handlungen in der Vergangenheit auszudrücken:

Le restaurant était bon marché.
Il pleuvait toute la journée.
Autrefois, on n'avait pas de voitures.
Quand j'étais petite, je jouais dans le jardin.

 Wenn du die Begleitumstände, Hintergrundinformationen, Kommentare oder Erklärungen eines Geschehens zum Ausdruck bringen möchtest, so ist das Imperfekt angesagt.

Grammatik

Der Gebrauch des Passé composé

Das Passé composé wird benutzt, um
- einmalige Handlungen und Ereignisse in der Vergangenheit zu erzählen:

  Hier, je suis allé **au cinéma.**
  Je suis née **le 10 mars 1962.**

- aufeinander folgende Handlungen, sogenannte Handlungsketten, in der Vergangenheit zu erzählen:

  La semaine dernière, Pierre est allé **à Strasbourg.**
  Il a fait **des courses. Vers 20 heures, il** est rentré.

 Wenn du die eigentliche Handlung bzw. die Ereignisse ausdrücken möchtest, die im Vordergrund stehen, so benutze einfach das Passé composé.

Der Gebrauch des Plusquamperfekts

Der Gebrauch des Plusquamperfekts ist für Deutsche kinderleicht, da das Plusquamperfekt wie im Deutschen gebraucht wird.

Das Plusquamperfekt wird benutzt, um ein Ereignis oder einen Zustand zu bezeichnen, der vor einem anderen Geschehen oder Zustand in der Vergangenheit bereits abgeschlossen war:
Il voulait rendre visite à Christine, mais elle était **déjà** partie.

Die folgende Grafik veranschaulicht die Regel:

VORVERGANGENHEIT	VERGANGENHEIT	GEGENWART
——Plusquamperfekt——	——Imperfekt—— Passé composé Passé simple	——Präsens——→

Grammatik

Der Gebrauch des Passé simple

Im Deutschen existiert das Passé simple nicht, deswegen ist der Gebrauch dieser Zeit für Deutsche schwierig. Aber das ist halb so schlimm, da das Passé simple im modernen Französisch der Gegenwart immer seltener benutzt wird.

Das Passé simple wird fast nur in der geschriebenen Sprache gebraucht. Es kommt hauptsächlich vor
– in literarischen Texten, z. B. Romanen, Märchen, Erzählungen;
– in historischen Texten, z. B. Geschichtsbüchern, Biographien;
– in Zeitungsartikeln.

Das Passé simple hat eine ähnliche Funktion wie das Passé composé.
Es wird verwendet, um

– einmalige Handlungen und Ereignisse **Napoléon naquit en 1769.**
in der Vergangenheit zu erzählen: **Il devint empereur en 1804.**

– aufeinander folgende Handlungen, **Elle alla au bar. Là, elle but un café crème.**
sogenannte Handlungsketten, in der
Vergangenheit zu erzählen:

Da das Passé simple in der gesprochenen Sprache fast nicht mehr verwendet wird, reicht es, wenn du seine Formen wiedererkennen und passiv verstehen kannst.

Der Gebrauch des Futur composé

Das Futur composé wird verwendet, um Handlungen in der Zukunft bzw. nahen Zukunft zum Ausdruck zu bringen:

Qu'est-ce que tu vas faire maintenant ? *Was wirst du jetzt machen?*
– Je vais me coucher. *– Ich werde mich hinlegen.*

Wenn du dich in Frankreich über zukünftige Ereignisse oder Geschehnisse unterhalten willst, so ist das Futur composé eigentlich unumgänglich.

Grammatik

Der Gebrauch des Futurs I

Das Futur steht
- um künftige Ereignisse
  auszudrücken:
- im Hauptsatz eines realen
  Bedingungssatzes:

Demain, je lirai un livre.
J'espère que tu viendras demain.

Si tu réussis au bac, tu feras des études.

 In der Regel wird das Futur in der geschriebenen Sprache verwendet. In der gesprochenen Sprache begegnet man meist dem Futur composé.

Der Gebrauch des Futurs II

Das Futur II wird verwendet, um eine Handlung in der Zukunft auszudrücken, die bereits vor einem anderen zukünftigen Ereignis abgeschlossen ist:

Demain, je me reposerai quand j'aurai terminé mon travail.

Morgen werde ich mich ausruhen, wenn ich meine Arbeit erledigt haben werde.

Der Gebrauch des Konditionals I

Das Konditional I steht

- bei Ratschlägen:
- bei Wünschen:
- bei Bitten:
- bei Möglichkeiten:
- bei Vermutungen:
- im Hauptsatz eines irrealen
  Bedingungssatzes:

A ta place, j'achèterais une voiture.
Il aimerait avoir un chien.
Pourriez-vous m'aider ?
On pourrait faire une excursion.
Gavarnie serait à 100 kilomètres d'ici.
Si j'étais riche, je ne travaillerais pas.

 Im Deutschen steht im Gegensatz zum Französischen bei irrealen Bedingungssätzen sowohl im Hauptsatz als auch im Nebensatz das Konditional.

Grammatik

Der Gebrauch des Konditionals II

Der Konditional II steht im Hauptsatz eines irrealen Bedingungssatzes in der Vergangenheit:
Si j'avais été riche, j'aurais fait le tour du monde.
Wenn ich reich gewesen wäre, hätte ich eine Weltreise gemacht.

Der Gebrauch des Partizips Präsens

Das Partizip Präsens wird hauptsächlich in der Schriftsprache verwendet.
Es wird anstelle eines
– Relativsatzes mit **qui** verwendet:

Elle regarde un film racontant la vie d'un étudiant.	**Partizip Präsens**
Elle regarde un film **qui raconte** la vie d'un étudiant.	**Relativsatz**

– Kausalsatzes benutzt:

Partant tôt, nous sommes arrivés à l'heure.	**Partizip Präsens**
Comme nous sommes partis tôt, nous sommes arrivés à l'heure.	**Kausalsatz**

Der Gebrauch des Gerundiums

Das Deutsche kennt das Gerundium nicht, deswegen stellt das Gerundium für Deutsche eine kleine Herausforderung dar.

Das Gerundium wird sowohl in der gesprochenen als auch in der geschriebenen Sprache verwendet, um Sätze zu verkürzen.
Es kann einem zweiten Hauptsatz oder einem Nebensatz entsprechen.

Denk daran, dass ein Gerundium einen Nebensatz nur dann ersetzen kann, wenn der Neben- und der Hauptsatz dasselbe Subjekt haben.

Grammatik

Das Gerundium kann anstelle eines Temporalsatzes die Gleichzeitigkeit zweier Ereignisse/ Geschehnisse zum Ausdruck bringen:

Gerundium:	**En travaillant**, il pense aux congés.
Temporalsatz:	**Pendant qu'il travaille**, il pense aux congés.

Das Gerundium kann für einen Bedingungssatz stehen:

Gerundium:	**En regardant** la télé, il ne pourra pas lire de livre.
Bedingungssatz:	**S'il regarde** la télé, il ne pourra pas lire de livre.
Gerundium:	**En regardant** la télé, il ne pourrait pas lire de livre.
Bedingungssatz:	**S'il regardait** la télé, il ne pourrait pas lire de livre.

Das Gerundium kann für einen Modalsatz stehen, der die Art und Weise ausdrückt:
Elle a gagné beaucoup de l'argent en travaillant comme mannequin.

Der Gebrauch des Subjonctif

Der französische Subjonctif darf nicht mit dem deutschen Konjunktiv in Bezug auf seinen Gebrauch gleichgesetzt werden.

1. Der Subjonctif steht nach Verben des Wünschens, Verlangens, Wollens und Verbietens im Nebensatz, der durch **que** eingeleitet wird, z. B.:
   Je veux que tu ailles à l'école.   *Ich will, dass du in die Schule gehst.*

   Verben, die zu dieser Gruppe gehören, sind u. a.:

aimer mieux que	*lieber mögen*	**interdire que**	*verbieten*
aimer que	*mögen*	**ordonner que**	*befehlen*
attendre que	*(er)warten*	**permettre que**	*erlauben, gestatten*
avoir envie que	*gern wollen, Lust haben*	**préférer que**	*vorziehen*
demander que	*verlangen*	**souhaiter que**	*wünschen*
désirer que	*wünschen*	**vouloir que**	*wollen*
exiger que	*fordern*		

Grammatik

2. Der Subjonctif steht nach Verben des Vorschlagens, Zustimmens, Ablehnens und Verhinderns im Nebensatz, der durch **que** eingeleitet wird, z. B.:
   Il propose qu'ils fassent une -excursion.   *Er schägt vor, dass sie einen Ausflug machen.*

   Verben, die zu dieser Gruppe gehören, sind u. a.:

accepter que	*akzeptieren*	**refuser que**	*ablehnen*
approuver que	*billigen*	**souffrir que**	*ertragen*
désapprouver que	*missbilligen*	**supporter que**	*ertragen*
empêcher que	*verhindern*	**tolérer que**	*ertragen, dulden*
éviter que	*vermeiden*	**vouloir bien que**	*einverstanden sein*
proposer que	*vorschlagen*		
recommander que	*empfehlen*		

3. Der Subjonctif steht nach Verben und Ausdrücken des subjektiven Empfindens und der wertenden Stellungnahme im Nebensatz, der durch **que** angeschlossen wird.

    Der **que**-Satz ist in diesem Fall nur möglich, wenn der einleitende Satz und der **que**-Satz verschiedene Subjekte haben:
   Je regrette que mon chef ne puisse pas venir.   *Ich bedauere, dass mein Chef nicht kommen kann.*

   Verben, die zu dieser Gruppe gehören, sind u. a.:

admirer que	*bewundern*	**craindre que**	*fürchten*
adorer que	*furchtbar gerne mögen*	**critiquer que**	*kritisieren*
aimer que	*(es) gern haben*	**déplorer que**	*bedauern, beklagen*
apprécier que	*(es) zu schätzen wissen*	**détester que**	*verabscheuen*
avoir honte que	*sich schämen*	**regretter que**	*bedauern*
avoir peur que	*Angst haben*	**s'étonner que**	*sich wundern, staunen*
(ne pas) comprendre que	*(nicht) verstehen können*	**s'indigner que**	*sich entrüsten*
		se réjouir qu	*sich freuen*

    Aber aufgepasst! Nach **espérer que** *(hoffen)* steht der Indikativ und nach **se plaindre que** *(sich beklagen)* kann der Subjonctif oder der Indikativ stehen.

Grammatik

4. Auch nach Ausdrücken mit **être** oder **trouver** + Adjektiv, die das subjektive Empfinden oder die wertende Stellungnahme zum Ausdruck bringen, steht ebenfalls der Subjonctif im Nebensatz, der durch **que** eingeleitet wird, z. B.:
Il est important que vous   *Es ist wichtig, dass ihr eure*
fassiez vos devoirs.   *Hausaufgaben macht.*

Ausdrücke, die zu dieser Gruppe gehören, sind u. a.:

être content que	*zufrieden sein*	trouver bizarre que	*komisch finden*
être déçu que	*enttäuscht sein*	trouver bon que	*gut finden*
être désolé que	*untröstlich sein*	trouver curieux que	*seltsam finden*
être étonné que	*verwundert sein*	trouver important que	*wichtig finden*
être heureux que	*glücklich sein*	trouver mauvais que	*schlecht finden*
être satisfait que	*zufrieden sein*		
être surpris que	*überrascht sein*		
être triste que	*traurig sein*		

5. Der Subjonctif steht nach unpersönlichen Verben und unpersönlichen Ausdrücken, z. B.:
Il est bon que tu viennes.   *Es ist gut, dass du kommst.*

Dazu gehören u. a.:

il est	bizarre que	*es ist seltsam*
il est	bon que	*es ist gut*
il est	important que	*es ist wichtig*
il est	mauvais que	*es ist schlecht*
il est	nécessaire que	*es ist notwendig*
il est	normal que	*es ist normal*
il est	temps que	*es ist Zeit*
il est	utile que	*es ist nützlich*
cela	m'amuse que	*es amüsiert mich*
cela	me gêne que	*es stört mich*
cela	m'inquiète que	*es beunruhigt mich*
cela	me plaît que	*es gefällt mir*
cela	me surprend que	*es überrascht mich*
il	convient que	*es ist angebracht*
il	faut que	*es ist nötig/man muss*
il	importe que	*es ist wichtig*
il	suffit que	*es genügt*
il	vaut mieux que	*es ist besser*

Grammatik

6. Der Subjonctif steht in der Regel nach Ausdrücken und Verben des Meinens und Denkens, die verneint sind und im Nebensatz mit **que** angeschlossen sind:
Je ne crois pas qu'ils sachent faire de la voile.   *Ich glaube nicht, dass sie segeln können.*

Zu dieser Gruppe gehören u. a.:

ne pas croire que	nicht glauben
ne pas espérer que	nicht hoffen
ne pas estimer que	nicht meinen
ne pas s'imaginer que	sich nicht vorstellen
ne pas penser que	nicht denken
ne pas se rappeler que	sich nicht erinnern
ne pas trouver que	nicht finden

7. Der Subjonctif steht in der Regel nach Ausdrücken und Verben des Bezweifelns, die im Nebensatz mit **que** angeschlossen sind:
Personne ne doute que le chômage soit un grand problème.   *Niemand bezweifelt, dass die Arbeitslosigkeit ein großes Problem ist.*

Zu dieser Gruppe gehören u. a.:

douter que	bezweifeln
contester que	bestreiten
nier que	verneinen

8. Der Subjonctif steht nach Ausdrücken und Verben des Sagens und Erklärens, die verneint und im Nebensatz mit **que** angeschlossen sind:
Il ne dit pas qu'elle sache nager.   *Er sagt nicht, dass sie schwimmen kann.*

Zu dieser Gruppe gehören u. a.:

affirmer que	behaupten, versichern	dire que	sagen, behaupten
assurer que	versichern	jurer que	schwören
avouer que	gestehen	prétendre que	vorgeben
constater que	feststellen	soutenir que	behaupten
déclarer que	erklären		

 Wenn du **promettre que** *(versprechen)* benutzt, ist alles ganz einfach! Verwende immer den Indikativ, denn der ist einfach und immer richtig.

Grammatik

9. Der Subjonctif steht in einem Relativsatz, wenn etwas als wünschenswert oder hypothetisch erachtet wird.
Handelt es sich hingegen um eine Tatsache, so steht der Indikativ:

	Il cherche une maison **qui soit** bon marché.	**Wunsch**
Aber:	Il a une maison **qui est** bon marché.	**Tatsache**

10. Der Subjonctif steht nach einigen Konjunktionen, z. B.:
Marc a acheté du pain sans que sa mère le sache.
Marc aide sa mère pour qu'elle soit heureuse.

Zu den Subjonctif auslösenden Konjunktionen gehören u. a.:

à condition que	*unter der Bedingung, dass*
afin que	*damit*
avant que... (ne)	*bevor*
bien que	*obwohl, obgleich*
de peur que... (ne)	*damit nicht*
de crainte que... (ne)	*damit nicht*
jusqu'à ce que	*solange bis*
malgré que	*obwohl, obgleich*
pour que	*damit*
pourvu que	*vorausgesetzt, dass*
quoique	*obwohl, obgleich*
sans que	*ohne dass*
supposé que	*angenommen, dass*

Grammatik

9 Les types de phrases – Satzarten

Der Aussagesatz
Der Aussagesatz hat folgende Struktur:

Adverbiale Bestimmung Zeit/Ort	Subjekt	Prädikat	direktes Objekt	indirektes Objekt	Adverbiale Bestimmung Zeit/Ort
	J'	achète	un livre.		
	Je	donne	un livre	à Jean.	
Hier,	j'	ai donné	un livre	à Jean.	
Hier, à l'école,	j'	ai donné	un livre	à Jean.	
	Il	habite			en France.

Der Fragesatz

Die Intonationsfrage

 Das Deutsche kennt die Intonationsfrage nicht.
Die Intonationsfrage wird im gesprochenen Französisch als Gesamtfrage häufig benutzt und ist ganz einfach.

Die Intonationsfrage behält die Stellung der Satzglieder des Aussagesatzes bei, wird aber wie im Deutschen mit steigender Intonation gesprochen, z. B.:
Luc va a l'ecole ?   *Geht Luc in die Schule?*

 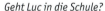

Die Frage mit est-ce que als Gesamtfrage
Die Gesamtfrage, auch Entscheidungsfrage genannt, bezieht sich auf den ganzen Satz und enthält kein Fragepronomen.

 Die Frage mit **est-ce que** existiert im Deutschen nicht.

Die Frage mit **est-ce que** ist ganz einfach. Sie wird gebildet, indem man **est-ce que** vor den Aussagesatz setzt.
Die Stellung der einzelnen Satzglieder im Aussagesatz bleibt dabei unverändert.
Vor Vokal und stummem h wird **est-ce que** zu **est-ce qu'**.

Grammatik

EST-CE QUE	AUSSAGESATZ	
Est-ce que	tu vas à l'ecole ?	*Gehst du in die Schule?*
Est-ce qu'	on va au cinéma ce soir ?	*Gehen wir heute Abend ins Kino?*

Die Frage mit Fragepronomen
Die Fragepronomen

Im Französischen findet man u. a. folgende Fragepronomen:

à quelle heure	um wie viel Uhr
à qui	wen, wem
à quoi	woran, wofür
combien	wie viel
combien de temps	wie lange
comment	wie
d'où	woher
de qui	von wem
de quoi	wovon
depuis quand	seit wann
où	wo, wohin
pourquoi	warum
quand	wann
que	was
quel(s), quelle(s)	welcher, welche, welches
qui	wer

Die Frage mit est-ce que + Fragepronomen

Lege dein besonderes Augenmerk auf die Frage mit **est-ce que**, da sie immer gebräuchlich und richtig ist.

Werden Fragen mit Fragepronomen mit **est-ce que** gebildet, dann herrscht das folgende Schema vor:

FRAGEWORT	EST-CE QUE	SUBJEKT	PRÄDIKAT	OBJEKT	ADVERBIALE BESTIMMUNGEN
Quand	**est-ce que**	tu	ranges	ta chambre ?	
Où	**est-ce que**	tu	as trouvé	ton sac ?	
Pourquoi	**est-ce que**	vous	étudiez	le français ?	
Qu'	**est-ce qu'**	il	fait		demain ?

Aufgepasst! Vor Vokal und stummem h wird **que** zu **qu'**, deshalb wird **est-ce que** zu **est-ce qu'**.

Grammatik

Bei Ergänzungsfragen mit **est-ce que** steht zunächst das Fragepronomen und direkt danach folgt **est-ce que/est-ce qu'**. Im Anschluss daran folgen die restlichen Satzglieder.

Bei diesen Fragen mit Fragepronomen entspricht die Wortstellung in der französischen Sprache nicht der deutschen Sprache, da im Deutschen

1. die Entsprechung für **est-ce que** fehlt,
2. das Subjekt hinter dem Verb steht.

Zum Beispiel:
Quand est-ce que tu as rendez-vous ?   *Wann bist du verabredet?*

Die Frage mit nachgestelltem Fragepronomen

Im Gegensatz zum Deutschen kann das Fragepronomen in der französischen Umgangssprache auch nachgestellt werden, z. B.:
Tu habites où **?**   *Wo wohnst du?*

Die Bildung der Frage mit nachgestelltem Fragepronomen ist ein Kinderspiel, da man an den Aussagesatz einfach das entsprechende Fragepronomen anhängt. Die Stellung der Satzglieder im Aussagesatz bleibt dabei erhalten.

AUSSAGESATZ	FRAGEPRONOMEN
Tu t'appelles	**comment ?**
Tu pars	**quand ?**
Tu arrives	**d'où ?**

Die Frage mit qui
Die Frage nach dem Subjekt
Bei Fragen mit **qui** nach dem Subjekt kannst du dir das Leben erleichtern, denn die Frage mit **qui** kann immer ohne **est-ce qui** gebildet werden, z. B.:
Qui habite à Paris ?   *Wer wohnt in Paris?*

Anstelle von **qui** kannst du auch **qui est-ce qui** verwenden, wenn du nach dem Subjekt fragen möchtest:
Qui est-ce qui habite à Paris ?   *Wer wohnt in Paris?*

Grammatik

Die Frage nach dem Objekt

Merke dir einfach: Wird **qui** mit einer Präposition verbunden, dann kommst du um **est-ce que** nicht herum, z. B.:
A qui est-ce que tu donnes le livre ?   *Wem gibst du das Buch?*

Die Frage
- nach dem direkten Objekt erfolgt mit   **Qui est-ce que vous cherchez ?**
  qui est-ce que:
- nach dem indirekten Objekt erfolgt mit   **A qui est-ce que tu penses ?**
  à qui est-ce que:

Die Frage mit que
Die Frage nach dem Objekt

Kurze Fragen mit **que** kannst du wie im Deutschen bilden, z. B.:
Que fait Paul ?   *Was macht Paul?*

Mit **que** fragst du nach Sachen. Wenn du nach dem direkten Objekt fragst, dann verwende **que** oder **qu'est-ce que:**
Qu'est-ce que tu cherches ?   *Was suchst du?*
Que cherches-tu ?   *Was suchst du?*

Aber aufgepasst! Bei der Frage nach dem indirekten Objekt wird **à quoi** verwendet, z. B.:
A quoi est-ce qu'il pense ?   *Woran denkt er?*

Die Inversionsfrage

Die Inversionsfrage ist dem Deutschen recht ähnlich. Sie wird allerdings im gesprochenen Französisch nicht sehr häufig verwendet. Man trifft sie hauptsächlich in schriftlich fixierten Texten an, z. B. in Briefen usw.

Die Inversionsfrage mit und ohne Fragewort wird wie folgt gebildet:

FRAGEWORT	VERB + SUBJEKTPRONOMEN	ERGÄNZUNGEN
Quand	**pars-tu**	en vacances ?
Comment	**vas-tu**	en vacances ?
Comment	**va-t-il ?**	
Où	**habite-t-elle ?**	
	Veux-tu	prendre le train ?

Grammatik

Bei der Inversionsfrage steht das Subjektpronomen hinter dem Verb. Zwischen Verb und Subjekt wird ein Bindestrich eingefügt.
In der 3. Person Singular bei **il, elle** oder **on** tritt zwischen Verb und Subjektpronomen ein **-t-**, wenn die Verbform auf **-e** oder **-a** endet.
Die Fragewörter stehen bei Inversionsfragen vor dem Verb.

Wenn der Satzgegenstand aus einem Substantiv besteht, wird die Sache komplizierter, denn ein Substantiv kann nicht hinter dem Verb stehen. Aus diesem Grund lautet die Frage wie folgt:
Jean veut-il aller à Paris ?   *Will Jean nach Paris fahren?*

Wenn man die Inversionsfrage bilden möchte und ein Substantiv Satzgegenstand ist, so bleibt der Aussagesatz erhalten und an das Verb wird das entsprechende Subjektpronomen mit Hilfe eines Bindestrichs angehängt.
Annie habite-t-elle à Paris ?   *Wohnt Annie in Paris?*
Monsieur Leroc connaît-il la France ?   *Kennt Herr Leroc Frankreich?*

Falls dir das zu kompliziert ist, kannst du jederzeit die Frage mit **est-ce que** benutzen.

Der Relativsatz

Der Relativsatz mit qui
Das Relativpronomen **qui** leitet einen Relativsatz ein, bei dem **qui** gleichzeitig Subjekt des Relativsatzes ist.
Qui ist unveränderlich und kann sich im Singular und Plural
– auf Personen beziehen: **J'ai une amie qui m'aide toujours.**
– auf Sachen beziehen: **J'ai reçu un livre qui me plaît beaucoup.**

Abweichend vom Deutschen wird im Französischen nicht zwischen der, die und das unterschieden.

Benutze immer **qui**, wenn ein Verb oder ein Objektpronomen mit Verb dem Relativpronomen folgt.

Grammatik

Der Relativsatz mit que
Das Relativpronomen **que** leitet einen Relativsatz ein, bei dem **que** gleichzeitig direktes Objekt des Relativsatzes ist.

Que, das sich vor Vokal und stummem h in **qu'** verwandelt, kann sich im Singular und Plural
- auf Personen beziehen: **J'ai** une amie que **j'aime beaucoup.**
- auf Sachen beziehen: **J'ai reçu** un livre que **j'aime beaucoup.**

Auch hier wird abweichend vom Deutschen nicht zwischen der, die und das unterschieden.

Mache dir das Leben leicht und benutze **que**, wenn dem Relativpronomen ein Subjekt folgt.

Der Relativsatz mit dont
Das Relativpronomen **dont** vertritt Ergänzungen mit **de** in einem Relativsatz.

Dont bezieht sich im Singular und Plural
- auf Personen:

Luc	dont	le père est chef d'entreprise est très sympathique.
C'est Paul	dont	Marie est amoureuse.

- auf Sachen:

Il cherche la maison	dont	il a besoin.
C'est la ville	dont	j'ai beaucoup parlé.

Der Relativsatz mit lequel, laquelle, lesquels, lesquelles
Die Formen von lequel
Je nachdem, ob **lequel** männlich, weiblich, im Singular oder im Plural steht, weist es unterschiedliche Formen auf.

	MÄNNLICH	WEIBLICH
Singular	**lequel**	**laquelle**
Plural	**lesquels**	**lesquelles**

Grammatik

Der Gebrauch von lequel im Relativsatz

Die Relativpronomen **lequel, laquelle, lesquels** und **lesquelles** vertreten in der Regel in einem Relativsatz Sachen oder Personen, die nach
– Präpositionen stehen:

C'était un hiver	pendant	lequel	il neigeait.
C'était la raison	pour	laquelle	il y avait beaucoup d'accidents.
Nous avons vu des blessés	parmi	lesquels	se trouvait mon père.
Les personnes	pour	lesquelles	je travaille sont gentilles.

– präpositionalen Ausdrücken stehen:

| Il a une maison | à côté de | laquelle | se trouve la gare. |

Folgt **lequel, laquelle, lesquels** oder **lesquelles** der Präposition **à**, so entstehen folgende neue Verbindungen, z. B.:

Les livres auxquels **je m'intéresse sont bon marché.**

à	+	lequel	=	auquel
à	+	laquelle	=	à laquelle
à	+	lesquels	=	auxquels
à	+	lesquelles	=	auxquelles

Folgt **lequel, laquelle, lesquels** oder **lesquelles** der Präposition **de**, so entstehen folgende neue Verbindungen, z. B.:

Le village près duquel **se trouve l'autoroute a beaucoup d'hôtels.**

de	+	lequel	=	duquel
de	+	laquelle	=	de laquelle
de	+	lesquels	=	desquels
de	+	lesquelles	=	desquelles

 Die Formen **duquel, de laquelle** usw. finden nur dann Verwendung, wenn ihnen eine Präposition, z. B. **près de**, vorausgeht.
Einfache Ergänzungen mit **de** werden im Relativsatz durch **dont** vertreten, z. B.:
Les habitants de ce village **sont surtout des paysans.**
Le village, dont **les habitants sont surtout des paysans, se trouve près d'Avignon.**
Il habite près d'une ville.
Voilà la ville près de laquelle **il habite.**

Grammatik

Der Relativsatz mit où
Das Relativpronomen **où** vertritt Ortsbestimmungen im Relativsatz.
Montpellier est la ville où Jean fait ses études.

Der Relativsatz mit ce qui, ce que
Die Relativpronomen **ce qui** und **ce que**, die kein direktes Bezugswort haben, benutzt man, um das deutsche *was* zum Ausdruck zu bringen.

Ce qui ist Subjekt:	Je sais bien	ce qui	m'intéresse.
Ce que ist Objekt:	Je sais bien	ce que	Julien a dit.

Die Sache ist ganz einfach!
Folgt ein Subjekt, dann verwende **ce que**.
Folgt hingegen kein Subjekt, benutze **ce qui**.

Der Bedingungssatz

Der reale Bedingungssatz
Der Gebrauch des realen Bedingungssatzes
Der reale Bedingungssatz wird verwendet, wenn es sich um eine Bedingung handelt, die tatsächlich erfüllt werden kann, z. B.:
Si j'ai le temps, je lirai un livre.   *Wenn ich Zeit habe, lese ich ein Buch.*

Die Bildung des realen Bedingungssatzes

SI-SATZ IM PRÄSENS	HAUPTSATZ IM FUTUR I/PRÄSENS
Si tu as le temps,	nous ferons les courses.
S'il fait beau,	je vais à la piscine.

Wenn du einen realen Bedingungssatz bilden möchtest, dann beachte folgende Zeitenfolge: Im **si**-Satz steht das Präsens und im Hauptsatz wird das Futur I oder das Präsens verwendet. **Si** wird vor Vokal zu **s'**.

Grammatik

Der irreale Bedingungssatz
Der Gebrauch des irrealen Bedingungssatzes
Der irreale Bedingungssatz wird verwendet, wenn eine Bedingung irreal ist, d. h. wenn sie der Wirklichkeit nicht entspricht und wenn ihre Erfüllung fraglich oder unmöglich ist, z. B.:

Si j'étais riche, je ferais le tour du monde. *Wenn ich reich wäre, würde ich eine Weltreise machen.*

Die Bildung des irrealen Bedingungssatzes

Wenn du einen französischen Bedingungssatz bilden möchtest, darfst du im **si**-Satz nie das Konditional verwenden, wie das im Deutschen der Fall ist.
Verwende im **si**-Satz immer das Imperfekt.

SI-SATZ IM IMPERFEKT	HAUPTSATZ IM KONDITIONAL
S'il avait plus d'argent,	il achèterait une maison.
Si je faisais le tour du monde,	je ferais la connaissance de beaucoup de gens.

Bei der Bildung des irrealen Bedingungssatzes musst du folgende Zeitenfolge beachten:
Im **si**-Satz steht das Imperfekt und im Hauptsatz wird das Konditional verwendet. **Si** wird vor Vokal zu **s'**.

Der irreale Bedingungssatz in der Vergangenheit
Der irreale Bedingungssatz in der Vergangenheit wird verwendet, wenn eine Bedingung in der Vergangenheit unerfüllt geblieben ist. Es handelt sich somit um einen rein hypothetischen Satz.

Si j'avais été riche, j'aurais fait le tour du monde *Wenn ich reich gewesen wäre, hätte ich eine Weltreise gemacht.*

Im **si**-Satz steht das Plusquamperfekt und im Hauptsatz das Konditional II.

Grammatik

Die indirekte Rede

Die Bildung der indirekten Rede und der indirekten Frage
Die indirekte Rede
Die indirekte Rede wird durch **que** eingeleitet: Elle dit que la jupe est bon marché.
Vor Vokal wird **que** zu **qu'**:   Elle dit qu'il a raison.

Die indirekte Frage
Die indirekte Frage wird durch

– **si** eingeleitet:	**Elle demande**	si	Luc veut aller au cinéma.
– **s'** vor Vokal eingeleitet:	**Elle demande**	s'	il veut aller au cinéma.
– das entsprechende Fragewort eingeleitet:	**Paul veut savoir**	où	son copain travaille.
	Elle veut savoir	pourquoi	Nicole habite à Lyon.
	Il me demande	quand	j'ai commencé à travailler.

  Im Gegensatz zum Deutschen ändert sich die Wortstellung im Französischen in der indirekten Rede/Frage nicht. Außerdem steht kein Komma, z. B.:
Paul dit qu'il a peu d'argent.   *Paul sagt, dass er wenig Geld hat.*
Paul veut savoir si j'ai de l'argent.   *Paul will wissen, ob ich Geld habe.*

Die Zeitenfolge in der indirekten Rede und in der indirekten Frage

Die Zeitenfolge in der Gegenwart
Steht das redeeinleitende Verb im Präsens, so steht das Verb im Nebensatz, d. h. in der indirekten Rede/Frage, in der gleichen Zeit wie in der direkten Rede/Frage.

Direkte Rede:	Marie dit: «Je vais partir en vacances.»
Indirekte Rede:	Marie dit qu'elle va partir en vacances.

Grammatik

Die Zeitenfolge in der Vergangenheit

Wenn du die indirekte Rede in der Vergangenheit benutzt, dann gilt es einige Besonderheiten im Hinblick auf die Verwendung der Zeiten zu beachten.

1. Zeit in der	– direkten Rede:		Präsens	
	Il a dit:	«Elle	**va**	au cinéma.»
	– indirekten Rede:		Imperfekt	
	Il a dit	qu'elle	**allait**	au cinéma.
2. Zeit in der	– direkten Rede:		Perfekt	
	Il avait dit:	«Elle	**est allée**	au cinéma.»
	– indirekten Rede:		Plusquamperfekt	
	Il avait dit	qu'elle	**était allée**	au cinéma.
3. Zeit in der	– direkten Rede:		Imperfekt	
	Il disait:	«Elle	**allait**	au cinéma.»
	– indirekten Rede:		Imperfekt	
	Il disait	qu'elle	**allait**	au cinéma.
4. Zeit in der	– direkten Rede:		Plusquamperfekt	
	Il a dit:	«Elle	**était allée**	au cinéma.»
	– indirekten Rede:		Plusquamperfekt	
	Il a dit	qu'elle	**était allée**	au cinéma.
5. Zeit in der	– direkten Rede:		Futur I	
	Il disait:	«Elle	**ira**	au cinéma.»
	– indirekten Rede:		Konditional I	
	Il disait	qu'elle	**irait**	au cinéma.
6. Zeit in der	– direkten Rede:		Futur II	
	Il a dit:	«Elle	**sera allée**	au cinéma.»
	– indirekten Rede:		Konditional II	
	Il a dit	qu'elle	**serait allée**	au cinéma.
7. Zeit in der	– direkten Rede:		Konditional I	
	Il disait:	«Elle	**irait**	au cinéma.»
	– indirekten Rede:		Konditional I	
	Il disait	qu'elle	**irait**	au cinéma.
8. Zeit in der	– direkten Rede:		Konditional II	
	Il a dit:	«Elle	**serait allée**	au cinéma.»
	– indirekten Rede:		Konditional II	
	Il a dit	qu'elle	**serait allée**	au cinéma.

Grammatik

Steht das redeeinleitende Verb in einer Zeit der Vergangenheit, d. h. im Perfekt, Imperfekt oder Plusquamperfekt, so verändert sich die zu verwendende Zeit im Nebensatz gegenüber der direkten Rede/Frage in einigen Zeiten.

DIREKTE REDE/FRAGE		INDIREKTE REDE/FRAGE
Präsens	→	Imperfekt
Perfekt	→	Plusquamperfekt
Futur I	→	Konditional I
Futur II	→	Konditional II
Imperfekt	bleibt	Imperfekt
Plusquamperfekt	bleibt	Plusquamperfekt
Konditional I	bleibt	Konditional I
Konditional II	bleibt	Konditional II

Diese Zeitenverschiebung gilt übrigens nicht nur in der indirekten Rede/Frage, sondern auch in anderen Nebensätzen, z. B.:

| Je crois | que tu | es | en vacances. | **Präsens** |
| Je croyais | que tu | étais | en vacances. | **Imperfekt** |

Grammatik

10 Les numéraux et les indications du temps – Zahlen und Zeitangaben

Die Grundzahlen

0	zéro	67		soixante-sept	
1	un, une	70		soixante-dix	
2	deux	71		soixante et onze	
3	trois	72		soixante-douze	
4	quatre	73		soixante-treize	
5	cinq	74		soixante-quatorze	
6	six	75		soixante-quinze	
7	sept	76		soixante-seize	
8	huit	77		soixante-dix-sept	
9	neuf	78		soixante-dix-huit	
10	dix	79		soixante-dix-neuf	
11	onze	80		quatre vingts	
12	douze	81		quatre-vingt-un/une	
13	treize	82		quatre-vingt-deux	
14	quatorze	83		quatre-vingt-trois	
15	quinze	90		quatre-vingt-dix	
16	seize	91		quatre-vingt-onze	
17	dix-sept	92		quatre-vingt-douze	
18	dix-huit	100		cent	
19	dix-neuf	101		cent un/une	
20	vingt	102		cent deux	
21	vingt et un/une	110		cent dix	
22	vingt-deux	153		cent cinquante-trois	
23	vingt-trois	200		deux cents	
24	vingt-quatre	210		deux cent dix	
25	vingt-cinq	300		trois cents	
26	vingt-six	385		trois cent quatre-vingt-cinq	
27	vingt-sept	400		quatre cents	
28	vingt-huit	500		cinq cents	
29	vingt-neuf	600		six cents	
30	trente	700		sept cents	
31	trente et un/une	800		huit cents	
32	trente-deux	900		neuf cents	
33	trente-trois	1000		mille	
40	quarante	1001		mille un/une	
41	quarante et un/une	1140		mille cent quarante	
44	quarante-quatre	2000		deux mille	
50	cinquante				
51	cinquante et un/une	1 000 000		un million	
56	cinquante-six	2 000 000		deux millions	
60	soixante	1 000 000 000		un milliard	
61	soixante et un/une	2 000 000 000		deux milliards	

Grammatik

 1. Wenn hinter Zahlen mit **un** bzw. **une** ein Substantiv folgt, so steht bei männlichen Substantiven **un** und bei weiblichen Substantiven **une**, z. B.:
J'ai quatre-vingt-un **livres.**   *aber:*   **J'ai** vingt et une **jupes.**

2. Bei 21, 31, 41, 51 und 61 steht zwischen Zehnern und Einern **et**, z. B.:
    21   **vingt et un**
    61   **soixante et un**

Ebenso steht bei 71 das **et**:
    soixante et onze

Bei 81, bei den Hundertern und Tausendern folgt **un/une** ohne das Wörtchen **et**, z. B.:
    201   **deux cent un**
    1001   **mille un** usw.

3. Bei den restlichen Zahlen von 17 bis 100 werden die Zehner und Einer mit einem Bindestrich verbunden:
    17   **dix-sept**
    22   **vingt-deux**
    34   **trente-quatre**

4. Die Zahl **quatre-vingts** (80) wird mit **-s** geschrieben.
Bei 81–99 fällt das **-s** weg, z. B.:
    81   **quatre-vingt-un/une**
    97   **quatre-vingt-dix-sept** usw.

5. Nur die vollen Hunderter erhalten ein **-s**, z. B.:
    200   **deux cents**
    300   **trois cents** usw.

Folgt dem Hunderter eine weitere Zahl, fällt das **-s** weg, z. B.:
    208   **deux cent huit**

6. An Hunderter, Tausender, Millionen und Milliarden werden die anderen Zahlen ohne Bindestrich angehängt, z. B.:
    245   **deux cent quarante-cinq**
    1005   **mille cinq**
    2 100 000   **deux millions cent mille**

Grammatik

7. **Mille** ist unveränderlich, z. B.:
2000   **deux mille**

8. Folgt **milliard** oder **million** ein Substantiv, so wird **de** eingefügt, wenn es sich um runde Zahlen handelt, denen keine weiteren Zahlen folgen:
Il me faut encore trois millions d'euros pour acheter cette maison. Mais j'ai déjà un million cinq cents euros.

Du wirst die französische Schweiz und das französische Belgien lieben, wenn du sehen wirst, wie einfach dort 70, 80 und 90 sind. In der französischsprachigen Schweiz und in Belgien werden septante für 70 und nonante für 90 benutzt. Huitante für 80 kommt nur in der Schweiz vor. Die Einer werden an die Zehner wie von 20–69 angehängt, z. B.:
72   **septante-deux**
94   **nonante-quatre**

9. Im Französischen gibt es im Gegensatz zum Deutschen zwei Möglichkeiten Jahreszahlen auszusprechen, wobei die erste Variante in Frankreich bevorzugt wird.
2004   **deux mille quatre**
        vingt cent quatre

Die Ordnungszahlen

1er	**le premier/la première**	17er	**le/la dix-septième**
2er	**le/la deuxième** oder	18er	**le/la dix-huitième**
	le second/la seconde	19er	**le/la dix-neuvième**
3er	**le/la troisième**	20er	**le/la vingtième**
4er	**le/la quatrième**	21er	**le/la vingt et unième**
5er	**le/la cinquième**	22er	**le/la vingt-deuxième**
6er	**le/la sixième**	23er	**le/la vingt-troisième**
7er	**le/la septième**	30er	**le/la trentième**
8er	**le/la huitième**	70er	**le/la soixante-dixième**
9er	**le/la neuvième**	71er	**le/la soixante et onzième**
10er	**le/la dixième**	80er	**le/la quatre-vingtième**
11er	**le/la onzième**	81er	**le/la quatre-vingt-unième**
12er	**le/la douzième**	90er	**le/la quatre-vingt-dixième**
13er	**le/la treizième**	91er	**le/la quatre-vingt-onzième**
14er	**le/la quatorzième**	97er	**le/la quatre-vingt-dix-septième**
15er	**le/la quinzième**	100er	**le/la centième**
16er	**le/la seizième**		

Grammatik

Die Ordnungszahlen werden gebildet, indem man die Endung **-ième** an die jeweilige Grundzahl anhängt.
Bei Grundzahlen, die auf **-e** enden, fällt das **-e** weg.
Da **premier** nicht mit anderen Zahlen verbunden werden kann, benutzt man ab 21 **unième**, so zum Beispiel **vingt et unième, trente et unième**.
Der Artikel wird vor den Ordnungszahlen nie apostrophiert, z. B. la huitième, le onzième.

Hast du schon bemerkt, dass es für der/die/das Zweite **le/la deuxième** und **le second/la seconde** gibt?
Dann hast du dich sicherlich auch schon gefragt, wie die beiden verwendet werden. Das ist ganz einfach, denn meist sind sie austauschbar. Allerdings wird **deuxième** bevorzugt benutzt.
Ebenso gibt es feststehende Ausdrücke, wo **le second/la seconde** gebraucht wird, z. B. **la Seconde Guerre mondiale**.
Da **le second/la seconde** nicht mit anderen Zahlen verbunden werden kann, benutzt man ab 22 **deuxième**, z. B. **vingt-deuxième** usw.

Hinsichtlich des Gebrauchs der Ordnungszahlen im Französischen gibt es einige Unterschiede zum Deutschen, da in Frankreich die Ordnungszahlen nicht so häufig gebraucht werden.

Folgende Unterschiede sind wichtig:

1. Wie im Deutschen steht im Französischen bei Datumsangaben für den ersten Tag des Monats und bei Herrschernamen für den ersten Träger des Herrschernamens die Ordnungszahl:
   le premier **mai**
   Napoléon premier

   Abweichend vom Deutschen wird bei den folgenden Tagen oder Herrschern die Grundzahl verwendet:
   le deux **mai, le** trois **mai**
   Napoléon trois

Grammatik

2. Bei Ausdrücken mit jede/jedes/jeder ... wird im Deutschen die Ordnungszahl und im Französischen die Grundzahl verwendet. Der Ausdruck wird mit **un/une** + Grundzahl wiedergegeben:

Il rend visite à sa grand-mère   *Er besucht seine Großmutter jeden zweiten*
un jour sur deux.   *Tag.*
oder:
Il rend visite à sa grand-mère
tous les deux jours.

Die Bruchzahlen

Die Bruchzahlen haben mit den Ordnungszahlen viel gemeinsam, da der Nenner die gleiche Form wie die Ordnungszahl hat, z. B. **un cinquième** (1/5).

Mit Ausnahme von **un demi, un tiers** und **un quart** hat der Nenner der Bruchzahl, d. h. die untere Zahl, die gleiche Form wie die Ordnungszahl.
Ist der Zähler, d. h. die obere Zahl, größer als 1, dann erhält die Ordnungszahl ein Plural **-s**.

1/2	=	un demi	1/5	=	un cinquième
1/3	=	un tiers	5/6	=	cinq sixièmes
1/4	=	un quart	8/10	=	huit dixièmes
1/6	=	un sixième			

Die Datumsangabe

Abweichend vom Deutschen erfolgt im Französischen nur die Angabe des ersten Tages im Monat mit der Ordnungszahl. Die folgenden Tage werden mit der Grundzahl zum Ausdruck gebracht.

Außerdem wird das Datum immer nur mit dem Artikel benannt, selbst wenn im Deutschen eine Präposition steht:
On est le combien aujourd'hui ?
– On est le premier janvier ? Non, on est le deux (janvier).
Quand est-ce que tu pars en vacances ?
– Moi, je pars le dix janvier.

Grammatik

Die Zeitangabe

Die umgangssprachliche Zeitangabe

 Die Zeitangabe in der Umgangssprache erfolgt etwas anders als im Deutschen.

1.⁰⁰	Il est une heure.		
2.⁰⁰	Il est deux heure**s**.		
2.¹⁰	Il est deux heures **dix**.		
2.¹⁵	Il est deux heures **et quart**.		
2.²⁹	Il est deux heures **vingt-neuf**.		
2.³⁰	Il est deux heures **et demie**.		
2.³¹	Il est trois heures **moins vingt-neuf**.		
2.⁴⁰	Il est trois heures **moins vingt**.		
2.⁴⁵	Il est trois heures **moins le quart**.		
12.⁰⁰	Il est **midi**.	24.⁰⁰	Il est **minuit**.
12.¹⁵	Il est **midi et quart**.	24.³⁰	Il est **minuit et demi**.

 In der gesprochenen Sprache werden die Stunden ab Mittag bis Mitternacht von 1 bis 11 gezählt.
Die Minuten werden bis halb zur vorhergehenden Stunde einfach hinzugezählt. Nur bei Viertel steht zwischen der Stunde und **quart** das Wörtchen **et**.
Nach halb werden die Minuten von der nächsten vollen Stunde mit Hilfe von **moins** abgezogen.
Bei Viertel vor/drei viertel steht zwischen **moins** und **quart** der bestimmte Artikel **le**.

Die offizielle Zeitangabe

Die Angabe der offiziellen Uhrzeit erfolgt auf Bahnhöfen, Flughäfen, im Radio usw.
Du wirst die offizielle Zeitangabe lieben, da sie wie im Deutschen erfolgt.

03.00	Il est **trois** heures.
15.00	Il est **quinze** heures.
16.15	Il est **seize** heures **quinze**.
16.30	Il est **seize** heures **trente**.
16.35	Il est **seize** heures **trente-cinq**.
16.45	Il est **seize** heures **quarante-cinq**.

Bei der offiziellen Zeitangabe werden die Minuten zur vorhergehenden Stunde hinzugezählt. Dies gilt auch für die Minuten nach halb. Viertel nach, Viertel vor und halb werden ebenfalls mit den Grundzahlen ausgedrückt.

Grammatik

11 Les prépositions – Die Präpositionen

Die Präpositionen werden im Französischen anders verwendet als im Deutschen. Lerne deshalb die Präpositionen immer mit.

Die Präpositionen des Ortes

Die Präposition à: in, nach
Die Präposition **à** dient der Angabe von Zielen oder Aufenthaltsorten in abstrakter, allgemeiner Weise.

Mit dem bestimmten Artikel geht **à** folgende Verbindungen ein:
à + le = au
à + les = aux

Maria habite à Lisbonne au Portugal. Elle va souvent à la plage. Cet été, elle veut aller aux Etats-Unis.

Denken Sie daran, dass Ziele oder Aufenthaltsorte von weiblichen Ländern mit der Präposition **en** ausgedrückt werden:
Je vais en France.

Die Präposition chez: bei, zu
Die Präposition **chez** dient der Angabe von Zielen und Aufenthaltsorten bei Personen oder belebten Wesen, z. B. bei Firmennamen.

On va chez Paul ?
– Non, j'ai rendez-vous chez le dentiste.
M. Dubois travaille chez Renault.

Die Präposition dans: in, in ... hinein
Die Präposition **dans** dient der Angabe von konkreten Ortsangaben, z. B. in Räumen.
Elle habite dans un quartier de Paris où les enfants ne peuvent pas jouer dans la rue.

Grammatik

Die Präposition de: von, aus
Die Präposition **de** gibt die Herkunft, den Ursprung oder den Ausgangspunkt an.
Mit dem bestimmten Artikel geht **de** folgende Verbindungen ein:
de+ le = du
de+ les = des
Vor Vokal und stummem h wird **de** zu **d'**.
Moi, je suis de France mais mon mari est d'Allemagne. Maintenant nous venons de Suisse.

Die Präposition en: in, nach
Die Präposition **en** steht bei Aufenthaltsorten und Zielen von weiblichen Ländernamen, bei Provinzen und Regionen und in bestimmten Ausdrücken.
J'habite en France. Je vais partir en vacances en Provence.

Die Präposition par: durch
Die Präposition **par** bezeichnet das Durchqueren eines Raumes und steht meist in Verbindung mit Verben der Bewegung.
Pour aller en Italie, on passe par la Suisse.

Die Präposition pour: nach
Die Präposition **pour** bezeichnet den Zielpunkt einer Reise, z. B. ein Land oder eine Stadt in Verbindung mit dem Verb **partir** und **s'embarquer**.
Ce matin, ils sont partis pour Paris.

Die Präposition vers: in Richtung, nach
Die Präposition **vers** bezeichnet das Ziel einer Bewegung, z. B. ein Land, eine Stadt, eine Himmelsrichtung oder eine Person.
On va vers l'ouest.

Grammatik

Weitere örtliche Präpositionen

Die hier aufgeführten örtlichen Präpositionen weisen für Deutschsprachige keine Schwierigkeiten auf.
Folgende weitere örtliche Präpositionen stehen zur Verfügung:

à côté de	neben	Le garage est **à côté de** la maison.
à droite de	rechts	**A droite du** garage, il y a la boulangerie.
à gauche de	links	**A gauche de** la voiture, il y a un arbre.
au bout de	am Ende von	**Au bout de** la rue, il y a l'école de Luc.
au fond de	hinten	**Au fond du** garage, il y a le vélo de Luc.
derrière	hinter	Le chien est **derrière** la voiture.
devant	vor	Luc est **devant** la maison.
en face de	gegenüber	La maison est **en face de** l'hôtel.
entre	zwischen	Le petit frère de Luc est **entre** la voiture et la maison.
loin de	weit von	La maison est **loin de** la piscine.
près de	nahe bei	La maison est **près de** la gare.
sous	unter	Le ballon est **sous** la voiture.
sur	auf	Le chat est **sur** le toit.

Die Präpositionen der Zeit

Die Präposition à: um, an, in
Die Präposition **à** bezeichnet genaue Zeitpunkte.
Le train arrive à **six heures.**
Il fait froid à **Noël.**
Elle s'est mariée à **30 ans.**

 Man sagt **au printemps** aber **en été, en automne, en hiver.**

Die Präposition à partir de: von ... an, ab
Die Präposition **à partir de** gibt den Anfangspunkt einer Handlung in der Gegenwart oder in der Zukunft an.
A partir d'aujourd'hui, il ne travaille plus.
A partir de demain, elle fait des études.

Grammatik

Die Präposition après: nach
Die Präposition **après** gibt einen Zeitpunkt an, der nach einem anderen Zeitpunkt oder Zeitraum in der Vergangenheit oder Zukunft liegt.
Je vais terminer mon travail après Noël.

Die Präposition avant: vor
Die Präposition **avant** gibt einen Zeitpunkt an, der vor einem anderen Zeitpunkt oder Zeitraum in der Vergangenheit oder Zukunft liegt.
Je vais terminer mon travail avant Noël.

Die Präposition dans: in, nach Ablauf von
Die Präposition **dans** wird verwendet, um einen zukünftigen Zeitpunkt auszudrücken.
Paul rentre dans dix minutes.

Die Präposition dès: seit, von ... an
Die Präposition **dès** bezeichnet den Anfangszeitpunkt einer Handlung in der Vergangenheit, Gegenwart oder Zukunft.
Il est chef dès l'âge de 30 ans.
Il m'énerve dès son arrivée.

Die Präposition depuis: seit
Die Präposition **depuis** bezeichnet den Anfangszeitpunkt eines Zeitraumes, der in der Vergangenheit beginnt und an die Vergangenheit oder Gegenwart heranreicht.
Il est chez Renault depuis dix ans.

Die Präposition en: im (Monat), im Jahre, innerhalb von
Die Präposition **en** steht vor den Jahreszeiten, die mit Vokal beginnen, sowie vor Monatsnamen und Jahreszahlen.
Außerdem bezeichnet **en** einen bestimmten Zeitraum, innerhalb dessen sich eine Handlung vollzieht.
Marie est née en 1996.
Il fait froid en hiver.
Noël est en décembre.
Peter a fait ses études en 5 ans.

Grammatik

 Bei Monatsnamen kann man statt **en** auch **au mois de** verwenden, z. B.:
Tout le monde part en vacances au mois d'août/en août.

Die Präposition entre... et: zwischen ... und
Die Präposition **entre... et** bezeichnet einen Zeitraum, der zwischen zwei Zeitpunkten liegt.
Je vais travailler entre 8 heures et 10 heures.

Die Präposition il y a: vor
Die Präposition **il y a** bezeichnet einen vergangenen Zeitpunkt.
Pierre a passé son bac il y a un an.

Die Präposition jusque: bis
Die Präposition **jusque** bezeichnet den Endpunkt eines ununterbrochenen Zeitraumes, der in der Zukunft stattfindet oder in der Vergangenheit abgeschlossen wurde.
Nous attendons jusqu'à demain.
Nous restons jusqu'au 10 mars.

 Der Präposition **jusque** folgt gerne die Präposition **à**, woraufhin **jusque** sein **-e** verliert und zu **jusqu'à** wird.

Die Präposition pendant: während
Die Präposition **pendant** bezeichnet einen Zeitraum, der von einer Handlung ausgefüllt ist.
Il faisait beau pendant notre séjour.

Die Präposition pour: für (die Dauer von)
Die Präposition **pour** bezeichnet einen befristeten Zeitraum, der einem bestimmten Ziel unterworfen ist.
Il va à Paris pour deux semaines.

Die Präposition vers: gegen, um
Die Präposition **vers** bezeichnet einen ungefähren Zeitpunkt.
J'arrive vers dix heures.
Il termine son travail vers le 18 février.

Grammatik

Modale Präpositionen

Die Präposition à: mit
Die Präposition à bringt Folgendes zum Ausdruck:

- Zweck
- Art und Weise
- Preisangabe
- Fortbewegungsart auf oder ohne Verkehrsmittel
- Entfernung

C'est un verre à jus.
Il faut écrire au crayon.
Le kilo est à dix francs.
On va à pied/à vélo au cinéma.
L'hôtel est à dix kilomètres d'ici.

Die Präposition avec: mit
Die Präposition avec bringt Folgendes zum Ausdruck:

- Mittel/Werkzeug   Il ouvre la porte avec la clé.

Die Präposition de: mit, aus, vor
Die Präposition de bringt Folgendes zum Ausdruck:

- Körperteil
- Materialangabe
- Ursache
- Mengenangabe

Il fait signe de la tête.
Regardez ! C'est du bois massif.
Ils ont crié de peur.
Il faut acheter deux litres de lait.

Die Präposition en: mit, aus
Die Präposition en bringt Folgendes zum Ausdruck:

- Fortbewegung mit einem Transportmittel
- Materialangabe

J'y vais en avion.
J'ai une montre en or.

 Denke daran, dass man bei der Fortbewegung mit dem Fahrrad die Präposition à verwendet:
J'y vais à bicyclette.

Wenn du jedoch lieber das Wort **le vélo** benutzen möchtest, kannst du beides sagen.
J'y vais à/en vélo.

Grammatik

Die Präposition par: mit, durch, aus, pro
Die Präposition **par** bringt Folgendes zum Ausdruck:

– Mittel	Cette lettre est arrivée par avion.
– Urheberbezeichnung	J'ai appris la nouvelle par le journal.
– Beweggrund	Il a avoué par peur d'aller en prison.
– Verteilung	La chambre coûte 100 € par personne.

Die Präposition pour: für
Die Präposition **pour** bringt Folgendes zum Ausdruck:

– Zweck	Il travaille pour gagner de l'argent.
– Preisangabe	J'ai acheté ce livre pour 20 €.

Grammatik

12 Les conjonctions – Die Konjunktionen

Mithilfe von Konjunktionen kann man Sätze oder Satzteile miteinander verbinden.
Man unterscheidet zwischen beiordnenden und unterordnenden Konjunktionen.

Beiordnende Konjunktionen

Beiordnende Konjunktionen verbinden gleichrangige Sätze, d. h. Hauptsätze, miteinander, z. B.:

Il pleut et Marc reste à la maison. *Es regnet und Marc bleibt zu Hause.*
J'avais rendez-vous avec Jean, mais il n'est pas venu. *Ich hatte eine Verabredung mit Jean, aber er ist nicht gekommen.*

Zu den beiordnenden Konjunktionen zählen u. a.:

car	*denn*	ni… ni	*weder… noch*
donc	*also*	ou	*oder*
et	*und*	ou… ou	*entweder… oder*
mais	*aber*	ou bien	*oder*

Unterordnende Konjunktionen

Unterordnende Konjunktionen verbinden Haupt- und Nebensätze.
Il n'a pas le temps parce qu'il doit travailler. *Er hat keine Zeit, weil er arbeiten muss.*
~~Quand~~ **j'aurai terminé le bac, je ferai des études.** *Wenn ich das Abitur gemacht habe, werde ich studieren.*

Zu den unterordnenden Konjunktionen zählen u. a.:

à condition que*	*unter der Bedingung, dass*
afin que*	*damit*
après que	*nachdem*
avant que*	*bevor*
bien que*	*obwohl*
comme	*da*
de peur que*	*damit nicht*
depuis que	*seit, seitdem*
dès que	*sobald*
jusqu'à ce que*	*bis*
lorsque	*als, wenn*
malgré que*	*obwohl, obgleich*

Grammatik

parce que	weil
pendant que	während
pour que*	damit
pourvu que*	vorausgesetzt, dass
puisque	da
quand	als, wenn
quoique*	obwohl
sans que*	ohne dass
si	wenn
si bien que	so dass
supposé que*	angenommen, dass
tant que	solange

Nach den mit * gekennzeichneten Konjunktionen folgt der Subjonctif, z. B.:

Marie reste au lit jusqu'à ce que sa mère vienne.
Marie bleibt im Bett, bis ihre Mutter kommt.

Elle travaille pour que sa famille puisse vivre mieux.
Sie arbeitet, damit ihre Familie besser leben kann.

Grammatik

Stichwortregister

à:
  à + Artikel 10
  modal 109
  örtlich 105
  zeitlich 107
Adjektiv Kap. 3, 19 ff.
  Attributives 19
  Prädikatives 19
  Adjektiv mit wechselnder
    Bedeutung 19
  Femininformen 21f.
  Komparativ 24
  Singular und Plural 19 ff.
  Sonderfälle bei der Pluralbildung 21
  Steigerung 24 f.
  Stellung 19
  Superlativ 24 f.
  Unregelmäßige Adjektive 21 f.
Adverb Kap. 4, 26 ff.
  Abgeleitete Adverbien 26 f.
  Formen 26 f.
  Steigerung 28 f.
  Stellung 28
  Ursprüngliche Adverbien 26
Adverbialpronomen 36 ff.
Akkusativ 18
Artikel Kap. 1, 10 ff.
  Bestimmter 10 f.
  Teilungsartikel 12 f.
  Unbestimmter 11
aucun 41
Aussagesatz 87

Bedingungssatz 94 f.
  Irrealer 95
  Realer 94

Bruchzahlen 103

ce que 94
ce qui 94
certain 41
chacun 42
chaque 42

Dativ 18
Datumsangabe 103
de:
  de + Artikel 10
  de + Ländernamen 11
  Mengenangabe 12
  modal 109
  örtlich 106f.
Demonstrativpronomen 39 f.
dont 92

en:
  als Adverbialpronomen 36 f.
  en + Ländernamen 11
  modal 110
  örtlich 105
  zeitlich 107

Fragesatz 87 ff.
  mit est-ce que als Gesamtfrage 87
  mit est-ce que und
    Fragepronomen 88
  mit Fragepronomen 88
  mit que 90
  mit qu'est-ce que 90
  mit qui 89 f.
  mit qui est-ce qui 89

Grammatik

Futur composé:
  Bildung 64
  Gebrauch 97
Futur I:
  Bildung 64 f.
  Gebrauch 80
  Regelmäßige Formen 64 f.
  Unregelmäßige Formen 66
Futur II:
  Bildung 66 f.
  Gebrauch 80

Genitiv 18
Gerundium:
  Bildung 70 f.
  Gebrauch 81 f.
Grundzahlen 99 ff.

Höflichkeitsform 31

Imperativ 71 f.
  Regelmäßige Formen 71
  Unregelmäßige Formen 71
Imperfekt:
  Bildung 57 f.
  Gebrauch 77
  Verben auf -cer 58
  Verben auf -ger 58
Indefinitpronomen 41 ff.
Indirekte Frage 96 f.
Indirekte Rede 96 ff.
  Bildung 96
  Zeitenfolge 96 f.
Intonationsfrage 87
Inversionsfrage 90 f.

Komparativ:
  Adjektive 24
  Adverbien 28

Konditional I:
  Bildung 67 f.
  Gebrauch 80
  Regelmäßige Formen 67 f.
  Unregelmäßige Formen 68
Konditional II:
  Bildung 68 f.
  Gebrauch 81
Konjunktionen:
  Beiordnende 112
  Unterordnende 112 f.

Ländernamen 11

Mengenangabe 13
Verneinung 48

Nominativ 18

Objektpronomen 33 ff.
  Direkte 33 f.
  Indirekte 34 f.
  on 42
Ordnungszahlen 101 f.

Partizip Perfekt 69 f.
  Regelmäßige Formen 69
  Unregelmäßige Formen 70
Partizip Präsens:
  Bildung 70
  Gebrauch 81
Passé composé:
  Bildung 59 f.
  Gebrauch 87 f.
  mit avoir und être 59

Grammatik

Passé simple:
  Bildung 62 f.
  Gebrauch 79
  Regelmäßige Formen 62
  Unregelmäßige Formen 62 f.
Passiv 76 f.
Personalpronomen 30 ff.
  Unverbundene 32 f.
  Verbundene 30 f.
personne 43
plusieurs 42
Plusquamperfekt:
  Bildung 61 f.
  Gebrauch 78
Possessivpronomen 40 f.
Präpositionen Kap. 89 ff.
  Modale 110 f.
  der Zeit 107 ff.
  des Ortes 105 f.
Präsens:
  Gebrauch 77
  Reflexive Verben 57
  Unregelmäßige Verben 53 ff.
  Verben auf -ayer 50
  Verben auf -cer 49
  Verben auf -dre 53
  Verben auf -é...er 51
  Verben auf -er 49 ff.
  Verben auf -er mit stamm- und endungsbetonten Formen 51 f.
  Verben auf -ger 49
  Verben auf -ir 52 f.
  Verben auf -oyer 50
  Verben auf -re 53
  Verben auf -uyer 50
Pronomen Kap. 5, 30 ff.
  Stellung bei mehreren 39
  Stellung der direkten Objektpronomen 34

Stellung der indirekten Objektpronomen 35 f.
Stellung von en 37
Stellung von y 38

que:
  Fragepronomen 90 f.
  in indirekter Rede 80
  Relativpronomen 92
quelqu'un 43
quelque chose 43
quelques 43
qui:
  Fragepronomen 89 f.
  Relativpronomen 91

Reflexive Verben 57
Reflexivpronomen 36
Relativsatz 91 ff.
  mit ce qui, ce que 94
  mit dont 92
  mit lequel, laquelle, lesquels, lesquelles 92 f.
  mit où 94
  mit que 92
  mit qui 91
rien 54

Satzarten Kap. 9, 87 ff.
si:
  Bedingungssatz 94 f.
  indirekte Frage 96
Steigerung:
  Adjektive 24 f.
  Adverbien 28
  Unregelmäßige Steigerungsformen der Adjektive 25
  Unregelmäßige Steigerungsfomen der Adverbien 29

Grammatik

Stellung:
  Direkte Objektpronomen 34
  en 37
  Indirekte Objektpronomen 35 f.
  Mehrere Pronomen 39
  Verneinungselemente 46 f.
  y 38
Subjonctif:
  Bildung 72 ff.
  Gebrauch 82 ff.
  Unregelmäßigkeiten und
    unregelmäßige Formen 73 ff.
Subjonctif passé 75
Substantiv Kap. 2, 14 ff.
  Geschlecht der Substantive 14 ff.
  Plural der Substantive 17
Superlativ:
  Adjektive 24 f.
  Adverbien 28

Teilungsartikel 12 f.
tout 44

Uhrzeit 104
Unbestimmter Artikel 11

Verben:
  auf -ayer im Präsens 42
  auf -cer im Imperfekt 49
  auf -cer im Präsens 41
  auf -dre im Präsens 45
  auf -é ...er 43
  auf -er im Präsens 41 ff.
  auf -er mit stamm- und endungsbetonten
    Formen im Präsens 50 f.
  auf -ger im Imperfekt 49
  auf -ger im Präsens 41
  auf -ir im Präsens 43 f.
  auf -oyer im Präsens 42
  auf -re im Präsens 44
  auf -uyer im Präsens 42
  Gebrauch der Zeiten und Modi Kap 8, 77 ff.
  Unregelmäßige Formen im Präsens 53 ff.
  Verneinung Kap. 6, 45 ff.
  Teilungsartikel 12 f.

y als Adverbialpronomen 38

Zahlen Kap. 10, 99 ff.
Zeitangabe 104
Zeiten:
  Bildung Kap. 7, 99 ff.
  Gebrauch Kap. 8, 77 ff.
  Indirekte Rede 96 f.
  Irrealer Bedingungssatz 95
  Realer Bedingungssatz 94
  Übersicht 77

Verben

Verben

Vorwort

Das Kapitel Verben bietet dir die Möglichkeit, die wichtigsten regelmäßigen und unregelmäßigen Verbkonjugationen auf übersichtliche Art und Weise nachzuschlagen.

Du erhältst Informationen zur Anwendung der Zeiten, den Reflexivverben, dem Passiv sowie den unpersönlichen Verben.

Viel Spaß mit dem Kapitel Verben!

Inhalt

Modal- und Hilfsverben	120
Regelmäßige Verben	123
Verben mit orthografischen Besonderheiten	126
Unregelmäßige Verben	130
Zur Anwendung der Zeiten	134
Unpersönliche Verben, Passiv und Reflexivverben	138

Verben

Modal- und Hilfsverben

être *sein*

Etre wird meist als Hilfsverb verwendet, z. B. beim Passiv, bei den reflexiven Verben u. a.

INDICATIF

présent		passé composé		
je	suis	j'	ai	été
tu	es	tu	as	été
il	est	il	a	été
nous	sommes	nous	avons	été
vous	êtes	vous	avez	été
ils	sont	ils	ont	été

imparfait		plus-que-parfait		
j'	étais	j'	avais	été
tu	étais	tu	avais	été
il	était	il	avait	été
nous	étions	nous	avions	été
vous	étiez	vous	aviez	été
ils	étaient	ils	avaient	été

passé simple		passé antérieur		
je	fus	j'	eus	été
tu	fus	tu	eus	été
il	fut	il	eut	été
nous	fûmes	nous	eûmes	été
vous	fûtes	vous	eûtes	été
ils	furent	ils	eurent	été

futur simple		futur antérieur		
je	serai	j'	aurai	été
tu	seras	tu	auras	été
il	sera	il	aura	été
nous	serons	nous	aurons	été
vous	serez	vous	aurez	été
ils	seront	ils	auront	été

CONDITIONNEL

présent		passé		
je	serais	j'	aurais	été
tu	serais	tu	aurais	été
il	serait	il	aurait	été
nous	serions	nous	aurions	été
vous	seriez	vous	auriez	été
ils	seraient	ils	auraient	été

SUBJONCTIF

présent			passé			
que	je	sois	que	j'	aie	été
que	tu	sois	que	tu	aies	été
qu'	il	soit	qu'	il	ait	été
que	nous	soyons	que	nous	ayons	été
que	vous	soyez	que	vous	ayez	été
qu'	ils	soient	qu'	ils	aient	été

imparfait			plus-que-parfait			
que	je	fusse	que	j'	eusse	été
que	tu	fusses	que	tu	eusses	été
qu'	il	fût	qu'	il	eût	été
que	nous	fussions	que	nous	eussions	été
que	vous	fussiez	que	vous	eussiez	été
qu'	ils	fussent	qu'	ils	eussent	été

IMPERATIF

sois
soyons
soyez

PARTICIPE

présent	passé
étant	été (unveränderlich)

Verben

Modal- und Hilfsverben

avoir *haben*

Avoir wird meist als Hilfsverb verwendet.

INDICATIF

présent		passé composé		
j'	ai	j'	ai	eu
tu	as	tu	as	eu
il	a	il	a	eu
nous	avons	nous	avons	eu
vous	avez	vous	avez	eu
ils	ont	ils	ont	eu

imparfait		plus-que-parfait		
j'	avais	j'	avais	eu
tu	avais	tu	avais	eu
il	avait	il	avait	eu
nous	avions	nous	avions	eu
vous	aviez	vous	aviez	eu
ils	avaient	ils	avaient	eu

passé simple		passé antérieur		
j'	eus	j'	eus	eu
tu	eus	tu	eus	eu
il	eut	il	eut	eu
nous	eûmes	nous	eûmes	eu
vous	eûtes	vous	eûtes	eu
ils	eurent	ils	eurent	eu

futur simple		futur antérieur		
j'	aurai	j'	aurai	eu
tu	auras	tu	auras	eu
il	aura	il	aura	eu
nous	aurons	nous	aurons	eu
vous	aurez	vous	aurez	eu
ils	auront	ils	auront	eu

CONDITIONNEL

présent		passé		
j'	aurais	j'	aurais	eu
tu	aurais	tu	aurais	eu
il	aurait	il	aurait	eu
nous	aurions	nous	aurions	eu
vous	auriez	vous	auriez	eu
ils	auraient	ils	auraient	eu

SUBJONCTIF

présent			passé			
que	j'	aie	que	j'	aie	eu
que	tu	aies	que	tu	aies	eu
qu'	il	ait	qu'	il	ait	eu
que	nous	ayons	que	nous	ayons	eu
que	vous	ayez	que	vous	ayez	eu
qu'	ils	aient	qu'	ils	aient	eu

imparfait			plus-que-parfait			
que	j'	eusse	que	j'	eusse	eu
que	tu	eusses	que	tu	eusses	eu
qu'	il	eût	qu'	il	eût	eu
que	nous	eussions	que	nous	eussions	eu
que	vous	eussiez	que	vous	eussiez	eu
qu'	ils	eussent	qu'	ils	eussent	eu

IMPERATIF

aie
ayons
ayez

PARTICIPE

présent	passé
ayant	eu(e)

Verben

Modal- und Hilfsverben

faire *tun, machen*

INDICATIF

présent		passé composé		
je	fais	j'	ai	fait
tu	fais	tu	as	fait
il	fait	il	a	fait
nous	faisons	nous	avons	fait
vous	faites	vous	avez	fait
ils	font	ils	ont	fait

imparfait		plus-que-parfait		
je	faisais	j'	avais	fait
tu	faisais	tu	avais	fait
il	faisait	il	avait	fait
nous	faisions	nous	avions	fait
vous	faisiez	vous	aviez	fait
ils	faisaient	ils	avaient	fait

passé simple		passé antérieur		
je	fis	j'	eus	fait
tu	fis	tu	eus	fait
il	fit	il	eut	fait
nous	fîmes	nous	eûmes	fait
vous	fîtes	vous	eûtes	fait
ils	firent	ils	eurent	fait

futur simple		futur antérieur		
je	ferai	j'	aurai	fait
tu	feras	tu	auras	fait
il	fera	il	aura	fait
nous	ferons	nous	aurons	fait
vous	ferez	vous	aurez	fait
ils	feront	ils	auront	fait

CONDITIONNEL

présent		passé		
je	ferais	j'	aurais	fait
tu	ferais	tu	aurais	fait
il	ferait	il	aurait	fait
nous	ferions	nous	aurions	fait
vous	feriez	vous	auriez	fait
ils	feraient	ils	auraient	fait

SUBJONCTIF

présent			passé			
que	je	fasse	que	j'	aie	fait
que	tu	fasses	que	tu	aies	fait
qu'	il	fasse	qu'	il	ait	fait
que	nous	fassions	que	nous	ayons	fait
que	vous	fassiez	que	vous	ayez	fait
qu'	ils	fassent	qu'	ils	aient	fait

imparfait			plus-que-parfait			
que	je	fisse	que	j'	eusse	fait
que	tu	fisses	que	tu	eusses	fait
qu'	il	fît	qu'	il	eût	fait
que	nous	fissions	que	nous	eussions	fait
que	vous	fissiez	que	vous	eussiez	fait
qu'	ils	fissent	qu'	ils	eussent	fait

IMPERATIF

fais
faisons
faites

PARTICIPE

présent	passé
faisant	fait(e)

Verben

Regelmäßige Verben

parler *sprechen*   1. Konjugation: **-er**

INDICATIF

présent | **passé composé**
- je parl**e** — j' ai parlé
- tu parl**es** — tu as parlé
- il parl**e** — il a parlé
- nous parl**ons** — nous avons parlé
- vous parl**ez** — vous avez parlé
- ils parl**ent** — ils ont parlé

imparfait | **plus-que-parfait**
- je parl**ais** — j' avais parlé
- tu parl**ais** — tu avais parlé
- il parl**ait** — il avait parlé
- nous parl**ions** — nous avions parlé
- vous parl**iez** — vous aviez parlé
- ils parl**aient** — ils avaient parlé

passé simple | **passé antérieur**
- je parl**ai** — j' eus parlé
- tu parl**as** — tu eus parlé
- il parl**a** — il eut parlé
- nous parl**âmes** — nous eûmes parlé
- vous parl**âtes** — vous eûtes parlé
- ils parl**èrent** — ils eurent parlé

futur simple | **futur antérieur**
- je parl**erai** — j' aurai parlé
- tu parl**eras** — tu auras parlé
- il parl**era** — il aura parlé
- nous parl**erons** — nous aurons parlé
- vous parl**erez** — vous aurez parlé
- ils parl**eront** — ils auront parlé

CONDITIONNEL

présent | **passé**
- je parl**erais** — j' aurais parlé
- tu parl**erais** — tu aurais parlé
- il parl**erait** — il aurait parlé
- nous parl**erions** — nous aurions parlé
- vous parl**eriez** — vous auriez parlé
- ils parl**eraient** — ils auraient parlé

SUBJONCTIF

présent | **passé**
- que je parl**e** — que j' aie parlé
- que tu parl**es** — que tu aies parlé
- qu' il parl**e** — qu' il ait parlé
- que nous parl**ions** — que nous ayons parlé
- que vous parl**iez** — que vous ayez parlé
- qu' ils parl**ent** — qu' ils aient parlé

imparfait | **plus-que-parfait**
- que je parl**asse** — que j' eusse parlé
- que tu parl**asses** — que tu eusses parlé
- qu' il parl**ât** — qu' il eût parlé
- que nous parl**assions** — que nous eussions parlé
- que vous parl**assiez** — que vous eussiez parlé
- qu' ils parl**assent** — qu' ils eussent parlé

IMPERATIF

parl**e**
parl**ons**
parl**ez**

PARTICIPE

présent | **passé**
parl**ant** | parl**é**(e)

Verben

Regelmäßige Verben

finir *beenden* 2. Konjugation: **-ir** (mit Stammerweiterung)

INDICATIF

présent
- je fin**is**
- tu fin**is**
- il fin**it**
- nous fin**issons**
- vous fin**issez**
- ils fin**issent**

passé composé
- j' ai fini
- tu as fini
- il a fini
- nous avons fini
- vous avez fini
- ils ont fini

imparfait
- je fin**issais**
- tu fin**issais**
- il fin**issait**
- nous fin**issions**
- vous fin**issiez**
- ils fin**issaient**

plus-que-parfait
- j' avais fini
- tu avais fini
- il avait fini
- nous avions fini
- vous aviez fini
- ils avaient fini

passé simple
- je fin**is**
- tu fin**is**
- il fin**it**
- nous fin**îmes**
- vous fin**îtes**
- ils fin**irent**

passé antérieur
- j' eus fini
- tu eus fini
- il eut fini
- nous eûmes fini
- vous eûtes fini
- ils eurent fini

futur simple
- je fin**irai**
- tu fin**iras**
- il fin**ira**
- nous fin**irons**
- vous fin**irez**
- ils fin**iront**

futur antérieur
- j' aurai fini
- tu auras fini
- il aura fini
- nous aurons fini
- vous aurez fini
- ils auront fini

CONDITIONNEL

présent
- je fin**irais**
- tu fin**irais**
- il fin**irait**
- nous fin**irions**
- vous fin**iriez**
- ils fin**iraient**

passé
- j' aurais fini
- tu aurais fini
- il aurait fini
- nous aurions fini
- vous auriez fini
- ils auraient fini

SUBJONCTIF

présent
- que je fin**isse**
- que tu fin**isses**
- qu' il fin**isse**
- que nous fin**issions**
- que vous fin**issiez**
- qu' ils fin**issent**

passé
- que j' aie fini
- que tu aies fini
- qu' il ait fini
- que nous ayons fini
- que vous ayez fini
- qu' ils aient fini

imparfait
- que je fin**isse**
- que tu fin**isses**
- qu' il fin**ît**
- que nous fin**issions**
- que vous fin**issiez**
- qu' ils fin**issent**

plus-que-parfait
- que j' eusse fini
- que tu eusses fini
- qu' il eût fini
- que nous eussions fini
- que vous eussiez fini
- qu' ils eussent fini

IMPERATIF

fin**is**
fin**issons**
fin**issez**

PARTICIPE

présent
fin**issant**

passé
fini(e)

Verben

Regelmäßige Verben

rendre *zurückgeben*   3. Konjugation: **-re**

INDICATIF

présent		passé composé		
je	rend**s**	j'	ai	rendu
tu	rend**s**	tu	as	rendu
il	rend	il	a	rendu
nous	rend**ons**	nous	avons	rendu
vous	rend**ez**	vous	avez	rendu
ils	rend**ent**	ils	ont	rendu

imparfait		plus-que-parfait		
je	rend**ais**	j'	avais	rendu
tu	rend**ais**	tu	avais	rendu
il	rend**ait**	il	avait	rendu
nous	rend**ions**	nous	avions	rendu
vous	rend**iez**	vous	aviez	rendu
ils	rend**aient**	ils	avaient	rendu

passé simple		passé antérieur		
je	rend**is**	j'	eus	rendu
tu	rend**is**	tu	eus	rendu
il	rend**it**	il	eut	rendu
nous	rend**îmes**	nous	eûmes	rendu
vous	rend**îtes**	vous	eûtes	rendu
ils	rend**irent**	ils	eurent	rendu

futur simple		futur antérieur		
je	rend**rai**	j'	aurai	rendu
tu	rend**ras**	tu	auras	rendu
il	rend**ra**	il	aura	rendu
nous	rend**rons**	nous	aurons	rendu
vous	rend**rez**	vous	aurez	rendu
ils	rend**ront**	ils	auront	rendu

CONDITIONNEL

présent		passé		
je	rend**rais**	j'	aurais	rendu
tu	rend**rais**	tu	aurais	rendu
il	rend**rait**	il	aurait	rendu
nous	rend**rions**	nous	aurions	rendu
vous	rend**riez**	vous	auriez	rendu
ils	rend**raient**	ils	auraient	rendu

SUBJONCTIF

présent		passé		
que je	rend**e**	que j'	aie	rendu
que tu	rend**es**	que tu	aies	rendu
qu' il	rend**e**	qu' il	ait	rendu
que nous	rend**ions**	que nous	ayons	rendu
que vous	rend**iez**	que vous	ayez	rendu
qu' ils	rend**ent**	qu' ils	aient	rendu

imparfait		plus-que-parfait		
que je	rend**isse**	que j'	eusse	rendu
que tu	rend**isses**	que tu	eusses	rendu
qu' il	rend**ît**	qu' il	eût	rendu
que nous	rend**issions**	que nous	eussions	rendu
que vous	rend**issiez**	que vous	eussiez	rendu
qu' ils	rend**issent**	qu' ils	eussent	rendu

IMPERATIF

rend**s**
rend**ons**
rend**ez**

PARTICIPE

présent	passé
rend**ant**	rend**u(e)**

Verben

Verben mit orthografischen Besonderheiten

Bei den folgenden Verben werden nur die Zeiten aufgeführt, bei denen Unregelmäßigkeiten in der Konjugation vorkommen. (nicht regelmäßig = blau)

acheter *kaufen*
-e- › -è- vor Endung mit stummem -e

INDICATIF
présent		futur simple	
j'	achète	j'	achèterai
tu	achètes	tu	achèteras
il	achète	il	achètera
nous	achetons	nous	achèterons
vous	achetez	vous	achèterez
ils	achètent	ils	achèteront

CONDITIONNEL / SUBJONCTIF
présent		présent		
j'	achèterais	que	j'	achète
tu	achèterais	que	tu	achètes
il	achèterait	qu'	il	achète
nous	achèterions	que	nous	achetions
vous	achèteriez	que	vous	achetiez
ils	achèteraient	qu'	ils	achètent

IMPERATIF
achète
achetons
achetez

annoncer *ankündigen*
-c- › -ç- vor -a- und -o-

INDICATIF
présent		imparfait	
j'	annonce	j'	annonçais
tu	annonces	tu	annonçais
il	annonce	il	annonçait
nous	annonçons	nous	annoncions
vous	annoncez	vous	annonciez
ils	annoncent	ils	annonçaient

passé simple
j'	annonçai
tu	annonças
il	annonça
nous	annonçâmes
vous	annonçâtes
ils	annoncèrent

IMPERATIF
annonce
annonçons
annoncez

PARTICIPE
présent
annonçant

Verben

Verben mit orthografischen Besonderheiten

appeler *rufen*
-l- › -ll- vor Endung mit stummem **-e**

INDICATIF

présent		futur simple		passé simple		futur simple	
j'	appelle	j'	appellerai	je	créai	je	créerai
tu	appelles	tu	appelleras	tu	créas	tu	créeras
il	appelle	il	appellera	il	créa	il	créera
nous	appelons	nous	appellerons	nous	créâmes	nous	créerons
vous	appelez	vous	appellerez	vous	créâtes	vous	créerez
ils	appellent	ils	appelleront	ils	créèrent	ils	créeront

CONDITIONNEL / SUBJONCTIF

CONDITIONNEL présent		SUBJONCTIF présent			CONDITIONNEL présent	
j'	appellerais	que	j'	appelle	je	créerais
tu	appellerais	que	tu	appelles	tu	créerais
il	appellerait	qu'	il	appelle	il	créerait
nous	appellerions	que	nous	appelions	nous	créerions
vous	appelleriez	que	vous	appeliez	vous	créeriez
ils	appelleraient	qu'	ils	appellent	ils	créeraient

IMPERATIF
appelle
appelons
appelez

SUBJONCTIF

présent			imparfait		
que	je	crée	que	je	créasse
que	tu	crées	que	tu	créasses
qu'	il	crée	qu'	il	créât
que	nous	créions	que	nous	créassions
que	vous	créiez	que	vous	créassiez
qu'	ils	créent	qu'	ils	créassent

créer *schaffen*

INDICATIF

présent		imparfait	
je	crée	je	créais
tu	crées	tu	créais
il	crée	il	créait
nous	créons	nous	créions
vous	créez	vous	créiez
ils	créent	ils	créaient

IMPERATIF
crée
créons
créez

PARTICIPE

présent	passé
créant	créé (créée)

Verben

Verben mit orthografischen Besonderheiten

envoyer *schicken*
-y- › -i- vor Endung mit stummem -e

INDICATIF			
présent		**imparfait**	
j'	envoie	j'	envoyais
tu	envoies	tu	envoyais
il	envoie	il	envoyait
nous	envoyons	nous	envoyions
vous	envoyez	vous	envoyiez
ils	envoient	ils	envoyaient

futur simple

j'	enverrai
tu	enverras
il	enverra
nous	enverrons
vous	enverrez
ils	enverront

CONDITIONNEL		SUBJONCTIF	
présent		**présent**	
j'	enverrais	que j'	envoie
tu	enverrais	que tu	envoies
il	enverrait	qu' il	envoie
nous	enverrions	que nous	envoyions
vous	enverriez	que vous	envoyiez
ils	enverraient	qu' ils	envoient

IMPERATIF
envoie
envoyons
envoyez

jeter *werfen*
-t- › -tt- vor Endung mit stummem -e

INDICATIF			
présent		**futur simple**	
je	jette	je	jetterai
tu	jettes	tu	jetteras
il	jette	il	jettera
nous	jetons	nous	jetterons
vous	jetez	vous	jetterez
ils	jettent	ils	jetteront

CONDITIONNEL		SUBJONCTIF	
présent		**présent**	
je	jetterais	que je	jette
tu	jetterais	que tu	jettes
il	jetterait	qu' il	jette
nous	jetterions	que nous	jetions
vous	jetteriez	que vous	jetiez
ils	jetteraient	qu' ils	jettent

IMPERATIF
jette
jetons
jetez

Verben

Verben mit orthografischen Besonderheiten

manger *essen*
-ge- › **-ge-** vor **-a-** und **-o-**

INDICATIF
présent		imparfait	
je	mange	je	mangeais
tu	manges	tu	mangeais
il	mange	il	mangeait
nous	mangeons	nous	mangions
vous	mangez	vous	mangiez
ils	mangent	ils	mangeaient

passé simple
je	mangeai
tu	mangeas
il	mangea
nous	mangeâmes
vous	mangeâtes
ils	mangèrent

SUBJONCTIF
imparfait
que	je	mangeasse
que	tu	mangeasses
qu'	il	mangeât
que	nous	mangeassions
que	vous	mangeassiez
qu'	ils	mangeassent

IMPERATIF
mange
mangeons
mangez

PARTICIPE
présent
mangeant

payer *zahlen*
-y- › **-i-** vor Endung mit stummem **-e**
(kann das -y- aber auch in allen Formen behalten)

INDICATIF
présent		futur simple	
je	paie/paye	je	paierai/payerai
tu	paies/payes	tu	paieras/payeras
il	paie/paye	il	paiera/payera
nous	payons	nous	paierons/payerons
vous	payez	vous	paierez/payerez
ils	paient/payent	ils	paieront/payeront

CONDITIONNEL
présent
je	paierais/payerais
tu	paierais/payerais
il	paierait/payerait
nous	paierions/payerions
vous	paieriez/payeriez
ils	paieraient/payeraient

SUBJONCTIF
présent
que	je	paie/paye
que	tu	paies/payes
qu'	il	paie/paye
que	nous	payions
que	vous	payiez
qu'	ils	paient/payent

IMPERATIF
paie/paye
payons
payez

Verben

Unregelmäßige Verben

aller *gehen*

INDICATIF

présent
je vais
tu vas
il va
nous allons
vous allez
ils vont

futur simple
j' irai
tu iras
il ira
nous irons
vous irez
ils iront

CONDITIONNEL

présent
j' irais
tu irais
il irait
nous irions
vous iriez
ils iraient

SUBJONCTIF

présent
que j' aille
que tu ailles
qu' il aille
que nous allions
que vous alliez
qu' ils aillent

IMPERATIF

va, aber: vas-y
allons
allez

connaître *kennen*

INDICATIF

présent
je connais
tu connais
il connaît
nous connaissons
vous connaissez
ils connaissent

imparfait
je connaissais
tu connaissais
il connaissait
nous connaissions
vous connaissiez
ils connaissaient

passé simple
je connus
tu connus
il connut
nous connûmes
vous connûtes
ils connurent

SUBJONCTIF

présent
que je connaisse
que tu connaisses
qu' il connaisse
que nous connaissions
que vous connaissiez
qu' ils connaissent

imparfait
que je connusse
que tu connusses
qu' il connût
que nous connussions
que vous connussiez
qu' ils connussent

IMPERATIF

connais
connaissons
connaissez

PARTICIPE

présent
connaissant

passé
connu(e)

Verben

Unregelmäßige Verben

mettre *stellen, legen*
Vor Vokal und vor **-r-** wird **-tt-** beibehalten.

INDICATIF

présent		**passé simple**	
je	mets	je	mis
tu	mets	tu	mis
il	met	il	mit
nous	mettons	nous	mîmes
vous	mettez	vous	mîtes
ils	mettent	ils	mirent

SUBJONCTIF
imparfait

que	je	misse
que	tu	misses
qu'	il	mît
que	nous	missions
que	vous	missiez
qu'	ils	missent

IMPERATIF
mets
mettons
mettez

PARTICIPE

présent	**passé**
mettant	mis(e)

pouvoir *können*

INDICATIF

présent		**passé simple**	
je	peux/puis-je ?	je	pus
tu	peux	tu	pus
il	peut	il	put
nous	pouvons	nous	pûmes
vous	pouvez	vous	pûtes
ils	peuvent	ils	purent

futur simple

je	pourrai
tu	pourras
il	pourra
nous	pourrons
vous	pourrez
ils	pourront

CONDITIONNEL
présent

je	pourrais
tu	pourrais
il	pourrait
nous	pourrions
vous	pourriez
ils	pourraient

SUBJONCTIF

présent			**imparfait**		
que	je	puisse	que	je	pusse
que	tu	puisses	que	tu	pusses
qu'	il	puisse	qu'	il	pût
que	nous	puissions	que	nous	pussions
que	vous	puissiez	que	vous	pussiez
qu'	ils	puissent	qu'	ils	pussent

PARTICIPE

présent	**passé**
pouvant	pu (unveränderlich)

Verben

Unregelmäßige Verben

prendre *nehmen*

INDICATIF

présent
je	prends
tu	prends
il	prend
nous	prenons
vous	prenez
ils	prennent

imparfait
je	prenais
tu	prenais
il	prenait
nous	prenions
vous	preniez
ils	prenaient

passé simple
je	pris
tu	pris
il	prit
nous	prîmes
vous	prîtes
ils	prirent

SUBJONCTIF

présent
que	je	prenne
que	tu	prennes
qu'	il	prenne
que	nous	prenions
que	vous	preniez
qu'	ils	prennent

imparfait
que	je	prisse
que	tu	prisses
qu'	il	prît
que	nous	prissions
que	vous	prissiez
qu'	ils	prissent

IMPERATIF

prends
prenons
prenez

PARTICIPE

présent   **passé**
prenant   pris(e)

savoir *wissen*

INDICATIF

présent
je	sais
tu	sais
il	sait
nous	savons
vous	savez
ils	savent

passé simple
je	sus
tu	sus
il	sut
nous	sûmes
vous	sûtes
ils	surent

futur simple
je	saurai
tu	sauras
il	saura
nous	saurons
vous	saurez
ils	sauront

CONDITIONNEL

présent
je	saurais
tu	saurais
il	saurait
nous	saurions
vous	sauriez
ils	sauraient

SUBJONCTIF

présent
que	je	sache
que	tu	saches
qu'	il	sache
que	nous	sachions
que	vous	sachiez
qu'	ils	sachent

imparfait
que	je	susse
que	tu	susses
qu'	il	sût
que	nous	sussions
que	vous	sussiez
qu'	ils	sussent

Verben

Unregelmäßige Verben

IMPERATIF
sache
sachons
sachez

PARTICIPE
présent　　**passé**
sachant　　　su(e)

CONDITIONNEL
présent
je　　viendrais
tu　　viendrais
il　　viendrait
nous　viendrions
vous　viendriez
ils　　viendraient

SUBJONCTIF
présent			**imparfait**		
que	je	vienne	que	je	vinsse
que	tu	viennes	que	tu	vinsses
qu'	il	vienne	qu'	il	vînt
que	nous	venions	que	nous	vinssions
que	vous	veniez	que	vous	vinssiez
qu'	ils	viennent	qu'	ils	vinssent

venir *kommen*

INDICATIF
présent		**passé simple**	
je	viens	je	vins
tu	viens	tu	vins
il	vient	il	vint
nous	venons	nous	vînmes
vous	venez	vous	vîntes
ils	viennent	ils	vinrent

futur simple
je　　viendrai
tu　　viendras
il　　viendra
nous　viendrons
vous　viendrez
ils　　viendront

IMPERATIF
viens
venons
venez

PARTICIPE
présent　　**passé**
venant　　　venu(e)

Verben

Zur Anwendung der Zeiten

Voll-, Modal- und Hilfsverben

Nicht alle Verben weisen die gleiche Informationsdichte auf. Die so genannten Vollverben werden dir inhaltlich viel mehr mitteilen als Hilfs- oder Modalverben. Unter den Vollverben kann man folgende Arten unterscheiden:

1. Die transitiven Verben:
    Sie haben ein direktes Objekt, das du mit der Frage *wen oder was?* leicht ausfindig machen kannst.
    Nous aimons **la France.**   *Wir lieben Frankreich.*
    Il vend **des fleurs.**   *Er verkauft Blumen.*
    Je lis **un livre.**   *Ich lese ein Buch.*

2. Die intransitiven Verben:
    Sie haben entweder kein oder aber ein indirektes Objekt. Mit der Frage *wem oder was?* kannst du überprüfen, ob ein indirektes Objekt angeschlossen ist.
    Cette couleur te va **bien !**   *Diese Farbe steht dir gut!*
    On va **au concert ?**   *Gehen wir ins Konzert?*
    Ils mangent **dehors.**   *Sie essen draußen.*

3. Bei den reflexiven Verben (auch rückbezügliche Verben genannt) bezieht sich die Handlung auf das Subjekt.
    Réveillez-**vous !**   *Wachen Sie auf!*
    Ils se taisent.   *Sie schweigen.*
    Nous nous souvenons **de lui.**   *Wir erinnern uns an ihn.*

4. Die unpersönlichen Verben:
    Il fait **un temps magnifique !**   *Es ist wunderschönes Wetter!*
    Il a plu.   *Es hat geregnet.*

Die Modalverben werden ohne Präposition mit dem Infinitiv anderer Verben verbunden.
Pouvez-**vous m'aider ?**   *Können Sie mir helfen?*
Je dois **travailler.**   *Ich muss arbeiten.*
Vous devriez **dormir.**   *Sie sollten schlafen.*
Savez-**vous jouer du piano ?**   *Können Sie Klavier spielen?*
Veut-**elle prendre le train ?**   *Will sie den Zug nehmen?*

Die Verben **avoir** und **être** werden entweder als Vollverben gebraucht …
Il a **une maison. Ils ont** eu **des ennuis. Cette soirée a** été **formidable.**

Verben

Zur Anwendung der Zeiten

… oder als Hilfsverben zur Bildung der zusammengesetzten Zeiten anderer Verben:
Ils ont **fini leur travail. Nous** sommes **partis. Le message** a été **transmis.**

Mit **avoir** konstruierte Verben:
– Alle transitiven Verben, außer den reflexiven Verben:
  En vacances, il a **lu de bons livres.**
– Die meisten intransitiven Verben, auch unpersönliche Verben:
  Hier, nous avons **dansé.**

Mit **être** konstruierte Verben:
– Alle Verben im Passiv:
  Le médecin a été **appelé d'urgence.**
– Einige intransitive Verben, die eine Bewegungsrichtung oder ein Verweilen ausdrücken:
  Ils sont **passés voir leurs amis.**   *Sie haben ihre Freunde besucht.*
  Elle est **restée quelques minutes.**   *Sie ist einige Minuten geblieben.*

Die Vergangenheit

Die französische Sprache verfügt über vier Zeiten der Vergangenheit: Das Imparfait, das Passé composé, das Plus-que-parfait, das Passé simple. Im Deutschen gibt es keine dem Passé simple entsprechende Zeitform. Es wird im modernen Französisch nur in der geschriebenen Sprache gebraucht und vorwiegend in der 3. Person Einzahl und Mehrzahl:
Il alla **dehors. Ils** rentrèrent **tard.**

Das Passé simple hat eine ähnliche Funktion wie das Passé composé. Das Imparfait wird benutzt, um die Begleitumstände, Hintergrundinformationen, Kommentare oder Erklärungen eines Geschehens zum Ausdruck zu bringen. Das Passé composé wird gebraucht, um Handlungen und Ereignisse, die im Vordergrund stehen, auszudrücken. Das Plus-que-parfait wird wie das Plusquamperfekt im Deutschen gebraucht. Das Passé composé wird mit **avoir** oder **être** + Participe passé des jeweiligen Verbs gebildet. Bezieht sich das Participe passé auf ein Subjekt, das aus mehreren Personen unterschiedlichen Geschlechts besteht, so wird immer die männliche Endung benutzt:
Lucie et Paul sont arrivés **hier.**

Beim Passé composé können *haben* und *sein* anders verwendet werden als im Deutschen:
J'ai été **au cinéma.**   *Ich* bin *im Kino* gewesen.
Nous avons **peu** voyagé.   *Wir* sind *wenig* gereist.

Verben

Zur Anwendung der Zeiten

Das Participe passé bleibt bei der Bildung des Passé composé mit **avoir** in der Regel unverändert:
Elle *a reçu* **la lettre.** *Sie hat den Brief erhalten.*

Geht dem Passé composé jedoch ein direktes Objekt voraus, so wird das Participe passé in Geschlecht und Zahl dem direkten Objekt angeglichen:
Vous avez *reçu* **la lettre ?** **Oui, nous** *l'*avons reçu*e*.
  C'est *la lettre* **que j'ai reçu***e*.
Combien de *lettres* **répondu***es* **?** **A quelles** lettres **avez-vous avez-vous reçu***es* **?**

Das Conditionnel

1. Das Conditionnel présent steht bei Ratschlägen, Wünschen, Bitten, Möglichkeiten, Vermutungen und im Hauptsatz eines irrealen Bedingungssatzes, z. B.
   Il aimerait **avoir un chien.** *Er hätte gern einen Hund*.
   Pourriez**-vous m'aider ?** *Könnten Sie mir helfen?*

2. Das Conditionnel passé steht im Hauptsatz, wenn der irreale Bedingungssatz in der Vergangenheit steht, z. B.
   Si j'avais été riche, j'aurais **fait le tour du monde.**
   Wenn ich reich gewesen wäre, hätte ich eine Weltreise gemacht.

Der Subjonctif

Der Subjonctif darf, was seine Funktion angeht, nicht mit dem deutschen Konjunktiv verwechselt werden, der vor allem zur Kennzeichnung der indirekten Rede dient. Der Subjonctif besitzt diese Funktion nicht.
Il dit qu'il est **Français.** *Er sagt, er* sei *Franzose.*

1. Der Subjonctif steht im Nebensatz, der durch **que** *(dass)* eingeleitet wird,
   a) nach Verben des Wünschens, Verlangens, Wollens und Verbietens, z. B.
      | **aimer que** | *mögen* | **vouloir que** | *wollen* |
      | **interdire que** | *verbieten* | | |

   b) nach Verben des Vorschlagens, Zustimmens, Ablehnens, z. B.
      | **accepter que** | *akzeptieren* | **refuser que** | *ablehnen* |
      | **proposer que** | *vorschlagen* | | |

Verben

Zur Anwendung der Zeiten

   c) nach Verben des subjektiven Empfindens, der wertenden Stellungnahme, z. B.

(ne pas) comprendre que	*(nicht) verstehen können*	**avoir peur que**	*Angst haben*
		regretter que	*bedauern*

   d) nach Ausdrücken mit **être** oder **trouver** + Adjektiv, die das subjektive Empfinden oder die wertende Stellungnahme zum Ausdruck bringen, z. B.

être heureux que	*glücklich sein*	**trouver bon que**	*gut finden*
être surpris que	*überrascht sein*		

   e) nach unpersönlichen Verben und unpersönlichen Ausdrücken, z. B.

il faut que	*es ist nötig/man muss*	**il vaut mieux que**	*es ist besser*
il est normal que	*es ist normal*		

   f) nach Ausdrücken und Verben des Meinens und Denkens, die verneint sind, z. B.

ne pas penser que	*nicht meinen*	**ne pas croire que**	*nicht glauben*

   aber: in der bejahten Form: Indikativ **Je crois/pense qu'il** est **malade.**

2. Der Subjonctif steht in einem Relativsatz, wenn etwas als wünschenswert oder hypothetisch erachtet wird, z. B.
Il cherche une maison qui soit **bien située. (Wunsch)**
aber: **Il a une maison qui** est **bien située. (Tatsache)**

3. Der Subjonctif steht nach einigen Konjunktionen, z. B.

à condition que	*unter der Bedingung, dass*	**malgré que**	*obwohl*
bien que	*obwohl, obgleich*	**sans que**	*ohne dass*
pour que	*damit*	**pourvu que**	*vorausgesetzt, dass*
jusqu' à ce que	*solange bis*		

Verben

Unpersönliche Verben

Die unpersönlichen Verben werden nur in der 3. Person gebraucht.

falloir *nötig*

INDICATIF
présent	passé composé
il faut	il a fallu

imparfait	plus-que-parfait
il fallait	il avait fallu

passé simple	passé antérieur
il fallut	il eut fallu

futur simple	futur antérieur
il faudra	il aura fallu

CONDITIONNEL
présent	passé
il faudrait	il aurait fallu

SUBJONCTIF
présent	passé
qu'il faille	qu'il ait fallu

imparfait	plus-que-parfait
qu'il fallût	qu'il eût fallu

IMPERATIF
—

PARTICIPE
présent	passé
—	fallu (unveränderlich)

pleuvoir *regnen*

INDICATIF
présent	passé composé
il pleut	il a plu

imparfait	plus-que-parfait
il pleuvait	il avait plu

passé simple	passé antérieur
il plut	il eut plu

futur simple	futur antérieur
il pleuvra	il aura plu

CONDITIONNEL
présent	passé
il pleuvrait	il aurait plu

SUBJONCTIF
présent	passé
qu'il pleuve	qu'il ait plu

imparfait	plus-que-parfait
qu'il plût	qu'il eût plu

IMPERATIF
—

PARTICIPE
présent	passé
pleuvant	plu (unveränderlich)

Verben

Passiv

Das Passiv wird in verschiedenen Zeiten und Modi gebildet, indem man **être** in die entsprechende Zeit oder den entsprechenden Modus setzt, das Participe passé des jeweiligen Verbs hinzufügt und nach Zahl und Geschlecht angleicht.

être élu *gewählt werden (elire)*

INDICATIF

présent
- je suis élu
- tu es élu
- il est élu
- nous sommes élus
- vous êtes élus
- ils sont élus

passé composé
- j' ai été élu
- tu as été élu
- il a été élu
- nous avons été élus
- vous avez été élus
- ils ont été élus

imparfait
- j' étais élu
- tu étais élu
- il était élu
- nous étions élus
- vous étiez élus
- ils étaient élus

plus-que-parfait
- j' avais été élu
- tu avais été élu
- il avait été élu
- nous avions été élus
- vous aviez été élus
- ils avaient été élus

passé simple
- je fus élu
- tu fus élu
- il fut élu
- nous fûmes élus
- vous fûtes élus
- ils furent élus

passé antérieur
- j' eus été élu
- tu eus été élu
- il eut été élu
- nous eûmes été élus
- vous eûtes été élus
- ils eurent été élus

futur simple
- je serai élu
- tu seras élu
- il sera élu
- nous serons élus
- vous serez élus
- ils seront élus

futur antérieur
- j' aurai été élu
- tu auras été élu
- il aura été élu
- nous aurons été élus
- vous aurez été élus
- ils auront été élus

CONDITIONNEL

présent
- je serais élu
- tu serais élu
- il serait élu
- nous serions élus
- vous seriez élus
- ils seraient élus

passé
- j' aurais été élu
- tu aurais été élu
- il aurait été élu
- nous aurions été élus
- vous auriez été élus
- ils auraient été élus

SUBJONCTIF

présent
- que je sois élu
- que tu sois élu
- qu' il soit élu
- que nous soyons élus
- que vous soyez élus
- qu' ils soient élus

passé
- que j' aie été élu
- que tu aies été élu
- qu' il ait été élu
- que nous ayons été élus
- que vous ayez été élus
- qu' ils aient été élus

imparfait
- que je fusse élu
- que tu fusses élu
- qu' il fût élu
- que nous fussions élus
- que vous fussiez élus
- qu' ils fussent élus

Verben

Reflexivverben

se lever *aufstehen*

me, te, se wird zu **m', t', s'** bei Verben, die mit Vokal oder mit „stummem h" anfangen (z. B. s'écrire, s'habituer).

INDICATIF

présent

je	me	lève
tu	te	lèves
il	se	lève
nous	nous	levons
vous	vous	levez
ils	se	lèvent

passé composé

je	me	suis	levé
tu	t'	es	levé
il	s'	est	levé
nous	nous	sommes	levés
vous	vous	êtes	levés
ils	se	sont	levés

imparfait

je	me	levais
tu	te	levais
il	se	levait
nous	nous	levions
vous	vous	leviez
ils	se	levaient

plus-que-parfait

je	m'	étais	levé
tu	t'	étais	levé
il	s'	était	levé
nous	nous	étions	levés
vous	vous	étiez	levés
ils	s'	étaient	levés

passé simple

je	me	levai
tu	te	levas
il	se	leva
nous	nous	levâmes
vous	vous	levâtes
ils	se	levèrent

passé antérieur

je	me	fus	levé
tu	te	fus	levé
il	se	fut	levé
nous	nous	fûmes	levés
vous	vous	fûtes	levés
ils	se	furent	levés

futur simple

je	me	lèverai
tu	te	lèveras
il	se	lèvera
nous	nous	lèverons
vous	vous	lèverez
ils	se	lèveront

futur antérieur

je	me	serai	levé
tu	te	seras	levé
il	se	sera	levé
nous	nous	serons	levés
vous	vous	serez	levés
ils	se	seront	levés

plus-que-parfait

que	j'	eusse	été	élu
que	tu	eusses	été	élu
qu'	il	eût	été	élu
que	nous	eussions	été	élus
que	vous	eussiez	été	élus
qu'	ils	eussent	été	élus

IMPERATIF

sois	élu
soyons	élus
soyez	élus

Verben

Reflexivverben

CONDITIONNEL

présent

je	me	lèverais
tu	te	lèverais
il	se	lèverait
nous	nous	lèverions
vous	vous	lèveriez
ils	se	lèveraient

passé

je	me	serais	levé
tu	te	serais	levé
il	se	serait	levé
nous	nous	serions	levés
vous	vous	seriez	levés
ils	se	seraient	levés

SUBJONCTIF

présent

que	je	me	lève
que	tu	te	lèves
qu'	il	se	lève
que	nous	nous	levions
que	vous	vous	leviez
qu'	ils	se	lèvent

passé

que	je	me	sois	levé
que	tu	te	sois	levé
qu'	il	se	soit	levé
que	nous	nous	soyons	levés
que	vous	vous	soyez	levés
qu'	ils	se	soient	levés

imparfait

que	je	me	levasse
que	tu	te	levasses
qu'	il	se	levât
que	nous	nous	levassions
que	vous	vous	levassiez
qu'	ils	se	levassent

plus-que-parfait

que	je	me	fusse	levé
que	tu	te	fusses	levé
qu'	il	se	fût	levé
que	nous	nous	fussions	levés
que	vous	vous	fussiez	levés
qu'	ils	se	fussent	levés

IMPERATIF

lève-toi
levons-nous
levez-vous

PARTICIPE

présent   **passé**
se levant   s'étant levé

Thematisches Wörterbuch

Thematisches Wörterbuch

Das Thematische Wörterbuch bietet dir in 9 thematisch geordneten Kapiteln und 36 Unterkapiteln die Möglichkeit, den französischen Wortschatz systematisch nachzuschlagen und zu lernen.

Themen und Situationen
Die Kapitel und Unterkapitel wurden nach Situationen und Themen zusammengefasst, damit du gezielt den Wortschatz für einen ganz bestimmten Anwendungsbereich lernen kannst.

Aktueller Wortschatz und Umgangssprache
Aktueller Wortschatz und Ausdrücke aus der Umgangssprache wurden integriert, so dass du dein Vokabular sinnvoll ausbauen kannst und auf dem Laufenden bleibst.

Lautschrift
Damit du mögliche Zweifel bei der Aussprache ausräumen kannst, findest du zu allen Einträgen die Lautschrift. Eine Erläuterung zur Lautschrift findest du auf Seite 335.

Redewendungen
Redewendungen und Kollokationen zu vielen Einträgen erleichtern das Lernen und zeigen auf, wie die Wörter verwendet werden können.

 Info-Boxen
Die Info-Boxen geben zusätzliche Erklärungen zu „falschen Freunden" oder Besonderheiten bei der Grammatik. Weitere Hinweise zu „Land und Leuten" helfen dir, Wörter zu verstehen, die du vielleicht gar nicht aus deinem eigenen kulturellen Umfeld kennst.

Lernen nach Lernjahren
Zu jedem Kapitel oder Unterkapitel findest du die Wörter verschiedenfarbig hinterlegt. Diese farbliche Unterscheidung zeigt dir, in welchem Lernjahr diese Wörter üblicherweise behandelt bzw. gelernt werden.

Wörter, die im 1. Lernjahr gelernt werden.
Wörter, die im 2. Lernjahr gelernt werden.
Wörter, die im 3. Lernjahr gelernt werden.

Alphabetisches Register Französisch
Das Register ermöglicht dir, ein bestimmtes französisches Wort schnell zu finden.

Viel Spaß und Erfolg beim Französischlernen!

Thematisches Wörterbuch

Inhaltsverzeichnis

Persönlicher Bereich

Die eigene Person	**150**
Vorstellung	150
Begrüßung und Abschied	150
Persönliche Angaben	151
Aussehen	153
Charakter	155
Positive Eigenschaften	155
Negative Eigenschaften	156
Zu Hause	**157**
Häuser und Wohnungen	**157**
Gebäude, Miete und Eigentum	157
Architektur und Installation	158
Wohn- und Arbeitsbereiche	**160**
Wohnbereich	160
Arbeitsbereich	160
Schlaf- und Kinderzimmer	**161**
In der Küche	**162**
Kücheneinrichtung	162
Mahlzeiten	163
Arbeiten im Haushalt	164
Im Badezimmer	**165**
Im Keller	**166**
Balkon, Terrasse, Garten	**167**
Familie, Freunde und Freizeit	**168**
Familie	**168**
Familienangehörige	168
Familienfeiern, Feste	170
Freunde	**171**
Freundschaftliche Beziehungen	171
Liebesbeziehungen	172
Beisammensein	**173**
Kommunikation	173

Thematisches Wörterbuch

Reden, Fragen und Antworten	173
Entschuldigen, Bedauern und Trösten	175
Erlaubnis und Verbot	175
Vorschläge und Ratschläge	176
Ärger	177
Zustimmung und Einschränkung	178
Lob und Tadel	179
Stellungnahme und Bewertung	181
Aufforderungen und Wünsche	182
Gefühle	183
Angenehme Gefühle	183
Unangenehme Gefühle	184
Verhalten	185
Hobby und Spiel	**187**
Zeitvertreib und Hobby	187
Spiele	188
Sport und Fitness	**189**
Training und Wettkampf	189
Sportarten	190
Musik, Konzerte, Partys	**193**

Gesundheit und Wohlbefinden	**195**
Der Körper	**195**
Körperteile und Organe	195
Bewegungen	196
Die Sinne	197
Gesundheit	**198**
Allgemeinbefinden	198
Gesundheitsgefährdendes Verhalten	199
Krankheit und Verletzung	**199**
Krankheiten	199
Unfälle und Verletzungen	200
Beim Arzt und im Krankenhaus	**201**
Beim Arzt	201
Im Krankenhaus	202

Thematisches Wörterbuch

Öffentliches Leben

Lernen und Arbeiten	**203**
Im Klassenzimmer	203
Schulen und Klassen	203
Unterricht	205
Lernen, Denken und Verstehen	207
Prüfungen und Zeugnisse	208
Im Hörsaal	209
In der Ausbildung und im Job	210
Lehrstellen und Berufsausbildung	210
Berufe und Berufsgruppen	211
Arbeitsbedingungen	213
Arbeitnehmervertretung	215
Der Arbeitsmarkt	215
Unterwegs	**217**
In der Stadt	217
Auf dem Markt und im Supermarkt	217
Einkaufen	217
Lebensmittel und Getränke	218
Warenhäuser, Geschäfte und Boutiquen	221
Kleidung und Accessoires	222
Kleidung	222
Accessoires	223
Materialien, Muster und Eigenschaften	224
Reinigung und Pflege	224
Im Restaurant und Café	225
Bei Tisch	225
Speisen und Getränke	226
Im Museum	228
In Theater und Kino	229
Öffentliche Ämter	231
Im Verkehr	232
Straßenverkehr	232
Auf der Straße	232
Auto, Motorrad, Fahrrad	235
Schienenverkehr	236

Thematisches Wörterbuch

Schiffsverkehr	237
Flugverkehr	238
Auf Reisen	**239**
Länder und Sprachen	239
Reisevorbereitungen	240
Übernachtung und Verpflegung	241
Wegbeschreibung	243
Sehenswürdigkeiten	246
In der Natur	**248**
Landschaften	248
Flora und Fauna	249
Flora	249
Fauna	250
Das Wetter	251
Umwelt, Umweltschutz	253
In der Gesellschaft leben	**255**
Politik und Staat	**255**
Staatsform und Verfassung	255
Regierung und Opposition	256
Sozialstaat und Steuern	257
Innen- und Außenpolitik	258
Innenpolitik	258
Internationale Beziehungen	259
Landesverteidigung	259
Die Gesellschaft	**260**
Bevölkerung	260
Sicherheit und Kriminalität	261
Polizei und Straftaten	261
Vor Gericht	264
Gruppen und Vereine	265
Wirtschaft und Finanzen	**266**
Industrie und Handwerk	266
Landwirtschaft, Fischerei, Bergbau	267
Handel und Dienstleistung	268
Globalisierung	269
Wissenschaft und Forschung	**270**
Geschichte	270

Thematisches Wörterbuch

Philosophie und Religion	271
Ethik und Philosophie	271
Religion	272
Sprachwissenschaft und Literatur	272
Sprachwissenschaft	272
Literatur	274
Forschung und Technik	275
Mathematik	276
Naturwissenschaften	277
Physik	277
Chemie	277
Astronomie	277
Kommunikation und Medien	**278**
Post	278
Telefon und Fax	279
Internet, Multimedia und Computer	280
Radio und Fernsehen	281
Bild- und Tonträger	282
Presse und Verlagswesen	283

Allgemeine Begriffe und Strukturwörter

Allgemeine Begriffe	**285**
Zeitangaben und numerische Einheiten	**285**
Uhrzeit und Tageszeit	285
Datum	287
Kalender	289
Weitere Zeitbegriffe	290
Zahlen und Mengen	293
Maße und Gewichte	298
Begriffe zur Beschreibung	**300**
Farben und Formen	300
Grad und Vergleich	301
Modalausdrücke	304
Ursache und Wirkung	306
Ziel und Zweck	307
Zustand und Veränderung	307

Thematisches Wörterbuch

Strukturwörter	**309**
Begleiter und Pronomen	**309**
Artikel	309
Pronomen	310
Personal- und Adverbialpronomen	310
Demonstrativpronomen und -begleiter	311
Possessivpronomen und -begleiter	312
Interrogativpronomen und -begleiter	313
Relativpronomen	314
Indefinite Pronomen und Begleiter	315
Präpositionen und Konjunktionen	**317**
Präpositionen	317
Konjunktionen	319
Alphabetisches Register	**321**
Lautschrift	**335**

Verwendete Abkürzungen

adj	Adjektiv	*inv*	invariable, unveränderlich	*qn*	*quelqu'un*
adv	Adverb			*+ subj*	*subjonctif* (zieht den Subjonctif nach sich)
etw.	etwas	*jd.*	jemand		
f	feminin	*jdm.*	jemandem		
fam	umgangssprachlich	*jdn.*	jemanden	*vulg*	vulgär
		jds.	jemandes		
+ inf	infinitif (erfordert ein Verb im Infinitiv)	*m*	maskulin		
		pl	Plural		
		qc	*quelque chose*		

Verben, die das Passé composé mit *être* bilden, sind durch den Zusatz *+ être* gekennzeichnet; nicht markiert sind reflexive Verben, die grundsätzlich *être* erfordern.

Substantive sind dann mit der Pluralform angegeben, wenn der Plural nicht regelmäßig gebildet wird oder unklar sein könnte.

Thematisches Wörterbuch — Persönlicher Bereich

Die eigene Person – Vorstellung

Die eigene Person – Vorstellung

Begrüßung und Abschied

Bonjour ! [bɔ̃ʒuʀ]	Guten Tag!
Bonjour, madame !	Guten Tag! *(zu einer Frau)*
donner le bonjour à qn	jdm. Grüße ausrichten, jdn. grüßen
Salut ! [saly] *(fam)*	Grüß dich!, Hallo!
Salut, les copains !	Hallo, Freunde!
Bonsoir ! [bɔ̃swaʀ]	Guten Abend!
Allô ! [alo]	Hallo. *(am Telefon)*
Monsieur, Messieurs [məsjø, mesjø]	Herr
le monsieur	Herr

> **INFO**
> Wird das Wort **monsieur, madame** oder **mademoiselle** in der mündlichen Anrede allein verwendet oder zusammen mit einer Grußfloskel wie **bonjour** oder **bonsoir**, bleibt es unübersetzt: *Bonjour, monsieur ! – Guten Tag!; Et avec cela, madame ? – Was darf es sonst noch sein?*
> Auch in der schriftlichen Anrede wird es allein verwendet, während in deutschen Schreiben immer der Nachname der angesprochenen Person genannt werden muss: *Madame, … – Sehr geehrte Frau XY.*

Madame, Mesdames [madam, medam]	Frau
Mesdames et messieurs	meine Damen und Herren
Mademoiselle, Mesdemoiselles [mad(ə)mwazɛl, medmwazɛl]	Fräulein
chéri *m*, **chérie** *f* [ʃeʀi]	Liebling, Schatz
mon cher, ma chère [mɔ̃ʃɛʀ, maʃɛʀ]	mein(e) Liebe(r)
Bienvenue ! [bjɛ̃v(ə)ny]	Herzlich willkommen!
enchanté, e [ɑ̃ʃɑ̃te]	sehr erfreut, angenehm
Enchanté de faire votre connaissance.	Sehr erfreut, Sie kennen zu lernen.
s'il te plaît [siltəplɛ]	bitte *(wenn man jdn. duzt)*
s'il vous plaît [silvuplɛ]	bitte *(wenn man jdn. siezt oder mehrere Personen anspricht)*
Ça va ? [sava]	Wie geht's?, Geht's (dir) gut?
Ça va. [sava]	Es geht (mir) gut.

Persönlicher Bereich **Thematisches Wörterbuch**

Die eigene Person – Vorstellung

présenter [pʀezɑ̃te]	vorstellen
présenter qn à une personne	einer Person jdn. vorstellen
Permettez-moi de vous présenter M...	Darf ich Ihnen Herrn ... vorstellen.
Au revoir ! [oʀ(ə)vwaʀ]	Auf Wiedersehen!
Salut ! [saly] *(fam)*	Tschüs!
À bientôt ! [abjɛ̃to]	Bis bald!
rencontrer qn [ʀɑ̃kɔ̃tʀe]	jdn. treffen, jdm. begegnen
s'adresser à qn [sadʀese]	sich an jdn. wenden
laisser qn [lese]	jdn. (ver)lassen
Je te laisse.	Ich fahr'/geh' jetzt (mal).
partir [paʀtiʀ] + *être*	losgehen, weggehen, abfahren, aufbrechen
Bonne nuit ! [bɔnnɥi]	Gute Nacht!
Bonne chance ! [bɔnʃɑ̃s]	Viel Glück!
se présenter [səpʀezɑ̃te]	sich vorstellen
se séparer [səsepaʀe]	sich trennen
À plus tard ! [aplytaʀ]	Bis später.
À tout à l'heure ! [atutalœʀ]	Bis gleich.
À ce soir ! [asəswaʀ]	Bis heute Abend.
À demain ! [ad(ə)mɛ̃]	Bis morgen.

Persönliche Angaben

le **nom** [nɔ̃]	Name
le **prénom** [pʀenɔ̃]	Vorname
s'appeler [saple]	heißen
Je m'appelle...	Ich heiße ..., Mein Name ist ...
Comment t'appelles-tu ?	Wie heißt du?
épeler [ep(ə)le]	buchstabieren
Mme, Mlle, M.	Frau, Fräulein, Herr
[madam, mad(ə)mwazɛl, məsjø]	
la **femme** [fam]	Frau
la **dame** [dam]	Dame
l'**homme** *m* [ɔm]	Mann; Mensch
le jeune homme	junger Mann
l'**enfant** *m, f* [ɑ̃fɑ̃]	Kind

Thematisches Wörterbuch — *Persönlicher Bereich*

Die eigene Person – Vorstellung

la **fille** [fij]	Mädchen
le **garçon** [gaʀsɔ̃]	Junge
le, la **jeune** [ʒœn]	Jugendliche(r)
l'**âge** m [ɑʒ]	Alter
Tu as quel âge ?	Wie alt bist du?
avoir l'âge de faire qc	alt genug sein um etw. zu tun
l'**an** m [ɑ̃]	Jahr
avoir onze ans	elf Jahre alt sein
l'**adresse** f [adʀɛs]	Adresse
habiter [abite]	wohnen
habiter 14, rue Voltaire	in der Voltairestraße 14 wohnen
habiter à Paris	in Paris wohnen
habiter en France	in Frankreich wohnen
la **rue** [ʀy]	Straße
le **numéro** [nymeʀo]	Nummer
le **Français**, la **Française** [fʀɑ̃sɛ, ɛz]	Franzose, Französin
un Français d'origine algérienne	ein Franzose algerischer Herkunft

le **nom de famille** [nɔ̃d(ə) famij]	Nachname, Familienname
la **naissance** [nɛsɑ̃s]	Geburt
la date de naissance	Geburtsdatum
né, **e** [ne]	geboren
Il est né le 17 juillet 1998.	Er ist am 17. Juli 1998 geboren.
la **personne** [pɛʀsɔn]	Person
l'**adolescent** m, l'**adolescente** f [adɔlesɑ̃, ɑ̃t]	Jugendliche(r)
l'**ado** m, f [ado] *(fam)*	Jugendliche(r)
la **jeune fille** [ʒœnfij]	(junges) Mädchen
vivre [vivʀ]	leben
vivre à Paris	in Paris leben
vivre en France	in Frankreich leben
vivre ensemble	zusammen leben

l'**adulte** m, f [adylt]	Erwachsene(r)
le **lieu de naissance** [ljød(ə)nɛsɑ̃s]	Geburtsort
le **sexe** [sɛks]	Geschlecht
masculin, **e** [maskylɛ̃, in]	männlich
féminin, **e** [feminɛ̃, in]	weiblich
la **situation de famille** [sityasjɔ̃d(ə)famij]	Familien-, Personenstand

Persönlicher Bereich **Thematisches Wörterbuch**

Die eigene Person – Aussehen

marié, e [maʀje]	verheiratet
divorcé, e [divɔʀse]	geschieden

Aussehen

le **look** [luk] *(fam)*	Aussehen, Look
avoir un look d'enfer *(fam)*	irre toll aussehen
petit, e [p(ə)ti, it]	klein
être tout petit	ganz klein sein
grand, e [gʀɑ̃, gʀɑ̃d]	groß
beau, bel, belle [bo, bɛl]	schön

> **INFO**
> Die männliche Singularform **bel** steht an Stelle von *beau* vor Vokalen oder stummem h: *un beau costume – ein schöner Anzug; un bel oiseau – ein schöner Vogel; ce bel homme – dieser schöne Mann.*

joli, e [ʒɔli]	hübsch
les **lunettes** *fpl* [lynɛt]	Brille
porter des lunettes	eine Brille tragen
les **lentilles (de contact)** [lɑ̃tij(dəkɔ̃takt)]	Kontaktlinsen
ressembler à qn [ʀ(ə)sɑ̃ble]	jdm. ähnlich sehen, jdm. ähneln

laid, e [lɛ, lɛd]	hässlich
être laid à faire peur	hässlich wie die Nacht sein
jeune [ʒœn]	jung
vieux, vieil, vieille [vjø, vjɛj]	alt
faire vieux	alt aussehen
les **cheveux** *mpl* [ʃ(ə)vø]	Haar(e)
avoir les cheveux courts/longs	kurze/lange Haare haben
lisse [lis]	glatt
bouclé, e [bukle]	lockig

Thematisches Wörterbuch — *Persönlicher Bereich*

Die eigene Person – Aussehen

brun, e [bʀœ̃, bʀyn]	braun, dunkelhaarig
un grand brun	ein großer Dunkelhaariger
blond, e [blɔ̃, blɔ̃d]	blond
roux, rousse [ʀu, ʀus]	rothaarig
l'**œil** *m*, les **yeux** [œj, jø]	Auge
avoir les yeux marron	braune Augen haben
aux yeux verts	mit grünen Augen
chic [ʃik] *inv*	schick
élégant, e [elegɑ̃, ɑ̃t]	elegant

pâle [pɑl]	blass
être pâle comme un linge	leichenblass sein
bronzé, e [bʀɔ̃ze]	braun (gebrannt)
clair, e [klɛʀ]	hell
foncé, e [fɔ̃se]	dunkel
le **bouton** [butɔ̃]	Pickel
avoir des boutons	Pickel haben
la **beauté** [bote]	Schönheit
la **laideur** [lɛdœʀ]	Hässlichkeit
la **taille** [taj]	(Körper-)Größe
une personne de petite taille	eine Person von kleiner Statur
le **poids** [pwɑ]	Gewicht
prendre/perdre du poids	zunehmen/abnehmen
de tout son poids	mit seinem ganzen Gewicht
maigre [mɛgʀ]	mager
mince [mɛ̃s]	dünn
gros, se [gʀo, gʀos]	dick
gras, se [gʀɑ, gʀɑs]	fett
fort, e [fɔʀ, fɔʀt]	stark, kräftig, stämmig
classique [klasik]	klassisch, traditionell

Persönlicher Bereich **Thematisches Wörterbuch**

Die eigene Person – Charakter

Charakter

Positive Eigenschaften

drôle [dʀol]	lustig, witzig
sympathique [sɛ̃patik]	sympathisch
sympa [sɛ̃pa] *(fam)*	sympathisch
gentil, le [ʒɑ̃ti, ij]	nett, freundlich
aimable [ɛmabl]	freundlich, liebenswürdig
gai, e [ge, gɛ]	fröhlich, heiter, lustig
intelligent, e [ɛ̃teliʒɑ̃, ɑ̃t]	intelligent
original, e [ɔʀiʒinal]	originell
bon, ne [bɔ̃, bɔn]	gut, gütig
sérieux, -euse [seʀjø, jøz]	ernst; gewissenhaft, seriös
être sérieux comme un pape	todernst sein
la **qualité** [kalite]	gute Eigenschaft; Qualität
le **charme** [ʃaʀm]	Charme, Reiz
être sous le charme de qn	jds. Charme erliegen
généreux, -euse [ʒeneʀø, øz]	großzügig
honnête [ɔnɛt]	ehrlich
amusant, e [amyzɑ̃, ɑ̃t]	amüsant, lustig
malin, maligne [malɛ̃, maliɲ]	schlau, clever
curieux, -euse [kyʀjø, jøz]	neugierig; seltsam
être curieux de faire qc	gespannt sein etw. zu tun
courageux, -euse [kuʀaʒø, øz]	mutig
le **courage** [kuʀaʒ]	Mut
naturel, le [natyʀɛl]	natürlich
calme [kalm]	ruhig
tranquille [tʀɑ̃kil]	ruhig, still
laisser qn tranquille	jdn. in Ruhe lassen
prudent, e [pʀydɑ̃, ɑ̃t]	vorsichtig
raisonnable [ʀɛzɔnabl]	vernünftig
poli, e [pɔli]	höflich

Thematisches Wörterbuch *Persönlicher Bereich*

Die eigene Person – Charakter

la **politesse** [pɔlitɛs]	Höflichkeit
la formule de politesse	Höflichkeitsfloskel

> Verwechsel nicht **la politesse** mit *Politesse – la contractuelle*!

indépendant, e [ɛ̃depɑ̃dɑ̃, ɑ̃t]	unabhängig

Negative Eigenschaften

bête [bɛt]	dumm, blöd(e)
être bête comme ses pieds *(fam)*	strohdumm sein
idiot, e [idjo, idjɔt]	dumm, blöd, idiotisch
stupide [stypid]	dumm
bizarre [bizaʀ]	seltsam, komisch

méchant, e [meʃɑ̃, ɑ̃t]	böse, gemein
difficile [difisil]	schwierig, wählerisch
agressif, -ive [agʀesif, iv]	aggressiv, angriffslustig
le **menteur**, la **menteuse** [mɑ̃tœʀ, øz]	Lügner, Lügnerin
traiter qn de menteur	jdn. einen Lügner nennen

le **défaut** [defo]	Fehler, Schwäche
paresseux, -euse [paʀesø, øz]	faul
lent, e [lɑ̃, lɑ̃t]	langsam
distrait, e [distʀɛ, ɛt]	zerstreut
sévère [sevɛʀ]	streng
strict, e [stʀikt]	strikt, streng, genau
être strict sur qc	es sehr genau mit etw. nehmen
impoli, e [ɛ̃pɔli]	unhöflich

Persönlicher Bereich **Thematisches Wörterbuch**

Zu Hause – Häuser und Wohnungen

Zu Hause – Häuser und Wohnungen

Gebäude, Miete und Eigentum

la **maison** [mɛzɔ̃]	Haus
à la maison	(bei uns) zu Hause
rester à la maison	zu Hause bleiben
la maison de campagne	Landhaus
l'**appartement** *m* [apaʀtəmɑ̃],	Wohnung
l'**appart** *m* [apaʀt] *(fam)*	
l'appartement meublé	möblierte Wohnung

Verwechsel nicht **l'appartement** nicht mit *Appartement – le studio*!

le **bâtiment** [batimɑ̃]	Gebäude
l'**immeuble** *m* [imœbl]	(mehrgeschossiges) Gebäude, (Wohn-)Haus
la **tour** [tuʀ]	Turm; Hochhaus
le, la **propriétaire** [pʀɔpʀijetɛʀ]	Eigentümer(in), Besitzer(in)
le **voisin**, la **voisine** [vwazɛ̃, in]	Nachbar, Nachbarin
habiter [abite]	wohnen; bewohnen
habiter une maison	in einem Haus wohnen
habiter la/en banlieue	in den Vororten wohnen
habiter en ville/à la campagne	in der Stadt/auf dem Land wohnen

le, la **locataire** [lɔkatɛʀ]	Mieter(in)
louer [lwe]	mieten, vermieten
le **loyer** [lwaje]	Miete
les **charges** *fpl* [ʃaʀʒ]	Nebenkosten
moderne [mɔdɛʀn]	modern
vieux, vieil, vieille [vjø, vjɛj]	alt

INFO

Die männliche Singularform **vieil** steht an Stelle von *vieux* vor Vokalen oder stummem h: *un vieux tapis* – ein alter Teppich; *un vieil ami* – ein alter Freund; *ce vieil homme* – dieser alte Mann.

Thematisches Wörterbuch — *Persönlicher Bereich*

Zu Hause – Häuser und Wohnungen

le **terrain** [teʁɛ̃]	Grundstück
le terrain à bâtir	Baugrundstück, Bauplatz
le **HLM**, l'**HLM** *m od. f* [´aʃɛlɛm] (habitation à loyer modéré) *inv*	Mietshaus mit Sozialwohnungen
la **construction** [kɔ̃stʁyksjɔ̃]	Konstruktion, Bauwerk; Bau
clair, e [klɛʁ]	hell
s'installer [sɛ̃stale]	sich niederlassen, sich einrichten
déménager [demenaʒe]	umziehen
emménager [ãmenaʒe]	einziehen
emménager dans un appartement	in eine Wohnung einziehen
le **déménagement** [demenaʒmã]	Umzug
voisin, e [vwazɛ̃, in]	benachbart
être voisin de qc	an etw. angrenzen
le **gardien**, la **gardienne** [ɡaʁdjɛ̃, jɛn]	Hausmeister, Hausmeisterin

Architektur und Installation

le **plan** [plã]	Plan
l'**étage** *m* [etaʒ]	Etage, Stockwerk
au premier étage	im ersten Stock
à trois étages	dreistöckig
le **rez-de-chaussée** [ʁed(ə)ʃose]	Erdgeschoss
la **porte** [pɔʁt]	Tür
la porte d'entrée	Haustür
frapper à la porte	an die Tür klopfen
claquer la porte	die Tür (zu)knallen
sonner [sɔne]	klingeln, läuten
la **sonnette** [sɔnɛt]	Klingel
la **clé**, la **clef** [kle]	Schlüssel
fermer à clé	abschließen
la **serrure** [seʁyʁ]	Schloss
l'**ascenseur** *m* [asãsœʁ]	Aufzug
appeler l'ascenseur	den Aufzug holen
le **mur** [myʁ]	Mauer, Wand
la **façade** [fasad]	Fassade

Persönlicher Bereich **Thematisches Wörterbuch**

Zu Hause – Häuser und Wohnungen

le **coin** [kwɛ̃]	Winkel, Ecke
la **fenêtre** [f(ə)nɛtʀ]	Fenster
regarder par la fenêtre	aus dem Fenster schauen
le **toit** [twa]	Dach
la **tuile** [tɥil]	Dachziegel, Dachpfanne
la **cheminée** [ʃ(ə)mine]	Schornstein, Kamin
la **pièce** [pjɛs]	Zimmer
l'**électricité** f [elɛktʀisite]	Strom; Elektrizität
la panne d'électricité	Stromausfall
allumer [alyme]	anmachen
éteindre [etɛ̃dʀ]	ausmachen

l'**intérieur** m [ɛ̃teʀjœʀ]	das Innere
à l'intérieur	innen(drin)
à l'intérieur de	im Innern von; in
l'**extérieur** m [ɛksteʀjœʀ]	das Äußere
à l'extérieur	draußen
le **couloir** [kulwaʀ]	Gang, Flur; Korridor
l'**escalier** m [ɛskalje]	Treppe
monter/descendre l'escalier	die Treppe hinauf-/hinuntergehen
la **marche** [maʀʃ]	Stufe
le **plafond** [plafɔ̃]	Decke
le **sol** [sɔl]	Boden
le **plancher** [plɑ̃ʃe]	Fußboden
la **vitre** [vitʀ]	Fensterscheibe
l'**aération** f [aeʀasjɔ̃]	Lüftung
la **pierre** [pjɛʀ]	Stein
la **brique** [bʀik]	Ziegelstein, Backstein
le **plâtre** [plɑtʀ]	Gips
construire [kɔ̃stʀɥiʀ]	bauen

Thematisches Wörterbuch *Persönlicher Bereich*

Zu Hause – Wohn- und Arbeitsbereiche

Wohn- und Arbeitsbereiche

Wohnbereich

la **salle de séjour** [saldəseʒuʀ]	Wohnzimmer
la **table** [tabl]	Tisch
l'**objet** *m* [ɔbʒɛ]	Gegenstand
l'**entrée** *f* [ɑ̃tʀe]	Eingang, Hausflur
le **salon** [salɔ̃]	Wohnzimmer
la **salle à manger** [salamɑ̃ʒe]	Esszimmer
le **mobilier** [mɔbilje]	Einrichtung
le **meuble** [mœbl]	Möbel(stück)
les meubles anciens	alte/antike Möbel
massif, -ive [masif, iv]	massiv
simple [sɛ̃pl]	einfach
le **canapé** [kanape]	Couch, Sofa
le canapé-lit	Schlafcouch
la **chaise** [ʃɛz]	Stuhl
la chaise haute	Hochstuhl
le **fauteuil** [fotœj]	Sessel
l'**étagère** *f* [etaʒɛʀ]	Regal(brett), Bücherbord
la **bibliothèque** [biblijɔtɛk]	Bücherregal, Bücherschrank
le **tapis** [tapi]	Teppich
le **vase** [vɑz]	Vase

Arbeitsbereich

le **crayon (de papier)** [kʀɛjɔ̃(d(ə)papje)]	(Blei-)Stift
le crayon de couleur	Buntstift
le **stylo** [stilo]	Kugelschreiber; Füller
le stylo (à) bille	Kugelschreiber, Kuli
le stylo (à) plume	Füllfederhalter
la **gomme** [gɔm]	Radiergummi
le **bureau**, les **bureaux** [byʀo]	Arbeitszimmer, Büro

Persönlicher Bereich **Thematisches Wörterbuch**

Zu Hause – Schlaf- und Kinderzimmer

le **papier** [papje]	Papier
la feuille de papier	Blatt Papier

le **tiroir** [tiʀwaʀ]	Schublade
le **classeur** [klasœʀ]	(Akten-)Ordner
classer [klase]	(ein)ordnen, (ein)sortieren
le **feutre** [føtʀ]	Filzstift
le **taille-crayon**, les **taille-crayons** [tajkʀɛjɔ̃]	Bleistiftspitzer
la **colle** [kɔl]	Kleber, Klebstoff
la **règle** [ʀɛgl]	Lineal

Schlaf- und Kinderzimmer

la **chambre (à coucher)** [ʃɑ̃bʀ(akuʃe)]	(Schlaf-)Zimmer
la chambre d'enfant	Kinderzimmer
la chambre d'amis	Gästezimmer

Ein Raum, der mit **chambre** bezeichnet wird, ist immer ein Zimmer mit einer Schlafgelegenheit.

le **lit** [li]	Bett
le lit conjugal	Ehebett
les lits superposés	Stock-/Etagenbett
le **drap** [dʀa]	Betttuch, Bettlaken
la **couverture** [kuvɛʀtyʀ]	Decke, Bettdecke
se **coucher** [səkuʃe]	ins Bett gehen, sich hinlegen
aller se coucher	ins Bett gehen
dormir [dɔʀmiʀ]	schlafen
rêver [ʀeve]	träumen
le **rêve** [ʀɛv]	Traum
avoir des rêves plein la tête	den Kopf voller Träume haben
être à qn [ɛtʀ]	jdm. gehören
être à un ami	einem Freund gehören

Thematisches Wörterbuch *Persönlicher Bereich*

Zu Hause – In der Küche

le **réveil** [ʀevɛj]	Wecker
réveiller [ʀeveje]	(auf)wecken
se **réveiller** [səʀeveje]	aufwachen
réveillé, e [ʀeveje]	wach
bâiller [bɑje]	gähnen
se **lever** [səl(ə)ve]	aufstehen
le **cintre** [sɛ̃tʀ]	(Kleider-)Bügel

le **matelas** [matlɑ]	Matratze
la **couette** [kwɛt]	Federbett
se glisser sous la couette	unter die Bettdecke schlüpfen
l'**oreiller** *m* [ɔʀeje]	Kopfkissen
le **traversin** [tʀavɛʀsɛ̃]	Schlummerrolle, Nackenrolle
le **coussin** [kusɛ̃]	Kissen
la **table de nuit/de chevet** [tabldənɥi/dəʃ(ə)vɛ]	Nachttisch
la **lampe** [lɑ̃p]	Lampe
allumer/éteindre la lampe	die Lampe ein-/ausschalten
l'**ampoule** *f* [ɑ̃pul]	(Glüh-)Birne
l'**armoire** *f* [aʀmwaʀ]	Schrank
la **commode** [kɔmɔd]	Kommode
le **tableau**, les **tableaux** [tablo]	Bild
accrocher un tableau	ein Bild aufhängen
le **cadre** [kɑdʀ]	Rahmen
le **poster** [pɔstɛʀ]	Poster

In der Küche

Kücheneinrichtung

la **cuisine** [kɥizin]	Küche
faire la cuisine	kochen
le livre de cuisine	Kochbuch
le **four** [fuʀ]	Backofen
mettre au four	in den Backofen schieben
le **saladier** [saladje]	Salatschüssel

Persönlicher Bereich **Thematisches Wörterbuch**

Zu Hause – In der Küche

pratique [pʀatik]	praktisch
la **vaisselle** [vɛsɛl]	Geschirr
faire/laver la vaisselle	Geschirr spülen, abspülen
la **cuisinière** [kɥizinjɛʀ]	Herd
la **cafetière (électrique)** [kaftjɛʀ(elɛktʀik)]	Kaffeemaschine
le **bol** [bɔl]	Trinkschale, Schälchen

Ein **bol** ist eine Trinkschale. Dieses typisch französische Geschirr wird vor allem zum Frühstück benutzt.

le **récipient** [ʀesipjɑ̃]	Schüssel, Behälter

Mahlzeiten

le **repas** [ʀ(ə)pɑ]	Essen, Mahlzeit
faire/préparer le repas	das Essen zubereiten
prendre un repas	essen
faire un bon repas	gut essen
la **table** [tabl]	Tisch
à table	bei/am Tisch
mettre la table	den Tisch decken
se mettre à table	sich zu Tisch setzen *(zum Essen)*
débarrasser la table	den Tisch abräumen, abdecken
manger [mɑ̃ʒe]	essen
faire manger	füttern
manger à sa faim	sich satt essen
manger froid	kalt essen
la **faim** [fɛ̃]	Hunger
avoir faim	Hunger haben
avoir une faim de loup	einen Bärenhunger haben
mourir de faim	vor Hunger sterben
la **soif** [swaf]	Durst
avoir soif	Durst haben

163

Thematisches Wörterbuch *Persönlicher Bereich*

Zu Hause – In der Küche

boire [bwaʀ]	trinken
boire à la bouteille	aus der Flasche trinken
boire dans un verre	aus einem Glas trinken
boire un coup *(fam)*	einen trinken
l'**appétit** *m* [apeti]	Appetit
Bon appétit !	Guten Appetit!
manger de bon appétit	tüchtig zulangen
L'appétit vient en mangeant.	Der Appetit kommt beim Essen.
la **recette** [ʀ(ə)sɛt]	Rezept
le **petit-déjeuner**, les **petits-déjeuners** [p(ə)tideʒœne]	Frühstück
au petit-déjeuner	beim/zum Frühstück
prendre le petit-déjeuner	frühstücken
le **déjeuner** [deʒœne]	Mittagessen
la **tartine** [taʀtin]	belegtes, bestrichenes Brot
le **goûter** [gute]	Vesper, kleiner Nachmittagsimbiss
le **dîner** [dine]	Abendessen
dîner [dine]	zu Abend essen
aller dîner au restaurant	ins Restaurant essen gehen
cuire [kɥiʀ]	braten
bien cuit	durchgebraten
recuire [ʀ(ə)kɥiʀ]	noch kochen lassen; noch einmal in die Pfanne tun
sucrer [sykʀe]	zuckern
nourrir [nuʀiʀ]	ernähren
se nourrir de pain	sich von Brot ernähren

Arbeiten im Haushalt

ranger [ʀɑ̃ʒe]	aufräumen
le **balai** [balɛ]	Besen
donner un coup de balai	fegen, kehren
balayer [baleje]	fegen, kehren
nettoyer [netwaje]	putzen, reinigen

Persönlicher Bereich **Thematisches Wörterbuch**

Zu Hause – Im Badezimmer

la **brosse** [bʀɔs]	Bürste
l'**appareil** *m* [apaʀɛj]	Apparat
les appareils (électro-)ménagers	(elektrische) Haushaltsgeräte
l'**aspirateur** *m* [aspiʀatœʀ]	Staubsauger

Im Badezimmer

la **salle de bains** [saldəbɛ̃]	Badezimmer
l'**eau** *f* [o]	Wasser
l'eau chaude/froide	warmes/kaltes Wasser
tiède [tjɛd]	lauwarm
la **douche** [duʃ]	Dusche
prendre une douche	eine Dusche nehmen
la **baignoire** [bɛɲwaʀ]	Badewanne
le **bain** [bɛ̃]	Bad
prendre un bain	ein Bad nehmen
se faire couler un bain	sich ein Bad einlassen
le **lavabo** [lavabo]	Waschbecken
se **laver** [səlave]	sich waschen
les **toilettes** *fpl* [twalɛt], les **W.-C.** *mpl* [vese]	Toilette, WC
aller aux toilettes	auf die Toilette gehen
le **papier-toilette** [papjetwalɛt]	Toilettenpapier
la **serviette (de toilette)** [sɛʀvjɛt(dətwalɛt)]	Handtuch
la serviette de bain	Badetuch
la serviette hygiénique	(Damen-)Binde
la **brosse (à cheveux)** [bʀɔs(aʃ(ə)vø)]	Bürste
la brosse à dents	Zahnbürste
brosser [bʀɔse]	bürsten
se brosser les dents	sich die Zähne putzen
se brosser les cheveux	sich die Haare bürsten
le **peigne** [pɛɲ]	Kamm
se **peigner** [səpeɲe]	sich kämmen
la **coiffure** [kwafyʀ]	Frisur

Thematisches Wörterbuch — Persönlicher Bereich

Zu Hause – Im Keller

la **crème** [kʀɛm]	Hautcreme
la crème hydratante	Feuchtigkeitscreme
la crème de jour/de nuit	Tages-/Nachtcreme
la crème solaire	Sonnencreme
le **tube** [tyb]	Tube
se **nettoyer** [sənetwaje]	sich reinigen, säubern
se **sécher** [səseʃe]	sich abtrocknen
se sécher les cheveux	sich die Haare föhnen
sec, **sèche** [sɛk, sɛʃ]	trocken
couper [kupe]	schneiden
se couper les ongles	sich die Nägel schneiden
faire pipi [fɛʀpipi] *(fam)*	Pipi machen

Im Keller

la **cave** [kav]	Keller
la cave à vin	Weinkeller
le **carton** [kaʀtɔ̃]	Karton
le **truc** [tʀyk] *(fam)*	Ding, Sache
l'**outil** *m* [uti]	Werkzeug
la boîte à outils	Werkzeugkiste
réparer [ʀepaʀe]	reparieren
utiliser [ytilize]	benutzen
la **corde** [kɔʀd]	Seil
le **marteau** [maʀto]	Hammer
le **clou** [klu]	Nagel
enfoncer un clou	einen Nagel einschlagen
l'**échelle** *f* [eʃɛl]	Leiter
la **lampe de poche** [lɑ̃pdəpɔʃ]	Taschenlampe
le **bidon** [bidɔ̃]	Kanister
entreposer [ɑ̃tʀəpoze]	(ein)lagern, speichern

Persönlicher Bereich **Thematisches Wörterbuch**

Zu Hause – Balkon, Terasse, Garten

Balkon, Terrasse, Garten

le **balcon** [balkɔ̃]	Balkon
la **terrasse** [teʀas]	Terrasse
le **jardin** [ʒaʀdɛ̃]	Garten
le jardin potager	Gemüsegarten
la **cour** [kuʀ]	Hof
le **garage** [gaʀaʒ]	Garage
la **fleur** [flœʀ]	Blume
l'arbre en fleurs	blühender Baum
cueillir [kœjiʀ]	pflücken; ernten

la **plante** [plɑ̃t]	Pflanze
le **pot** [po]	Topf
le pot de fleur	Blumentopf
le **mur** [myʀ]	Mauer

la **citerne** [sitɛʀn]	Zisterne, Regentonne
l'**herbe** f [ɛʀb]	Gras
les mauvaises herbes	Unkraut
couper l'herbe sous le pied de qn	jdm. den Wind aus den Segeln nehmen
la **pelouse** [p(ə)luz]	Rasen
le **gazon** [gɑzɔ̃]	Rasen
tondre (le gazon)	(Rasen) mähen
la **feuille** [fœj]	Blatt
les feuilles mortes	welkes Laub
planter [plɑ̃te]	pflanzen
arroser [aʀoze]	gießen
le **hangar** [ˈɑ̃gaʀ]	Schuppen
la **cage à lapin** [kaʒalapɛ̃]	Kaninchenstall

Thematisches Wörterbuch *Persönlicher Bereich*

Familie, Freunde und Freizeit – Familie

Familie, Freunde und Freizeit – Familie

Familienangehörige

la **famille** [famij]	Familie; Verwandtschaft
la famille nombreuse	kinderreiche Familie
fonder une famille	eine Familie gründen
le livret de famille	Familienbuch
le membre de la famille	Familienmitglied
la vie de famille	Familienleben
avoir de la famille à Paris	in Paris Verwandte haben
les **parents** *mpl* [paʀɑ̃]	Eltern
la **mère** [mɛʀ]	Mutter
la **maman** [mamɑ̃]	Mama, Mutti
le **père** [pɛʀ]	Vater
le **papa** [papa]	Papa, Vati
les **grands-parents** *mpl* [gʀɑ̃paʀɑ̃]	Großeltern
l'**enfant** *m, f* [ɑ̃fɑ̃]	Kind
l'enfant unique	Einzelkind
élever un enfant	ein Kind großziehen/erziehen
la **sœur** [sœʀ]	Schwester
le **frère** [fʀɛʀ]	Bruder
le **cousin**, la **cousine** [kuzɛ̃, in]	Cousin, Cousine
le cousin germain	Cousin ersten Grades
la cousine éloignée	entfernte Cousine

la **fille** [fij]	Tochter
le **fils** [fis]	Sohn
de père en fils	von Generation zu Generation
le **bébé** [bebe]	Baby
attendre un bébé (pour juillet)	(im Juli) ein Baby erwarten
la **sœurette** [sœʀɛt] *(fam)*	Schwesterchen
le **frérot** [fʀeʀo] *(fam)*	Brüderchen
l'**oncle** *m* [ɔ̃kl]	Onkel
la **tante** [tɑ̃t]	Tante
le, la **partenaire** [paʀtənɛʀ]	Partner(in)
le **divorce** [divɔʀs]	Scheidung

Persönlicher Bereich **Thematisches Wörterbuch**

Familie, Freunde und Freizeit – Familie

s'occuper de qn/qc [sɔkype]	sich um jdn./etw. kümmern; sich mit jdm./etw. beschäftigen

la **femme** [fam]	(Ehe-)Frau
le **mari** [maʀi]	Ehemann
la **nièce** [njɛs]	Nichte
le **neveu** [n(ə)vø]	Neffe
la **demi-sœur**, les **demi-sœurs** [d(ə)misœʀ]	Halbschwester
le **demi-frère**, les **demi-frères** [d(ə)mifʀɛʀ]	Halbbruder
la **grand-mère**, les **grands-mères** [gʀɑ̃mɛʀ]	Großmutter
la **mamie** [mami], la **mémé** [meme] *(fam)*	Omi, Oma

Verwechsel nicht **la mamie** mit *Mami – la maman*!

le **grand-père**, les **grand-pères** [gʀɑ̃pɛʀ]	Großvater
le **papy**, le **papi** [papi], le **pépé** [pepe] *(fam)*	Opi, Opa

Verwechsel nicht **le papy/le papi** mit *Papi – le papa*!

le **petit-fils**, les **petits-fils** [p(ə)tifis]	Enkel
la **petite-fille**, les **petites-filles** [p(ə)titfij]	Enkelin
les **petits-enfants** *mpl* [p(ə)tizɑ̃fɑ̃]	Enkelkinder
la **belle-mère**, les **belles-mères** [bɛlmɛʀ]	Stiefmutter, Schwiegermutter
le **beau-père**, les **beaux-pères** [bopɛʀ]	Schwiegervater
les **beaux-parents** *mpl* [bopaʀɑ̃]	Schwiegereltern
la **belle-fille**, les **belles-filles** [bɛlfij]	Schwiegertochter
le **gendre** [ʒɑ̃dʀ]	Schwiegersohn

Thematisches Wörterbuch *Persönlicher Bereich*

Familie, Freunde und Freizeit – Familie

Familienfeiern, Feste

la **fête** [fɛt]	Feier, Fest; Namenstag
le jour de fête	Feiertag, Festtag
la fête de famille	Familienfest
la fête des Mères	Muttertag
la fête des Pères	Vatertag
la Fête du Travail	Tag der Arbeit
la fête foraine	Volksfest, Jahrmarkt
faire la fête toute la nuit	die ganze Nacht durchfeiern
Bonne fête !	Herzlichen Glückwunsch zum Namenstag!
Joyeuses fêtes !	Frohe Feiertage!
le **jour férié** [ʒuʀfeʀje]	Feiertag
Pâques *fpl* [pɑk]	Ostern
Noël *m* [nɔɛl]	Weihnachten
Joyeux Noël !	Frohe Weihnachten!

INFO

Für die französischen Kinder ist **Noël** am 25. Dezember. An diesem Tag findet gleich nach dem Frühstück die Bescherung statt. Die Erwachsenen beschenken sich meistens im Anschluss daran beim Aperitif vor dem Mittagessen. Am Vorabend, dem 24., gehen viele Familien um Mitternacht in die Christmette. Einen zweiten Weihnachtsfeiertag gibt es in Frankreich nicht.

fêter [fete]	feiern
l'**anniversaire** *m* [anivɛʀsɛʀ]	Geburtstag
fêter l'anniversaire	(den) Geburtstag feiern
Bon anniversaire !	Alles Gute zum Geburtstag!
le **cadeau**, les **cadeaux** [kado]	Geschenk
le **gâteau**, les **gâteaux** [gato]	(Geburtstags-)Kuchen
le **champagne** [ʃɑ̃paɲ]	Champagner
l'**ambiance** *f* [ɑ̃bjɑ̃s]	Stimmung
préparer [pʀepaʀe]	vorbereiten

annoncer [anɔ̃se]	ankündigen
l'**invité** *m*, l'**invitée** *f* [ɛ̃vite]	Gas
aller + *être* **chercher qn** [aleʃɛʀʃe]	jdn. (ab)holen
retrouver [ʀ(ə)tʀuve]	wiederfinden

Persönlicher Bereich **Thematisches Wörterbuch**

Familie, Freunde und Freizeit – Freunde

retrouver qn	jdn. (wieder) treffen
revoir [ʀ(ə)vwaʀ]	wiedersehen
offrir [ɔfʀiʀ]	schenken; anbieten
offrir qc à qn	jdm. etw. schenken/anbieten
rire [ʀiʀ]	lachen
rire aux éclats	aus vollem Halse lachen
rigoler [ʀigɔle] *(fam)*	lachen
se marier [səmaʀje]	heiraten
se marier avec qn	jdn. heiraten
le **mariage** [maʀjaʒ]	Hochzeit, Heirat
féliciter [felisite]	gratulieren
les **félicitations** *fpl* [felisitasjɔ̃]	Glückwünsche
Toutes nos félicitations !	Herzlichen Glückwunsch!
souhaiter qc à qn [swete]	jdm. etw. wünschen

Freunde

Freundschaftliche Beziehungen

l'**ami** *m*, l'**amie** *f* [ami]	Freund, Freundin
le petit ami	fester Freund
le **copain** [kɔpɛ̃], la **copine** [kɔpin] *(fam)*	Freund, Freundin
le, la **camarade** [kamaʀad]	Kamerad(in)
la **connaissance** [kɔnɛsɑ̃s]	Bekanntschaft
faire la connaissance de qn	jdn. kennen lernen
le **correspondant**, la **correspondante** [kɔʀɛspɔ̃dɑ̃, ɑ̃t]	Brieffreund, Brieffreundin; Austauschpartner, Austauschpartnerin
le, la **corres** [kɔʀɛs] *(fam)*	Brieffreund, Brieffreundin
aimer [eme]	lieben, mögen
la **bise** [biz] *(fam)*	Kuss
faire la bise à qn *(fam)*	jdn. mit Wangenkuss begrüßen

> **INFO**
>
> Das Küsschen auf die Wange gehört in Frankreich zur Begrüßung und Verabschiedung dazu – vorausgesetzt, man ist bekannt und vertraut miteinander. Unter Verwandten ist es selbstverständlich. Auch Männer begrüßen sich mitunter mit einer **bise**, verbunden mit einer Umarmung; in der Regel geben sie sich aber die Hand.

Thematisches Wörterbuch *Persönlicher Bereich*

Familie, Freunde und Freizeit – Freunde

aller voir qn [alevwaʀ]	jdn. besuchen
aller chez qn [aleʃe]	zu jdm. (nach Hause) gehen
la **visite** [vizit]	Besuch
rendre visite à qn	jdn. besuchen
inviter [ɛ̃vite]	einladen
inviter qn à un anniversaire	jdn. zu einem Geburtstag einladen
le **rendez-vous** [ʀɑ̃devu]	Verabredung; Termin
avoir rendez-vous	eine Verabredung haben
le **service** [sɛʀvis]	Gefallen
rendre service à qn	jdm. einen Dienst erweisen, helfen
connaître [kɔnɛtʀ]	kennen
recevoir [ʀəs(ə)vwaʀ]	empfangen
recevoir qn à dîner	jdn. zum Abendessen da haben
prendre un pot [pʀɑ̃dʀɛ̃po] *(fam)*	(zusammen) einen trinken
sortir + *être* **avec qn** [sɔʀtiʀ] *(fam)*	mit jdm. gehen *(eng befreundet sein)*
embrasser [ɑ̃bʀase]	küssen, umarmen
l'**amitié** *f* [amitje]	Freundschaft
par amitié	aus Freundschaft
le **rapport (avec qn)** [ʀapɔʀ]	Beziehung (zu jdm.), Verhältnis (zu jdm.)
la **relation** [ʀ(ə)lasjɔ̃]	Beziehung, Verhältnis
prêter qc à qn [pʀete]	jdm. etw. leihen
la **rencontre** [ʀɑ̃kɔ̃tʀ]	Begegnung, Treffen
l'**invitation** *f* [ɛ̃vitasjɔ̃]	Einladung
l'**échange** *m* [eʃɑ̃ʒ]	Austausch
l'échange scolaire	Schüleraustausch

Liebesbeziehungen

flirter avec qn [flœʀte]	mit jdm. flirten
draguer qn [dʀage] *(fam)*	jdn. anmachen
rencontrer qn [ʀɑ̃kɔ̃tʀe]	jdn. kennen lernen
amoureux, -euse [amuʀø, øz]	verliebt
être amoureux de qn	in jdn. verliebt sein
tomber amoureux de qn	sich in jdn. verlieben

Persönlicher Bereich **Thematisches Wörterbuch**

Familie, Freunde und Freizeit – Beisammensein

fou, fol, folle [fu, fɔl]	verrückt
être fou de qn	verrückt nach jdm. sein

> **INFO**
> Die männliche Singularform **fol** steht an Stelle von *fou* vor Vokalen oder stummem h:
> *un fou rire* – ein Lachkrampf; *un fol espoir* – eine törichte Hoffnung.

le **baiser** [beze]	Kuss
l'**amour** *m* [amuʀ]	Liebe
faire l'amour avec qn	mit jdm. schlafen
l'**amoureux** *m*, l'**amoureuse** *f* [amuʀø, øz]	Verliebter, Verliebte
le **coup de foudre** [kud(ə)fudʀ]	Liebe auf den ersten Blick
tendre [tɑ̃dʀ]	zärtlich

Beisammensein

Kommunikation

• Reden, Fragen und Antworten

parler [paʀle]	sprechen
parler à qn	mit/zu jdm. sprechen
parler de qn/qc	über jdn./etw. sprechen
dire [diʀ]	sagen
dire à qn que	jdm. sagen, dass
dire qc haut et fort	etw. laut und deutlich sagen
raconter [ʀakɔ̃te]	erzählen
raconter qc à qn	jdm. etw. erzählen
répéter [ʀepete]	wiederholen
redire [ʀ(ə)diʀ]	wiederholen, noch einmal sagen
appeler [aple]	rufen
prononcer [pʀɔnɔ̃se]	aussprechen
la **question** [kɛstjɔ̃]	Frage

Thematisches Wörterbuch *Persönlicher Bereich*

Familie, Freunde und Freizeit – Beisammensein

demander [d(ə)mɑ̃de]	fragen
demander à qn si...	jdn. fragen, ob ...
la **réponse** [ʀepɔ̃s]	Antwort
répondre [ʀepɔ̃dʀ]	antworten
répondre à qn	jdm. antworten
répondre à une question	eine Frage beantworten
Eh bien, ... [ebjɛ̃]	Nun, ...
Eh oui ! [e ˈwi]	Nun ja!, In der Tat!
Hé ! [ˈe]	He!
..., hein ? [ˈɛ̃] *(fam)*	..., nicht?; ..., ja?; ..., nicht wahr?
si [si]	doch

la **parole** [paʀɔl]	Wort
couper la parole à qn	jdm. ins Wort fallen
la **conversation** [kɔ̃vɛʀsasjɔ̃]	Gespräch
détourner la conversation	vom Thema ablenken
la **discussion** [diskysjɔ̃]	Gespräch, Diskussion
discuter [diskyte]	diskutieren
discuter de qc	sich über etw. unterhalten, etw. besprechen
bavarder [bavaʀde]	reden, schwatzen
promettre [pʀɔmɛtʀ]	versprechen; zusichern
promettre qc à qn	jdm. etw. versprechen
promettre à qn de faire qc	jdm. versprechen etw. zu tun
promettre monts et merveilles à qn	jdm. das Blaue vom Himmel versprechen
la **promesse** [pʀɔmɛs]	Versprechen
tenir ses promesses	seine Versprechungen halten
rappeler qc à qn [ʀap(ə)le]	jdn. an etw. erinnern
rappeler à qn de faire qc	jdn. daran erinnern etw. zu tun

le **dialogue** [djalɔg]	Dialog
la **remarque** [ʀ(ə)maʀk]	Bemerkung
ajouter [aʒute]	ergänzen, hinzufügen
déclarer [deklaʀe]	erklären
la **déclaration** [deklaʀasjɔ̃]	Erklärung, Aussage
à propos de [apʀɔpodə]	bezüglich, in Bezug auf
s'exprimer [sɛkspʀime]	sich ausdrücken
prévenir [pʀev(ə)niʀ]	benachrichtigen, Bescheid sagen
avertir [avɛʀtiʀ]	warnen; benachrichtigen
tutoyer [tytwaje]	duzen

Persönlicher Bereich **Thematisches Wörterbuch**

Familie, Freunde und Freizeit – Beisammensein

vouvoyer [vuvwaje]	siezen

• Entschuldigen, Bedauern und Trösten

désolé, e [dezɔle]	untröstlich
(Je suis) Désolé !	(Es) Tut mir Leid!
Dommage ! [dɔmaʒ]	Schade!

l'**excuse** f [ɛkskyz]	Entschuldigung
excuser [ɛkskyze]	entschuldigen
Excuse-moi !, Excusez-moi !	Entschuldige!, Entschuldigen Sie!
s'excuser de qc	sich für etw. entschuldigen
pardonner [paʀdɔne]	verzeihen
le **pardon** [paʀdɔ̃]	Verzeihung
Pardon !	Verzeihung!, Entschuldigung!
demander pardon à qn	jdn. um Verzeihung/Entschuldigung bitten
rassurer [ʀasyʀe]	beruhigen

regretter [ʀ(ə)gʀete]	bedauern
malheureusement [maløʀøzmɑ̃]	leider
la **pitié** [pitje]	Mitleid
mon/ma pauvre [mɔ̃/mapovʀ]	du Arme(r, s)
le **regret** [ʀ(ə)gʀɛ]	Bedauern

• Erlaubnis und Verbot

laisser [lese]	lassen
laisser qn faire qc	jdn. etw. tun lassen, jdm. gestatten etw. zu tun
s'il vous plaît [silvuplɛ], **s'il te plaît** [siltəplɛ]	bitte

permettre [pɛʀmɛtʀ]	erlauben
permettre à qn de faire qc	jdm. erlauben etw. zu tun, jdn. dazu berechtigen etw. zu tun
permettre que qn fasse qc	erlauben, dass jd. etw. tut

la **permission** [pɛʀmisjɔ̃]	Erlaubnis
avoir le droit de faire qc [avwaʀlədʀwa]	das Recht haben etw. zu tun

Thematisches Wörterbuch *Persönlicher Bereich*

Familie, Freunde und Freizeit – Beisammensein

interdire [ɛ̃tɛʀdiʀ]	verbieten
il est interdit de...	es ist verboten zu ...

> **INFO**
> Die 2. Person Plural von **interdire** lautet *vous inter<u>disez</u>* (im Gegensatz zu *vous <u>dites</u>*).

l'**interdiction** f [ɛ̃tɛʀdiksjɔ̃]	Verbot
défendre [defɑ̃dʀ]	verbieten, untersagen
défendre qc à qn	jdm. etw. verbieten
défendre à qn de faire qc	jdm. verbieten etw. zu tun
Défense de... [defɑ̃sdə]	... verboten
empêcher [ɑ̃peʃe]	verhindern
empêcher qn de faire qc	jdn. daran hindern etw. zu tun

• Vorschläge und Ratschläge

l'**idée** f [ide]	Idee
venir à l'idée de faire qc	in den Sinn kommen etw. zu tun

proposer [pʀɔpoze]	vorschlagen
proposer qc à qn	jdm. etw. vorschlagen
proposer à qn de faire qc	jdm. vorschlagen etw. zu tun
conseiller [kɔ̃seje]	raten, empfehlen
conseiller qc à qn	jdm. etw. raten/empfehlen
conseiller qn dans qc	jdn. bei etw. beraten

le **conseil** [kɔ̃sɛj]	Rat(schlag)
recommander [ʀ(ə)kɔmɑ̃de]	empfehlen
recommander qc à qn	jdm. etw. empfehlen
recommander à qn de faire qc	jdm. empfehlen/raten etw. zu tun
la **recommandation** [ʀ(ə)kɔmɑ̃dasjɔ̃]	Empfehlung, Rat
mieux [mjø]	besser, am besten
le mieux, c'est de faire...	es ist am besten ... zu tun
il vaut/vaudrait mieux que + *subj*	es ist/wäre besser, wenn/dass

Persönlicher Bereich — Thematisches Wörterbuch

Familie, Freunde und Freizeit – Beisammensein

- **Ärger**

crier [kʀije]	schreien
crier après qn *(fam)*	jdn. anschnauzen
hurler [´yʀle]	schreien
le **problème** [pʀɔblɛm]	Problem
Mince !, Mince alors ! [mɛ̃s(alɔʀ)] *(fam)*	Mist!, Verflixt noch mal!
Merde ! [mɛʀd] *(vulg)*	Scheiße!, Verdammt!
Oh là là ! [olala]	Oh weh!
Ça suffit ! [sasyfi]	Es reicht!
se disputer [sədispyte]	sich streiten
énerver [enɛʀve]	aufregen, auf die Nerven gehen
s'énerver [senɛʀve]	sich aufregen
embêter [ɑ̃bete] *(fam)*	nerven
Tu m'embêtes !	Du nervst!
être vache [ɛtʀ(ə)vaʃ] *(fam)*	gemein sein
prendre mal qc [pʀɑ̃dʀ(ə)mal]	etw. schlecht aufnehmen
tomber mal [tɔ̃bemal]	ungelegen kommen
Mon Dieu, ... [mɔ̃djø]	Mein Gott ..., Oh Gott ...
gronder [gʀɔ̃de]	ausschimpfen
en avoir assez de qn/qc [ɑ̃navwaʀase]	von jdm./etw. genug haben
J'en ai assez de tes bêtises !	Jetzt habe ich aber genug von deinen Dummheiten!
en avoir assez de travailler	keine Lust mehr haben zu arbeiten
en avoir marre [ɑ̃navwaʀmaʀ] *(fam)*	die Nase voll haben
en avoir marre de qn/qc	jdn./etw. satt haben
le **ras-le-bol** [ʀɑl(ə)bɔl] *(fam)*	Überdruss
en avoir ras-le-bol de qc	von etw. die Nase/Schnauze voll haben
Ras-le-bol !	Mir reicht's!
râler [ʀɑle] *(fam)*	maulen, motzen
insupportable [ɛ̃sypɔʀtabl]	unerträglich
C'est insupportable !	Es ist unmöglich!
l'**emmerdeur** *m*, l'**emmerdeuse** *f* [ɑ̃mɛʀdœʀ, øz] *(fam)*	Nervensäge
se plaindre [səplɛ̃dʀ]	sich beklagen; jammern
se plaindre de qc/qn	sich über etw./jdn. beklagen, über etw./jdn. klagen
être fichu, e [ɛtʀ(ə)fiʃy] *(fam)*	geliefert sein, im Eimer sein
Zut ! [zyt] *(fam)*	Verflixt!, Verdammt!

Thematisches Wörterbuch — Persönlicher Bereich

Familie, Freunde und Freizeit – Beisammensein

- **Zustimmung und Einschränkung**

oui [´wi]	ja
l'**accord** m [akɔʀ]	Einverständnis, Zustimmung
donner son accord à qn	jdm. seine Zustimmung geben
faire qc en accord avec qn	etw. in Übereinstimmung mit jdm. tun
être d'accord avec qn	mit jdm. einverstanden sein
d'accord	einverstanden, o.k.
Bien sûr ! [bjɛ̃syʀ]	Sicher!, Na klar!, Selbstverständlich!
C'est ça. [sɛsa]	Genau!, Das stimmt!
non [nɔ̃]	nein
Ah non, alors !	Also nein!
Moi non.	Ich nicht.
Moi non plus.	Ich auch nicht.
(ne...) pas du tout [padytu]	überhaupt nicht
Pas question ! [pakɛstjɔ̃]	Kommt nicht in Frage!
Bof ! [bɔf] *(fam)*	Na ja!
mais [mɛ]	aber
seulement... [sœlmɑ̃]	nur ..., bloß ...
volontiers [vɔlɔ̃tje]	gern(e)
naturellement [natyʀɛlmɑ̃]	natürlich
évidemment [evidamɑ̃]	natürlich, klar
sûrement [syʀmɑ̃]	sicher
certainement [sɛʀtɛnmɑ̃]	gewiss, sicher
précisément [pʀesizemɑ̃]	genau, ganz genau
accepter [aksɛpte]	akzeptieren
accepter de faire qc	damit einverstanden sein etw. zu tun
pourtant [puʀtɑ̃]	dennoch, (und ...) doch
sauf [sof]	außer
par contre [paʀkɔ̃tʀ]	dagegen, hingegen
donner raison à qn [dɔneʀɛzɔ̃]	jdm. Recht geben
(bien) entendu [(bjɛ̃)ɑ̃tɑ̃dy]	selbstverständlich
parfaitement [paʀfɛtmɑ̃]	aber natürlich, sicher, jawohl
exactement [ɛgzaktəmɑ̃]	genau
absolument [apsɔlymɑ̃]	unbedingt, absolut
tout à fait [tutafɛ]	richtig
sans doute [sɑ̃dut]	wahrscheinlich

Persönlicher Bereich Thematisches Wörterbuch

Familie, Freunde und Freizeit – Beisammensein

sans aucun doute [sãzokɛ̃dut]	zweifellos, ganz bestimmt
effectivement [efɛktivmã]	tatsächlich
d'ailleurs [dajœʀ]	übrigens
Mouais ! [muɛ] *(fam)*	Na ja!
en fait [ãfɛt]	in Wirklichkeit
malgré [malgʀe]	trotz
quand même [kãmɛm]	trotzdem
uniquement [ynikmã]	bloß, einzig und allein

• Lob und Tadel

bien aimer [bjɛ̃neme]	gern mögen
Bien ! [bjɛ̃]	Gut!
Voilà ! [vwala]	So!, Na also!
Ça y est ! [sajɛ]	Das wär's!, Geschafft!
pas mal [pɑmal]	nicht schlecht
magnifique [maɲifik]	herrlich, großartig
chouette [ʃwɛt] *(fam)*	prima, klasse
intéressant, e [ɛ̃teʀesã, ãt]	interessant
Bravo ! [bʀavo]	Bravo!
Super ! [sypɛʀ] *(fam)*	Super!, Toll!
Tu es super !	Du bist super!
merci [mɛʀsi]	danke
merci beaucoup	vielen Dank
détester [detɛste]	verabscheuen, überhaupt nicht mögen
Beurk ! [bœʀk] *(fam)*	Igitt!
adorer [adɔʀe]	sehr mögen; sehr gern haben
adorer faire qc	etw. sehr gern tun
plaire (à qn) [plɛʀ]	(jdm.) gefallen
nos idées plaisent	unsere Ideen gefallen/kommen gut an

> **INFO**
> Nur die Form **plaît** schreibt sich mit *î*, z. B. in *s'il vous plaît*. Alle übrigen Formen schreiben sich mit *i*.

Thematisches Wörterbuch — Persönlicher Bereich

Familie, Freunde und Freizeit – Beisammensein

bien tomber [bjɛ̃tɔ̃be]	sich gut treffen
formidable [fɔʀmidabl]	toll
extra [ɛkstʀa] *(fam)*	stark, super
excellent, e [ɛksɛlɑ̃, ɑ̃t]	ausgezeichnet, exzellent
original, e [ɔʀiʒinal]	originell, neuartig
génial, e [ʒenjal]	genial, großartig, toll
exceptionnel, le [ɛksɛpsjɔnɛl]	außergewöhnlich
fantastique [fɑ̃tastik]	fantastisch, toll
Vive... ! [viv]	Es lebe(n) ...!
pratique [pʀatik]	praktisch
remercier [ʀ(ə)mɛʀsje]	danken, sich bedanken
remercier qn de qc	jdm. für etw. danken, sich bei jdm. für etw. bedanken
critiquer [kʀitike]	kritisieren
se moquer de qn/qc [səmɔke]	sich über jdn./etw. lustig machen
mal [mal]	schlecht
mauvais, e [movɛ, ɛz]	schlecht, böse
de mauvaise qualité	von schlechter Qualität, minderwertig
terrible [tɛʀibl]	schrecklich, fürchterlich
ennuyeux, -euse [ɑ̃nɥijø, jøz]	langweilig
déranger [deʀɑ̃ʒe]	stören

féliciter [felisite]	beglückwünschen
féliciter de/pour qc	für etw. loben, zu etw. beglückwünschen
le **compliment** [kɔ̃plimɑ̃]	Kompliment
le **prodige** [pʀɔdiʒ]	Genie
positif, -ive [pozitif, iv]	positiv
utile [ytil]	nützlich
réussi, e [ʀeysi]	gelungen
idéal, e [ideal]	ideal
exemplaire [ɛgzɑ̃plɛʀ]	exemplarisch, beispielhaft
le **remerciement** [ʀ(ə)mɛʀsimɑ̃]	Dank
le **tort** [tɔʀ]	Unrecht, Fehler
avoir tort	Unrecht haben, sich irren
avoir tort de faire qc	zu Unrecht etw. tun
donner tort à qn	jdm. Unrecht/nicht Recht geben
négatif, -ive [negatif, iv]	negativ
incompétent, e [ɛ̃kɔ̃petɑ̃, ɑ̃t]	inkompetent
dingue [dɛ̃g] *(fam)*	übergeschnappt

Persönlicher Bereich **Thematisches Wörterbuch**

Familie, Freunde und Freizeit – Beisammensein

- **Stellungnahme und Bewertung**

l'**avantage** m [avɑ̃taʒ]	Vorteil
vrai, e [vʀɛ]	wahr, richtig
Vrai ou faux ?	Richtig oder falsch?
en vrai	in Wirklichkeit
sûr, e [syʀ]	sicher, gewiss
être sûr de qc	sich einer Sache sicher sein
être sûr que…	sich sicher sein, dass …
certain, e [sɛʀtɛ̃, ɛn]	sicher
être certain que…	sicher sein, dass …
étonnant, e [etɔnɑ̃, ɑ̃t]	erstaunlich
manquer [mɑ̃ke]	fehlen
l'**avis** m [avi]	Meinung
à mon avis	meiner Meinung nach
Je ne suis pas de ton avis.	Ich bin nicht deiner Meinung.
le **point de vue** [pwɛ̃d(ə)vy]	Standpunkt, Gesichtspunkt
la **position** [pozisjɔ̃]	Position
prendre position (sur qc)	(zu etw.) Stellung nehmen
la prise de position	Stellungnahme
d'après… [dapʀɛ]	nach …, … zufolge
d'après moi	meiner Meinung nach
l'**argument** m [aʀgymɑ̃]	Argument
d'une part…, d'autre part… [dynpaʀdotʀ(ə)paʀ]	einerseits …, andererseits …
penser [pɑ̃se]	denken, glauben
croire [kʀwaʀ]	glauben
trouver [tʀuve]	finden
étonner [etɔne]	überraschen, erstaunen
s'étonner (de qc) [setɔne]	sich (über etw.) wundern
préférer [pʀefeʀe]	vorziehen, lieber mögen
préférer faire qc	vorziehen etw. zu tun, lieber tun
préféré, e [pʀefeʀe]	bevorzugt, Lieblings-
préférable [pʀefeʀabl]	besser
exact, e [ɛgzakt]	genau, richtig
important, e [ɛ̃pɔʀtɑ̃, ɑ̃t]	wichtig
grave [gʀav]	schlimm
Ce n'est pas grave.	Es ist nicht schlimm., Es macht nichts.

Thematisches Wörterbuch — *Persönlicher Bereich*

Familie, Freunde und Freizeit – Beisammensein

juger [ʒyʒe]	beurteilen
juger que…	der Meinung sein, dass …
considérer [kɔ̃sideʀe]	bedenken
considérer que…	finden/der Meinung sein, dass …
considérer qn comme…	jdn. für … halten
l'**impression** f [ɛ̃pʀesjɔ̃]	Eindruck
avoir l'impression que…	den Eindruck haben, dass …
l'**aspect** m [aspɛ]	Aspekt, Gesichtspunkt
clair, **e** [klɛʀ]	klar
simple [sɛ̃pl]	einfach, leicht
faciliter [fasilite]	erleichtern
nécessaire [nesesɛʀ]	nötig, notwendig
normal, **e** [nɔʀmal]	normal
suffisant, **e** [syfizɑ̃, ɑ̃t]	genug, ausreichend
suffisamment [syfizamɑ̃]	genug
heureusement [øʀøzmɑ̃]	glücklicherweise
intelligemment [ɛ̃teliʒamɑ̃]	intelligent, auf intelligente Weise
principal, **e** [pʀɛ̃sipal]	wichtigste(s, r)
C'est le principal.	Das ist das Wichtigste.
secondaire [s(ə)gɔ̃dɛʀ]	nebensächlich, sekundär
confus, **e** [kɔ̃fy, yz]	konfus, wirr
l'**inconvénient** m [ɛ̃kɔ̃venjɑ̃]	Nachteil
l'**occasion** f [ɔkazjɔ̃]	Gelegenheit

• Aufforderungen und Wünsche

vouloir [vulwaʀ]	wollen; mögen
je voudrais (que + *subj*)…	ich möchte (, dass) …
vouloir faire qc	etw. tun wollen
aimer [eme]	mögen
j'aimerais que… + *subj*	ich möchte, dass …
désirer [deziʀe]	wünschen
demander [d(ə)mɑ̃de]	bitten
demander qc à qn	jdn. um etw. bitten
inviter [ɛ̃vite]	auffordern, bitten
inviter qn à qc	jdn. zu etw. auffordern
inviter qn à faire qc	jdn. auffordern/bitten etw. zu tun

Persönlicher Bereich **Thematisches Wörterbuch**

Familie, Freunde und Freizeit – Beisammensein

pouvoir [puvwaʀ]	können
pourriez-vous…	könnten Sie bitte …
obliger [ɔbliʒe]	zwingen, verpflichten
obliger qn à faire qc	jdn. zwingen etw. zu tun
forcer [fɔʀse]	zwingen
ordonner [ɔʀdɔne]	befehlen, anordnen
ordonner à qn de faire qc	jdm. befehlen etw. zu tun
l'**ordre** *m* [ɔʀdʀ]	Befehl
devoir [d(ə)vwaʀ]	müssen
vous ne devez pas…	Sie dürfen nicht …
falloir [falwaʀ]	brauchen, müssen
il faut qc (pour faire qc)	man braucht etw. (um etw. zu tun)
il faut qc à qn	jd. braucht etw.
il faut faire qc	man muss etw. tun, es ist nötig etw. zu tun
il ne faut pas faire qc	man darf/soll etw. nicht tun
il faut que + *subj*	man muss; es ist nötig, dass
espérer [ɛspeʀe]	hoffen
espérer faire qc	hoffen etw. zu tun
Vas-y ! [vazi]	Los geht's!, Los!
contraindre [kɔ̃tʀɛ̃dʀ]	zwingen
obligatoire [ɔbligatwaʀ]	obligatorisch, Pflicht-
rêver [ʀeve]	träumen
rêver de faire qc	davon träumen etw. zu tun

Gefühle

• Angenehme Gefühle

content, e [kɔ̃tɑ̃, ɑ̃t]	zufrieden, glücklich
l'**envie** *f* [ɑ̃vi]	Lust
avoir envie de qc	auf etw. Lust haben
avoir envie de faire qc	Lust haben etw. zu tun
rire [ʀiʀ]	lachen
rire de qn/qc	über jdn./etw. lachen
éclater de rire	in Lachen ausbrechen

Thematisches Wörterbuch *Persönlicher Bereich*

Familie, Freunde und Freizeit – Beisammensein

rigoler [ʀigɔle] *(fam)*	lachen; Spaß haben
sourire [suʀiʀ]	lächeln
admirer [admiʀe]	bewundern
l'**admiration** f [admiʀasjɔ̃]	Bewunderung

se sentir [səsɑ̃tiʀ]	sich fühlen
se sentir bien	sich gut/wohl fühlen
le **sourire** [suʀiʀ]	Lächeln
satisfait, e [satisfɛ, ɛt]	zufrieden
heureux, -euse [øʀø, øz]	glücklich
le **bonheur** [bɔnœʀ]	Glück
la **joie** [ʒwa]	Freude
sauter de joie	Freudensprünge machen
pleurer de joie	Freudentränen vergießen
joyeux, -euse [ʒwajø, øz]	fröhlich, vergnügt
le **plaisir** [pleziʀ]	Freude, Vergnügen
prendre plaisir à qc	Freude/Vergnügen an etw. haben
émerveillé, e [emɛʀveje]	voll Bewunderung, entzückt
ne pas s'en faire [nəpɑzɑ̃fɛʀ] *(fam)*	sich keine Sorgen machen
l'**émotion** f [emosjɔ̃]	Aufregung, Rührung
ému, e [emy]	gerührt, bewegt
être ému aux larmes	zu Tränen gerührt sein

• **Unangenehme Gefühle**

la **peur** [pœʀ]	Angst
une peur bleue	Heidenangst
vert de peur	blass vor Angst
avoir peur de qn/qc	Angst vor jdm./etw. haben
N'aie pas peur !	Hab keine Angst!
pleurer [plœʀe]	weinen
mécontent, e [mekɔ̃tɑ̃, ɑ̃t]	unzufrieden
détester [detɛste]	hassen, verabscheuen

triste [tʀist]	traurig
s'inquiéter [sɛ̃kjete]	unruhig werden, sich beunruhigen
inquiet, -ète [ɛ̃kjɛ, jɛt]	unruhig, beunruhigt
inquiétant, e [ɛ̃kjetɑ̃, ɑ̃t]	beunruhigend, besorgniserregend

Persönlicher Bereich **Thematisches Wörterbuch**

Familie, Freunde und Freizeit – Beisammensein

prendre mal qc [pʀɑ̃dʀmal]	etw. schlecht aufnehmen
la **panique** [panik]	Panik, Angst
gêné, e [ʒene]	verlegen, betreten
la **honte** [ˈɔ̃t]	Scham, Schande
avoir honte de qn/qc	sich für jdn./etw. schämen
faire honte à qn	jdn. blamieren
ne plus en pouvoir [nəplyzɑ̃puvwaʀ]	nicht mehr können
Elle n'en peut plus.	Sie kann (einfach) nicht mehr.
le **souci** [susi]	Sorge
se faire du souci (pour qn)	sich (um jdn.) Sorgen machen
décevoir [des(ə)vwaʀ]	enttäuschen
déçu, e [desy]	enttäuscht
décontenancer [dekɔ̃t(ə)nɑ̃se]	aus der Fassung bringen
craindre [kʀɛ̃dʀ]	fürchten

> **INFO**
> Nach **craindre que** stehen immer *ne* und der Subjonctif: *ich befürchte, dass sie zu spät kommt – je crains qu'elle **n'arrive** en retard.*

paniquer [panike] *(fam)*	in Panik geraten
paniqué, e *(fam)*	von panischer Angst ergriffen
la **colère** [kɔlɛʀ]	Wut, Ärger
se mettre en colère	in Wut geraten
être en colère	wütend sein

Verhalten

le **comportement** [kɔ̃pɔʀtəmɑ̃]	Verhalten
se comporter [səkɔ̃pɔʀte]	sich verhalten
faire [fɛʀ]	machen, tun
faire semblant de	so tun als ob
faire qc en vain	etw. vergeblich tun
ne faire que faire qc	nichts anderes tun als etw. tun, nur etw. tun
faire faire qc à qn	jdn. etw. tun lassen; jdn. veranlassen etw. zu tun

Thematisches Wörterbuch — *Persönlicher Bereich*

Familie, Freunde und Freizeit – Beisammensein

donner (qc à qn) [dɔne]	(jdm. etw.) geben
rendre [ʀɑ̃dʀ]	zurückgeben
imiter [imite]	nachahmen

traiter [tʀete]	behandeln
le **traitement** [tʀɛtmɑ̃]	Behandlung
impressionner [ɛ̃pʀesjɔne]	beeindrucken
réagir [ʀeaʒiʀ]	reagieren
décider [deside]	beschließen
essayer [eseje]	versuchen; testen
essayer de faire qc	versuchen etw. zu tun
se débrouiller [sədebʀuje] *(fam)*	zurechtkommen
profiter de [pʀɔfite]	nutzen, ausnutzen
profiter d'une occasion	ein Gelegenheit nutzen
l'**habitude** *f* [abityd]	Gewohnheit
d'habitude	normalerweise

agir [aʒiʀ]	handeln
s'efforcer (de faire qc) [sefɔʀse]	sich bemühen etw. zu tun
l'**effort** *m* [efɔʀ]	Anstrengung
faire des efforts	sich anstrengen, sich bemühen
se décider [sədeside]	sich entschließen
hésiter [ezite]	zögern
hésiter à faire qc	zögern etw. zu tun
s'interroger [sɛ̃teʀɔʒe]	sich fragen
oser [oze]	(es) wagen, sich trauen
oser faire qc	wagen etw. zu tun
s'en sortir [sɑ̃sɔʀtiʀ]	zurechtkommen
obtenir [ɔptəniʀ]	erlangen, erhalten
réaliser [ʀealize]	verwirklichen; ausführen
éviter [evite]	vermeiden
chasser [ʃase]	vertreiben
influencer [ɛ̃flyɑ̃se]	beeinflussen
partager [paʀtaʒe]	teilen
accorder [akɔʀde]	gewähren
plaisanter [plɛzɑ̃te]	scherzen
la **blague** [blag] *(fam)*	Witz
sans blague !	im Ernst !
l'**ironie** *f* [iʀɔni]	Ironie

Persönlicher Bereich **Thematisches Wörterbuch**

Familie, Freunde und Freizeit – Hobby und Spiel

Hobby und Spiel

Zeitvertreib und Hobby

le **hobby** [ˊɔbi]	Hobby
la **passion** [pasjɔ̃]	Leidenschaft
aimer [eme]	mögen
aimer la télé	gern fernsehen, Fernsehen mögen
aimer faire qc	etw. gern tun
bien aimer qc	etw. gern mögen
mieux aimer qc	etw. lieber mögen
l'**envie** f [ɑ̃vi]	Lust
avoir envie de faire qc	Lust haben etw. zu tun
passer [pɑse]	verbringen
passer son temps à faire qc	seine Zeit mit einer Sache verbringen
elle passe ses vacances en Allemagne	sie verbringt ihre Ferien in Deutschland
la **promenade** [pʀɔm(ə)nad]	Spaziergang
la promenade à/en vélo	Fahrradausflug, -ausfahrt
sortir [sɔʀtiʀ] + *être*	ausgehen
rester + *être* **à la maison** [ʀɛstealamɛzɔ̃]	zu Hause bleiben
le **club** [klœb]	Klub, Verein
le club d'écriture	Schreibklub
le club-théâtre	Theater-AG
lire [liʀ]	lesen
lire un livre/un journal	ein Buch/eine Zeitung lesen
chanter [ʃɑ̃te]	singen
la **photo** [fɔto]	Foto
faire de la photo	fotografieren
faire/prendre une photo	ein Foto machen
prendre qn/qc en photo	jdn./etw. fotografieren
amusant, **e** [amyzɑ̃, ɑ̃t]	unterhaltend, belustigend
l'**activité** f [aktivite]	Beschäftigung
actif, **-ive** [aktif, iv]	aktiv
se promener [səpʀɔm(ə)ne]	spazieren gehen
se promener au grand air	an der frischen Luft spazieren gehen
se baigner [səbeɲe]	ins Wasser/schwimmen gehen
la **collection** [kɔlɛksjɔ̃]	Sammlung; Sammeln
faire une collection de timbres	Briefmarken sammeln

Thematisches Wörterbuch — *Persönlicher Bereich*

Familie, Freunde und Freizeit – Hobby und Spiel

les **loisirs** mpl [lwaziʀ]	Freizeit, Freizeitbeschäftigung
occuper ses loisirs à faire qc	seine Freizeit damit verbringen etw. zu tun
le centre de loisirs, le centre aéré	Ferien- und Freizeitzentrum
la **colonie de vacances** [kɔlɔnid(ə)vakɑ̃s]	Ferienlager
la **colo** [kɔlɔ] *(fam)*	Ferienlager
le **camp** [kɑ̃]	Lager
le camp de jeunes franco-allemand	deutsch-französisches Jugendlager
la **piscine** [pisin]	Schwimmbad
la piscine couverte/découverte	Hallenbad/Freibad
aller à la piscine	ins Schwimmbad gehen
la **balade** [balad] *(fam)*	Spaziergang
se balader [səbalade] *(fam)*	spazieren gehen
s'ennuyer [sɑ̃nɥije]	sich langweilen
intéresser [ɛ̃teʀese]	interessieren
rien ne l'intéresse	er/sie interessiert sich für nichts
s'intéresser à qc [sɛ̃teʀese]	sich für etw. interessieren
se consacrer à qc [səkɔ̃sakʀe]	sich einer Sache widmen
l'**album** m [albɔm]	Album

Spiele

le **jeu**, les **jeux** [ʒø]	Spiel
le jeu de rôles	Rollenspiel
le jeu de société	Gesellschaftsspiel
la règle du jeu	Spielregel
jouer [ʒwe]	spielen
jouer à un jeu	ein Spiel spielen
jouer aux cartes/aux dés/aux dominos	Karten spielen/würfeln/Domino spielen
jouer d'un instrument	ein Instrument spielen
la **carte** [kaʀt]	Karte
le **dé** [de]	Würfel
jeter le dé	würfeln
avoir un six [avwaʀɛ̃sis]	eine Sechs würfeln/haben
le **tour** [tuʀ]	Reihe *(Reihenfolge)*
C'est le tour de Luc.	Luc ist an der Reihe.
C'est mon tour.	Ich bin dran/an der Reihe.
passer son tour	aussetzen

Persönlicher Bereich **Thematisches Wörterbuch**

Familie, Freunde und Freizeit – Sport und Fitness

la **partie** [paʀti]	Partie, Runde
faire une partie de cache-cache	Versteck spielen
la **devinette** [d(ə)vinɛt]	Rätsel; Scherzfrage, Ratespiel
le **point** [pwɛ̃]	Punkt
marquer un point	einen Punkt erzielen
gagner [gaɲe]	gewinnen
Gagné !	Gewonnen!
le **puzzle** [pœzl]	Puzzle
la **case** [kɑz]	Spielfeld *(bei Brettspielen)*
avancer de huit cases	acht Felder vorrücken
le **pion** [pjɔ̃]	Spielfigur
les **échecs** *mpl* [eʃɛk]	Schach
la **devinette** [d(ə)vinɛt]	Rätsel; Scherzfrage, Ratespiel
deviner [d(ə)vine]	erraten
se cacher [səkaʃe]	sich verstecken

Sport und Fitness

Training und Wettkampf

le **sport** [spɔʀ]	Sport
faire du sport	Sport treiben
les sports d'hiver	Wintersport(arten)
la salle de sport	Sporthalle
le **sportif**, la **sportive** [spɔʀtif, iv]	Sportler, Sportlerin
sportif, -ive [spɔʀtif, iv]	sportlich; Sport-
l'association sportive	Sportverein
la manifestation sportive	Sportveranstaltung, Sportereignis
la rencontre sportive	Wettkampf
jouer (à qc) [ʒwe]	(etw.) spielen
jouer au foot	Fußball spielen
le **jeu** [ʒø]	Spiel
le **joueur**, la **joueuse** [ʒwœʀ, øz]	Spieler, Spielerin
le **club** [klœb]	Klub, Verein
le club de foot	Fußballverein

Thematisches Wörterbuch — *Persönlicher Bereich*

Familie, Freunde und Freizeit – Sport und Fitness

le **championnat** [ʃɑ̃pjɔna]	Meisterschaft
le championnat du monde	Weltmeisterschaft
le **champion**, la **championne** [ʃɑ̃pjɔ̃, jɔn]	Meister, Meisterin, Champion
s'entraîner [sɑ̃tʀene]	trainieren
l'**entraînement** *m* [ɑ̃tʀɛnmɑ̃]	Training
le centre d'entraînement	Trainingszentrum
l'**entraîneur** *m*, l'**entraîneuse** *f* [ɑ̃tʀɛnœʀ, øz]	Trainer, Trainerin
le **débutant**, la **débutante** [debytɑ̃, ɑ̃t]	Anfänger, Anfängerin
le **match** [matʃ]	Wettkampf, Spiel
faire match nul	unentschieden spielen
la balle de match	Matchball
l'**équipe** *f* [ekip]	Mannschaft, Team
le **terrain** [teʀɛ̃]	Spielfeld
le terrain de foot/sport	Fußball-/Sportplatz
le **départ** [depaʀ]	Start
donner le départ	den Startschuss geben
l'**arrivée** *f* [aʀive]	Ziel
la ligne d'arrivée	Ziellinie
franchir la ligne d'arrivée	durchs Ziel laufen/fahren
gagner [gaɲe]	gewinnen
perdre [pɛʀdʀ]	verlieren
le **classement** [klɑsmɑ̃]	Rangfolge, Tabelle; Platz im Klassement
dernier, -ière [dɛʀnje, jɛʀ]	letzte(r, s)
participer à qc [paʀtisipe]	an etw. teilnehmen
le **rallye** [ʀali]	Rallye
l'**étape** *f* [etap]	Etappe
le **résultat** [ʀezylta]	Ergebnis

Sportarten

le **foot(ball)** [fut(bol)]	Fußball *(als Sportart)*
le **sport automobile** [spɔʀotomɔbil]	Motorsport
le **vélo** [velo]	Fahrrad; Radfahren
faire du vélo	Fahrrad fahren

Persönlicher Bereich **Thematisches Wörterbuch**

Familie, Freunde und Freizeit – Sport und Fitness

la **balle** [bal]	Ball
la balle de tennis	Tennisball
le **ballon** [balɔ̃]	(großer) Ball
le ballon de foot	Fußball
taper dans le ballon	gegen den Ball treten, den Ball spielen
envoyer [ɑ̃vwaje]	werfen; schießen
envoyer le ballon à qn	jdm. den Ball zuwerfen/zuschießen/zuspielen
la **passe** [pɑs]	Zuspiel, Pass
le **volley(-ball)** [vɔlɛ(bol)]	Volleyball(spiel)
le **basket(-ball)** [baskɛt(bol)]	Basketball(spiel)
le **tennis** [tenis]	Tennis
la raquette de tennis	Tennisschläger
le **filet** [filɛ]	Netz
le **service** [sɛʀvis]	Aufschlag
la **course** [kuʀs]	Rennen
la course à pied	Laufen, Laufsport
la course de Formule 1	Formel-1-Rennen
courir [kuʀiʀ]	laufen, rennen
marcher [maʀʃe]	gehen, laufen
le **saut** [so]	Sprung
le saut en hauteur	Hochsprung
le saut en longueur	Weitsprung
le saut à la perche	Stabhochsprung
sauter [sote]	springen
sauter en parachute	mit dem Fallschirm springen
le **sauteur**, la **sauteuse** [sotœʀ, øz]	Springer, Springerin
nager [naʒe]	schwimmen
nager la brasse	brustschwimmen
le **nageur**, la **nageuse** [naʒœʀ, øz]	Schwimmer, Schwimmerin
le **Tour de France** [tuʀdəfʀɑ̃s]	Tour de France *(alljährliches Radrennen)*
le **maillot** [majo]	Trikot
le maillot jaune	gelbes Trikot
le **ski** [ski]	Ski; Skifahren
faire du ski	Ski fahren
le ski alpin	alpiner Skilauf
le ski de piste	Abfahrtslauf
le ski de fond	(Ski-)Langlauf
skier [skje]	Ski fahren
le **skieur**, la **skieuse** [skjœʀ, jøz]	Skifahrer, Skifahrerin

Thematisches Wörterbuch — *Persönlicher Bereich*

Familie, Freunde und Freizeit – Musik, Konzerte, Partys

le **bâton** [bɑtɔ̃]	Stock
la **piste** [pist]	Piste; Loipe
skier/faire du (ski) hors piste	abseits der Pisten Ski fahren
le **slalom** [slalɔm]	Slalom
le **patinage** [patinaʒ]	Eislaufen
le patinage artistique	Kunsteislaufen
le **patineur**, la **patineuse** [patinœʀ, øz]	Schlittschuhläufer(in); Rollschuhläufer(in)
les **patins à glace** *mpl* [patɛ̃aglas]	Schlittschuhe
la **patinoire** [patinwaʀ]	Eislaufbahn; Eisstadion
le **parapente** [paʀapɑ̃t]	Gleitschirm

le **footballeur**, la **footballeuse** [futbolœʀ, øz]	Fußballspieler, Fußballspielerin
le **but** [by(t)]	Tor
le gardien de but	Torwart
marquer un but	ein Tor schießen
lancer [lɑ̃se]	werfen, stoßen
lancer qc à qn	jdm. etw. zuwerfen
la **voile** [vwal]	Segel
faire de la voile	segeln
le **bateau à voiles** [batoavwal]	Segelboot, Segelschiff
le **voilier** [vwalje]	Segelboot

Musik, Konzerte, Partys

la **musique** [myzik]	Musik
la musique classique	klassische Musik
la musique de chambre	Kammermusik
la musique folklorique	volkstümliche Musik
écouter de la musique	Musik hören
faire de la musique	musizieren
l'école de musique	Musikschule
l'**instrument (de musique)** *m* [ɛ̃stʀymɑ̃(d(ə)myzik)]	Musikinstrument
jouer d'un instrument	ein Instrument spielen
le **piano** [pjano]	Klavier
jouer du piano	Klavier spielen
apprendre le piano/à jouer du piano	Klavierspielen lernen

Persönlicher Bereich **Thematisches Wörterbuch**

Familie, Freunde und Freizeit – Musik, Konzerte, Partys

le **concert** [kɔ̃sɛʀ]	Konzert
la salle de concert	Konzertsaal
le **groupe** [gʀup]	Gruppe, Band
le groupe de rock	Rockgruppe
le **rock** [ʀɔk]	Rock, Rockmusik
le **billet** [bijɛ]	Eintrittskarte
la **place** [plas]	Sitzplatz, Karte
la **danse** [dɑ̃s]	Tanz

la **note** [nɔt]	Note
lire les notes	Noten lesen
la **chanson** [ʃɑ̃sɔ̃]	Lied
chanter [ʃɑ̃te]	singen
chanter en direct	live singen
chanter en play-back	Play-back singen
le **chanteur**, la **chanteuse** [ʃɑ̃tœʀ, øz]	Sänger, Sängerin
l'**auditeur** *m*, l'**auditrice** *f* [oditœʀ, tʀis]	Zuhörer, Zuhörerin
danser [dɑ̃se]	tanzen
le **danseur**, la **danseuse** [dɑ̃sœʀ, øz]	Tänzer, Tänzerin
la **boum** [bum] *(fam)*	Fete
la **discothèque** [diskɔtɛk]	Diskothek
la **boîte** [bwat] *(fam)*	Disko
sortir en boîte *(fam)*	in die Disko gehen
s'amuser [samyze]	sich amüsieren
la **farce** [faʀs]	Streich, Scherz
le **cocktail** [kɔktɛl]	Cocktail; Cocktailparty
le cocktail de bienvenue	Begrüßungscocktail

l'**air** *m* [ɛʀ]	Melodie
le **refrain** [ʀ(ə)fʀɛ̃]	Refrain
le **couplet** [kuplɛ]	Strophe
la **rime** [ʀim]	Reim
le **son** [sɔ̃]	Ton
l'**interprète** *m, f* [ɛ̃tɛʀpʀɛt]	Interpret(in)
la **voix** [vwa]	Stimme
une voix douce	eine sanfte Stimme
l'**orchestre** *m* [ɔʀkɛstʀ]	Orchester
le, la **chef d'orchestre** [ʃɛfdɔʀkɛstʀ]	Dirigent(in)
diriger [diʀiʒe]	dirigieren

Thematisches Wörterbuch   *Persönlicher Bereich*

Familie, Freunde und Freizeit – Musik, Konzerte, Partys

le **violon** [vjɔlɔ̃]	Geige, Violine
la **guitare** [gitaʀ]	Gitarre

> Das französische Wort **guitare** schreibt sich mit *ui*.

le, la **guitariste** [gitaʀist]	Gitarrist(in)
la **batterie** [batʀi]	Schlagzeug
le, la **pianiste** [pjanist]	Pianist(in)
le **blues** [bluz]	Blues
la **musique pop** [myzikpɔp]	Popmusik
le **festival** [fɛstival]	Festival

Gesundheit und Wohlbefinden – Der Körper

Körperteile und Organe

la **tête** [tɛt]	Kopf
se creuser/se casser la tête	sich den Kopf zerbrechen
le **ventre** [vɑ̃tʀ]	Bauch
le **dos** [do]	Rücken
la **jambe** [ʒɑ̃b]	Bein
se casser la jambe	sich das Bein brechen
tenir sur ses jambes	sich auf den Beinen halten (können)
le **pied** [pje]	Fuß
des pieds à la tête	von Kopf bis Fuß
casser les pieds à qn *(fam)*	jdn. nerven
le **cheveu**, les **cheveux** [ʃ(ə)vø]	Haar
avoir les cheveux blonds	blonde Haare haben
se teindre les cheveux	sich die Haare färben
l'**oreille** *f* [ɔʀɛj]	Ohr
ne pas tomber dans l'oreille d'un sourd	nicht auf taube Ohren stoßen
l'**œil** *m*, les **yeux** [œj, jø]	Auge
ne pas fermer l'œil de la nuit	die ganze Nacht kein Auge zumachen
le coup d'œil	(flüchtiger) Blick
le clin d'œil	Augenzwinkern
faire un clin d'œil à qn	jdm. zublinzeln/zuzwinkern
en un clin d'œil	im Nu, im Handumdrehen
le **cœur** [kœʀ]	Herz
mon cœur bat	mein Herz schlägt
la **main** [mɛ̃]	Hand
l'**ongle** *m* [ɔ̃gl]	Nagel
l'**os** *m*, les **os** [ɔs, o]	Knochen
le **visage** [vizaʒ]	Gesicht
le **nez** [ne]	Nase
se trouver nez à nez avec qn	unverhofft vor jdm. stehen
la **bouche** [buʃ]	Mund
la **dent** [dɑ̃]	Zahn
la dent de lait	Milchzahn
avoir une dent contre qn	etwas gegen jdn. haben

Thematisches Wörterbuch *Persönlicher Bereich*

Gesundheit und Wohlbefinden – Der Körper

la **langue** [lɑ̃g]	Zunge
tirer la langue à qn	jdm. die Zunge herausstrecken
le **bras** [bʀa]	Arm
le **doigt** [dwa]	Finger
montrer qn/qc du doigt	auf jdn./etw. mit dem Finger zeigen
la **peau**, les **peaux** [po]	Haut
n'avoir que la peau sur les os	nur aus Haut und Knochen bestehen

Bewegungen

le **geste** [ʒɛst]	Geste
ne pas faire un geste (pour aider qn)	keinen Finger rühren (um jdm. zu helfen)
passer [pɑse]	geben, reichen
passer qc à qn	jdm. etw. geben/reichen
mettre [mɛtʀ]	legen; setzen; stellen
poser [poze]	setzen; stellen; legen
placer [plase]	stellen, legen
déplacer [deplase]	an einen anderen Platz legen/stellen, umstellen
frapper [fʀape]	schlagen, hauen
assis, e [asi, iz]	sitzend
être assis	sitzen
debout [d(ə)bu]	aufrecht, stehend
être/se tenir debout	stehen
se mettre debout	aufstehen
rester debout	stehen bleiben
aller [ale] + *être*	gehen
monter [mɔ̃te] + *être*	(hinauf-/herauf)steigen
descendre [desɑ̃dʀ] + *être*	hinuntergehen
entrer [ɑ̃tʀe] + *être*	betreten, eintreten, hereinkommen
tomber [tɔ̃be] + *être*	fallen
le **mouvement** [muvmɑ̃]	Bewegung
bouger [buʒe]	sich bewegen
marcher [maʀʃe]	gehen
marcher sur/dans qc	auf/in etw. treten
courir [kuʀiʀ]	laufen, rennen

Persönlicher Bereich **Thematisches Wörterbuch**

Gesundheit und Wohlbefinden – Der Körper

sauter [sote]	springen
tenir [t(ə)niʀ]	halten
tourner [tuʀne]	drehen
taper [tape]	schlagen
le **coup** [ku]	Schlag
donner un coup de pied à qn	jdn. treten
baisser [bese]	senken
se baisser	sich bücken

le **pas** [pɑ]	Schritt
marcher au pas	im Gleichschritt marschieren
pas à pas	Schritt für Schritt
se dépêcher [depeʃe]	sich beeilen
pousser [puse]	schieben; stoßen
tirer [tiʀe]	ziehen
creuser [kʀøze]	graben
relever [ʀəl(ə)ve]	aufheben; wieder aufrichten
pencher [pɑ̃ʃe]	neigen
se pencher (sur)	sich beugen (über)
s'adosser à/contre qc [sadose]	sich an etw. lehnen
saisir [seziʀ]	ergreifen, fassen
attraper [atʀape]	fangen; erreichen
serrer [seʀe]	drücken
se serrer contre qn	sich an jdn. drücken
s'accrocher à qc [sakʀɔʃe]	sich an etw. (fest)klammern
lâcher [lɑʃe]	loslassen
jeter [ʒ(ə)te]	werfen
rapprocher [ʀapʀɔʃe]	annähern
se retourner [səʀ(ə)tuʀne]	sich umdrehen

Die Sinne

voir [vwaʀ]	sehen
regarder [ʀ(ə)gaʀde]	sehen, ansehen, betrachten
écouter [ekute]	(an)hören; zuhören

Thematisches Wörterbuch Persönlicher Bereich

Gesundheit und Wohlbefinden – Gesundheit

entendre [ãtãdʀ]	hören
Jamais entendu !	Nie gehört!
sentir [sãtiʀ]	riechen; fühlen
sentir le gâteau	nach Kuchen riechen
sentir bon	gut riechen, duften
sentir mauvais	stinken
toucher [tuʃe]	berühren, anfassen

le **sens** [sãs]	Sinn
la **vue** [vy]	Sehvermögen
avoir la vue basse	schlecht sehen, kurzsichtig sein
observer [ɔpsɛʀve]	beobachten
remarquer [ʀ(ə)maʀke]	bemerken
l'**impression** f [ɛ̃pʀesjɔ̃]	Eindruck
le **réflexe** [ʀeflɛks]	Reflex
la **réaction** [ʀeaksjɔ̃]	Reaktion

Gesundheit

Allgemeinbefinden

la **forme** [fɔʀm]	Form, Kondition
être en forme	in Form sein
aller + *être* **bien** [alebjɛ̃]	gut gehen
qn va bien/mieux	es geht jdm. gut/besser
l'**exercice** m [ɛgzɛʀsis]	Übung, Bewegung
faire un peu d'exercice	sich etwas bewegen, sich ein wenig Bewegung verschaffen

la **santé** [sãte]	Gesundheit
être en bonne santé	bei guter Gesundheit sein
être bon pour la santé	gesund sein
dangereux pour la santé	gesundheitsgefährdend
la **vie** [vi]	Leben
faible [fɛbl]	schwach
fatigué, e [fatige]	müde
le **repos** [ʀ(ə)po]	Ruhe

Persönlicher Bereich **Thematisches Wörterbuch**

Gesundheit und Wohlbefinden – Krankheit und Verletzung

se reposer [səʀ(ə)poze]	sich erholen, ausruhen

la **force** [fɔʀs]	Kraft
le **moral** [mɔʀal]	Stimmung, seelische Verfassung
avoir le moral	in guter Stimmung/gut drauf sein
se **sentir bien** [səsɑ̃tiʀbjɛ̃]	sich wohl/gut fühlen
la **faiblesse** [fɛblɛs]	Schwäche
la **fatigue** [fatig]	Müdigkeit
être mort de fatigue	todmüde sein
fatiguer [fatige]	ermüden, anstrengen; auf die Nerven gehen
le voyage l'a fatigué	er ist müde von der Reise

Gesundheitsgefährdendes Verhalten

boire [bwaʀ]	trinken
l'**alcool** *m* [alkɔl]	Alkohol
fumer [fyme]	rauchen
« Défense de fumer »	„Rauchen verboten"
le **tabac** [taba]	Tabak
la **cigarette** [sigaʀɛt]	Zigarette
éteindre sa cigarette	seine Zigarette ausmachen
le paquet de cigarettes	Schachtel Zigaretten

la **drogue** [dʀɔg]	Droge, Rauschgift
les drogues douces/dures	weiche/harte Drogen
consommer de la drogue	Drogen nehmen

Krankheit und Verletzung

Krankheiten

malade [malad]	krank
tomber malade	krank werden
être/tomber gravement malade	schwer krank sein/werden
rendre qn malade	jdn. krank machen

Thematisches Wörterbuch *Persönlicher Bereich*

Gesundheit und Wohlbefinden – Krankheit und Verletzung

le, la **malade** [malad]	Kranke(r)
le **mal**, les **maux** [mal, mo]	Leid, Schmerz(en)
le mal de gorge	Halsweh
les maux de tête	Kopfschmerzen
avoir mal	Schmerzen haben
avoir mal aux dents	Zahnschmerzen haben
avoir mal à la gorge	Halsweh haben
il a mal à la jambe	er hat Schmerzen im Bein, ihm tut das Bein weh
il a mal au cœur	ihm ist schlecht/übel
(se) faire mal	(sich) wehtun
ça me fait mal	es tut mir weh
se sentir mal	sich schlecht fühlen
Aïe ! [aj]	Au!, Aua!
la **fièvre** [fjɛvʀ]	Fieber
chaud, e [ʃo, ʃod]	warm, heiß
il a chaud/froid	ihm ist warm/kalt
froid, e [fʀwa, fʀwad]	kalt
attraper/prendre froid	sich erkälten
le **thermomètre** [tɛʀmɔmɛtʀ]	(Fieber-)Thermometer
le **rhume** [ʀym]	Schnupfen
attraper un rhume	einen Schnupfen bekommen
le rhume des foins	Heuschnupfen
vomir [vɔmiʀ]	sich übergeben, (er)brechen
l'envie de vomir	Brechreiz
la **pharmacie** [faʀmasi]	Apotheke
la **maladie** [maladi]	Krankheit
attraper une maladie	krank werden, (sich) eine Krankheit einfangen
la **grippe** [gʀip]	Grippe

Unfälle und Verletzungen

Au secours! [os(ə)kuʀ]	Hilfe!
tomber [tɔ̃be] + *être*	fallen, hinfallen
le **choc** [ʃɔk]	Schock; Stoß, Aufprall, Zusammenstoß
être en état de choc	unter Schock stehen

Persönlicher Bereich **Thematisches Wörterbuch**

Gesundheit und Wohlbefinden – Beim Arzt und im Krankenhaus

le **plâtre** [plɑtʀ]	Gips
avoir la jambe dans le plâtre	das Bein in Gips/ein Gipsbein haben
la **béquille** [bekij]	Krücke

l'**accident** *m* [aksidɑ̃]	Unfall
le **sang** [sɑ̃]	Blut
perdre beaucoup de sang	viel Blut verlieren
mort, e [mɔʀ, mɔʀt]	tot
l'**ambulance** *f* [ɑ̃bylɑ̃s]	Krankenwagen
sauver [sove]	retten

arriver [aʀive] + *être*	geschehen, passieren
qc arrive à qn	etw. geschieht/passiert jdm.
le **blessé**, la **blessée** [blese]	Verletzter, Verletzte
la **respiration** [ʀɛspiʀasjɔ̃]	Atem, Atmung
couper la respiration à qn	jdm. den Atem nehmen
l'**égratignure** *f* [egʀatiɲyʀ]	Schramme, Kratzer
mourir [muʀiʀ]	sterben
la **mort** [mɔʀ]	Tod
vivant, e [vivɑ̃, ɑ̃t]	lebend, lebendig
sortir vivant d'un accident	einen Unfall überleben
le **secours** [s(ə)kuʀ]	erste Hilfe; Rettungsdienst
porter secours	Hilfe leisten
la trousse de secours	Verbandkasten
le **secourisme** [s(ə)kuʀism]	erste Hilfe
faire du secourisme	in der ersten Hilfe tätig sein
les **soins** *mpl* [swɛ̃]	Versorgung, Behandlung
les premiers soins	erste Hilfe

Beim Arzt und im Krankenhaus

Beim Arzt

le **médecin** [medsɛ̃]	Arzt, Ärztin
aller chez le médecin	zum Arzt gehen
le médecin de famille	Hausarzt

Thematisches Wörterbuch *Persönlicher Bereich*

Gesundheit und Wohlbefinden – Beim Arzt und im Krankenhaus

le **docteur** [dɔktœʀ]	Doktor, Arzt
le, la **dentiste** [dɑ̃tist]	Zahnarzt, Zahnärztin
la **consultation** [kɔ̃syltasjɔ̃]	Sprechstunde; (ärztliche) Untersuchung
examiner [ɛgzamine]	untersuchen
l'**ordonnance** *f* [ɔʀdɔnɑ̃s]	Rezept
le **médicament** [medikamɑ̃]	Medikament
prendre un médicament	ein Medikament einnehmen
le **rendez-vous** [ʀɑ̃devu]	Termin
sur rendez-vous	nach Vereinbarung
consulter [kɔ̃sylte]	Sprechstunde haben
consulter un médecin	einen Arzt aufsuchen
le **cabinet (du médecin)** [kabinɛ(dymedsɛ̃)]	(Arzt-)Praxis
la **salle d'attente** [saldatɑ̃t]	Wartezimmer
la **visite à domicile** [vizitadɔmisil]	Hausbesuch
l'**examen** *m* [ɛgzamɛ̃]	Untersuchung
le **patient**, la **patiente** [pasjɑ̃, ɑ̃t]	Patient, Patientin
le **pansement** [pɑ̃smɑ̃]	Verband
le pansement (adhésif)	Heftpflaster

Im Krankenhaus

l'**hôpital** *m*, les **hôpitaux** [ɔpital, ɔpito]	Krankenhaus
être à l'hôpital	im Krankenhaus sein
l'**infirmier** *m*, l'**infirmière** *f* [ɛ̃fiʀmje, jɛʀ]	Krankenpfleger, Krankenschwester
la **clinique** [klinik]	Klinik
le **chirurgien**, la **chirurgienne** [ʃiʀyʀʒjɛ̃, jɛn]	Chirurg, Chirurgin
le **soin** [swɛ̃]	Behandlung, Pflege
hospitalier, -ière [ɔspitalje, jɛʀ]	Krankenhaus-, zum Krankenhaus gehörig
la **seringue** [s(ə)ʀɛ̃g]	(Injektions-)Spritze
la **piqûre** [pikyʀ]	Spritze; Stich
faire une piqûre à qn	jdm. eine Spritze geben
l'**opération** *f* [ɔpeʀasjɔ̃]	Operation
opérer [ɔpeʀe]	operieren

Persönlicher Bereich **Thematisches Wörterbuch**

Lernen und Arbeiten – Im Klassenzimmer

Lernen und Arbeiten – Im Klassenzimmer

Schulen und Klassen

l'**école** *f* [ekɔl]	Schule
l'école primaire	Grundschule
l'école privée	Privatschule
l'école publique	öffentliche, staatliche Schule
aller à l'école	zur Schule gehen
conduire/aller chercher les enfants à l'école	die Kinder zur Schule fahren/ von der Schule abholen
faire l'école buissonnière	schwänzen
le **cours préparatoire (CP)** [kuʀpʀepaʀatwaʀ, sepe]	1. Klasse
le **cours élémentaire (CE1 et CE2)** [kuʀelemɑ̃tɛʀ, seøɛ̃/seødø]	2. und 3. Klasse
le **cours moyen (CM1 et CM2)** [kuʀmwajɛ̃, seɛmɛ̃/seɛmdø]	4. und 5. Klasse

---

INFO

Die französischen Kinder kommen mit sechs Jahren in die **école primaire**, die fünf Klassen hat (*cours préparatoire, cours élémentaire 1* und *2* sowie *cours moyen 1* und *2*). Mit elf Jahren wechseln die Kinder aufs **collège** über, das vier Jahre dauert. In dieser vierklassigen Gesamtschule wird ganztägig unterrichtet. Die Klassen, die die Schülerinnen und Schüler durchlaufen, heißen *sixième, cinquième, quatrième* und *troisième*.
Erst nach Abschluss des *collège* gabelt sich der gemeinsame Bildungsweg. Die Jugendlichen können nach dem *collège* entweder die Schule mit dem Abschlusszeugnis *brevet des collèges* verlassen oder die drei Klassen des *lycée* durchlaufen.

---

le **collège** [kɔlɛʒ]	weiterführende Schule, entspricht der Sekundarstufe I
aller au collège	auf das Collège gehen
la **sixième** [sizjɛm]	≈ 6. Klasse *(1. Klasse des Collège)*
la **cinquième** [sɛ̃kjɛm]	≈ 7. Klasse *(2. Klasse des Collège)*
la **quatrième** [katʀijɛm]	≈ 8. Klasse *(3. Klasse des Collège)*

Thematisches Wörterbuch *Öffentliches Leben*

Lernen und Arbeiten – Im Klassenzimmer

la **troisième** [tʀwazjɛm]	≈ 9. Klasse *(4. Klasse des Collège)*
les **vacances (scolaires)** *fpl* [vakɑ̃s(skɔlɛʀ)]	Schulferien Schulferien
être en vacances	Ferien haben
le **lycée** [lise]	weiterführende Schule, entspricht der Sekundarstufe II bzw. Oberstufe des Gymnasiums
le lycée professionnel	≈ Fachoberschule *(Schule, die eine abgeschlossene Berufsausbildung vermittelt)*

> **INFO**
> Im Anschluss an das *collège* – mit 15 oder 16 Jahren – können die französischen Schülerinnen und Schüler das **lycée** besuchen. Es umfasst die drei Klassen *seconde*, *première* und *terminale* und endet mit dem *baccalauréat*, dem Abitur.

l'**enseignement** *m* [ɑ̃sɛɲ(ə)mɑ̃]	Unterricht; Unterrichtswesen, Schulwesen
l'enseignement élémentaire/primaire	Grundschulunterricht, Primarstufe
l'enseignement secondaire	weiterführender Unterricht, Sekundarstufe
la **crèche** [kʀɛʃ]	Kinderhort, Tagheim
l'**école maternelle** *f*, la **maternelle** [(ekɔl)matɛʀnɛl]	Vorschulunterricht, Kindergarten

> **INFO**
> In Frankreich können Kinder ab dem Alter von zwei bzw. drei Jahren eine **maternelle** besuchen: einen Ganztagskindergarten mit Vorschulcharakter. Sie essen dort zu Mittag und haben Betten zur Verfügung, um einen Mittagsschlaf zu machen. In Vorbereitung auf die Grundschule werden sie spielerisch und ganz allmählich in das Lesen, Schreiben und Rechnen eingeführt.

l'**école élémentaire** *f* [ekɔlelemɑ̃tɛʀ]	Grundschule
passer (en) [pɑse]	versetzt werden (in)
passer en seconde	in die *Seconde* versetzt werden
la **seconde** [s(ə)gɔ̃d]	≈ 10. Klasse *(1. Klasse des Lycée)*
la **première** [pʀəmjɛʀ]	≈ 11. Klasse *(2. Klasse des Lycée)*

Öffentliches Leben **Thematisches Wörterbuch**

Lernen und Arbeiten – Im Klassenzimmer

a **terminale** [tɛRminal]	≈12. Klasse *(3. und letzte Klasse des Lycée; schließt mit dem Abitur ab)*
le **collégien**, la **collégienne** [kɔleʒjɛ̃, jɛn]	Schüler(in) eines *Collège*
le **lycéen**, la **lycéenne** [liseɛ̃, ɛn]	Schüler(in) eines *Lycée*
le **directeur**, la **directrice** [diRɛktœR, tRis]	Rektor, Rektorin

Unterricht

la **classe** [klɑs]	Klasse; Klassenzimmer
en classe	in der Klasse
avoir classe	Unterricht/Schule haben
sauter une classe	eine Klasse überspringen
le conseil de classe	Schulkonferenz
le jour de classe	Schultag
la photo de classe	Klassenfoto
la salle de classe	Klassenzimmer
le **cours** [kuR]	Unterrichtsstunde
une heure de cours	eine Stunde Unterricht
le cours de maths *(fam)*	Mathe-Stunde
la **leçon** [l(ə)sɔ̃]	Lektion; (Unterrichts-)Stunde
l'**élève** *m, f* [elɛv]	Schüler, Schülerin
le **professeur** [pRɔfesœR]	Lehrer(in)
le professeur d'allemand	Deutschlehrer(in)
le professeur des écoles	Grundschullehrer(in)
le, la **prof** [pRɔf] *(fam)*	Lehrer(in)
les **mathématiques** *fpl* [matematik]	Mathematik
les **maths** *fpl* [mat] *(fam)*	Mathe
la **géographie** [ʒeɔgRafi]	Erdkunde, Geographie
en géographie	in Erdkunde
la **géo** [ʒeo] *(fam)*	Erdkunde
l'histoire-géo *(fam)*	Geschichte-Erdkunde
le **français** [fRɑ̃sɛ]	Französisch
avoir français	Französisch haben
apprendre le français	Französisch lernen
avoir des connaissances de français	Französischkenntnisse haben
avoir une bonne connaissance du français	Französisch gut beherrschen, gut Französisch können
parler le français couramment	fließend Französisch sprechen

Thematisches Wörterbuch — Öffentliches Leben

Lernen und Arbeiten – Im Klassenzimmer

l'**anglais** m [ɑ̃glɛ]	Englisch
l'**exercice** m [ɛgzɛʀsis]	Übung
le **texte** [tɛkst]	Text
l'**alphabet** m [alfabɛ]	Alphabet
lire [liʀ]	lesen
lire à haute voix	laut lesen
écrire [ekʀiʀ]	schreiben
par écrit	schriftlich
l'**écriture** f [ekʀityʀ]	Schrift, Handschrift
le **tableau**, les **tableaux** [tablo]	(Wand-)Tafel
le **nombre** [nɔ̃bʀ]	Zahl
compter [kɔ̃te]	zählen
calculer [kalkyle]	rechnen
le **calcul** [kalkyl]	Rechnen
le **problème** [pʀɔblɛm]	Problem; Textaufgabe
le problème de maths (fam)	Mathematikaufgabe
dessiner [desine]	zeichnen
dessiner au crayon	mit dem Bleistift zeichnen
noter [nɔte]	notieren
le **devoir** [d(ə)vwaʀ]	(Haus-)Aufgabe
les devoirs d'anglais	Englisch-(Haus-)Aufgaben
le **livre** [livʀ]	Buch
emprunter un livre	ein Buch ausleihen
le **cahier** [kaje]	Heft
le cahier de textes	Hausaufgabenheft
le **carnet** [kaʀnɛ]	Heft
la **page** [paʒ]	Seite
la **ligne** [liɲ]	Linie; Zeile
le **cartable** [kaʀtabl]	Schulranzen, -tasche
la **trousse** [tʀus]	Federmäppchen, Etui
la **récréation**, la **récré** (fam) [ʀekʀe(asjɔ̃)]	Pause
la **cour** [kuʀ]	Schulhof
la cour de récréation	Pausenhof
la **cantine** [kɑ̃tin]	Kantine

la **matière** [matjɛʀ]	(Schul-)Fach
le **résumé** [ʀezyme]	Zusammenfassung, Resümee
surveiller [syʀveje]	überwachen

Öffentliches Leben — Thematisches Wörterbuch

Lernen und Arbeiten – Im Klassenzimmer

l'**instituteur** *m*, l'**institutrice** *f* [ɛ̃stitytœʀ, tʀis]	Grundschullehrer, Grundschullehrerin
l'**instit** *m, f* [ɛ̃stit] *(fam)*	Grundschullehrer(in)
le **surveillant**, la **surveillante** [syʀvɛjɑ̃, ɑ̃t]	Aufsicht, Aufsichtsperson
la **permanence** [pɛʀmanɑ̃s]	beaufsichtigte Freistunde
l'**emploi du temps** *m* [ɑ̃plwadytɑ̃]	Stundenplan
la **langue** [lɑ̃g]	Sprache
la langue d'enseignement	Unterrichtssprache
le cours de langue	Sprachkurs
résumer [ʀezyme]	zusammenfassen
traduire [tʀadɥiʀ]	übersetzen
le **chiffre** [ʃifʀ]	Ziffer, Zahl
le **rang** [ʀɑ̃]	Rang, Platz; Reihe
(se mettre) en rang par deux	(sich) in Zweierreihen (aufstellen)
la **bibliothèque** [biblijɔtɛk]	Bibliothek

Lernen, Denken und Verstehen

demander qc à qn [d(ə)mɑ̃de]	jdn. nach etw. fragen
la **question** [kɛstjɔ̃]	Frage
poser une question à qn	jdm. eine Frage stellen
répondre à une question	eine Frage beantworten
répondre à qn [ʀepɔ̃dʀ]	jdm. antworten
la **réponse** [ʀepɔ̃s]	Antwort
expliquer [ɛksplike]	erklären
décrire [dekʀiʀ]	beschreiben
répéter [ʀepete]	wiederholen
comprendre [kɔ̃pʀɑ̃dʀ]	verstehen
faire comprendre qc à qn	jdm. etw. begreiflich machen
l'**exemple** *m* [ɛgzɑ̃pl]	Beispiel
par exemple	zum Beispiel
savoir [savwaʀ]	wissen; können, beherrschen
savoir parler allemand	Deutsch können
oublier [ublije]	vergessen
l'**attention** *f* [atɑ̃sjɔ̃]	Aufmerksamkeit
faire attention à qc	auf etw. aufpassen, auf etw. Acht geben

Thematisches Wörterbuch — *Öffentliches Leben*

Lernen und Arbeiten – Im Klassenzimmer

apprendre [apʀɑ̃dʀ]	lernen, erfahren
apprendre par cœur	auswendig lernen
apprendre qc à qn	jdm. etw. beibringen
connaître [kɔnɛtʀ]	kennen
aider [ede]	helfen
aider qn à faire qc	jdm. helfen etw. zu tun
la **culture** [kyltyʀ]	Bildung, Wissen; Kultur
la culture générale	Allgemeinbildung
la **compréhension** [kɔ̃pʀeɑ̃sjɔ̃]	Verständnis
saisir [seziʀ]	begreifen
la **règle** [ʀɛgl]	Regel
la **solution** [sɔlysjɔ̃]	Lösung
la **difficulté** [difikylte]	Schwierigkeit
le **piège** [pjɛʒ]	Falle
le **rappel** [ʀapɛl]	Erinnerung

Prüfungen und Zeugnisse

le **contrôle** [kɔ̃tʀol]	Test, Klassenarbeit
le contrôle de géographie	Erdkundetest
noter [nɔte]	benoten
corriger [kɔʀiʒe]	korrigieren, verbessern
correct, e [kɔʀɛkt]	richtig
faux, **fausse** [fo, fos]	falsch
juste [ʒyst]	richtig, genau
la **faute** [fot]	Fehler
faire moins de fautes	weniger Fehler machen
plein de fautes	voller Fehler
la faute de frappe	Tippfehler
rater [ʀate]	nicht schaffen
rater un contrôle	bei einer Klassenarbeit durchfallen, eine Klassenarbeit verhauen
réussir [ʀeysiʀ]	gut bewältigen, gelingen, fertig bringen
réussir (à) l'examen	die Prüfung bestehen
réussir à faire qc	gelingen etw. zu tun

Öffentliches Leben Thematisches Wörterbuch

Lernen und Arbeiten – Im Hörsaal

Il réussit à compter.	Es gelingt ihm zu zählen.
arriver + *être* **à faire qc** [aRiveafɛR]	gelingen etw. zu tun
Elle n'arrive pas à se concentrer.	Es gelingt ihr nicht, sich zu konzentrieren.
la **note** [nɔt]	Note, Zensur
la **moyenne** [mwajɛn]	Durchschnitt
avoir la moyenne	ausreichend stehen/haben *(als Note)*
le **niveau**, les **niveaux** [nivo]	Niveau
fort, e [fɔR, fɔRt]	gut
faible [fɛbl]	schwach
le **baccalauréat** [bakalɔRea]	Abitur

> Das **baccalauréat** ist die Abschlussprüfung des *lycée* und berechtigt zum Hochschulstudium. Termin und Inhalt der Abiturprüfung werden in Frankreich vom Staat einheitlich für das ganze Land festgelegt.
>
> **INFO**

le **bac** [bak] *(fam)*	Abi
le bac professionnel	berufliches Abitur
réussir le bac, être reçu au bac	das Abitur bestehen/schaffen
rater le bac	im Abitur durchfallen
le **brevet des collèges** [bRəvɛdekɔlɛʒ]	Abschlussprüfung, Abschlusszeugnis nach dem *Collège*
le **sujet** [syʒɛ]	Thema

Im Hörsaal

le **cours** [kuR]	Kurs
le cours magistral	Vorlesung
le cours par correspondance	Fernkurs
le cours du soir	Abendkurs
suivre [sɥivR]	teilnehmen, besuchen
suivre un cours	an einem Kurs teilnehmen, einen Kurs besuchen
le **professeur** [pRɔfesœR]	(Universitäts-)Professor(in)
le professeur de lettres	Professor für französische Literatur

Thematisches Wörterbuch *Öffentliches Leben*

Lernen und Arbeiten – In der Ausbildung und im Job

l'**université** f [ynivɛrsite]	Universität
les **études** fpl [etyd]	Studium
faire des études	studieren
faire des études de médecine	Medizin studieren
l'**étudiant** m, l'**étudiante** f [etydjɑ̃, jɑ̃t]	Student, Studentin
étudier [etydje]	studieren
étudier les langues	Sprachen studieren
arrêter [aʀete]	aufhören; unterbrechen
arrêter de faire qc	aufhören etw. zu tun

l'**enseignement supérieur** m [ɑ̃sɛɲ(ə)mɑ̃sypeʀjœʀ]	Hochschule, Hochschulwesen; Hochschulunterricht
universitaire [ynivɛrsitɛʀ]	universitär, Hochschul-; akademisch
l'**examen** m [ɛgzamɛ̃]	Prüfung
préparer un examen	sich auf eine Prüfung vorbereiten
passer un examen	eine Prüfung ablegen
réussir (à) un examen	eine Prüfung bestehen
le **résultat** [ʀezylta]	Ergebnis; Note
le **brevet** [bʀəvɛ]	Abschlussprüfung, Diplom
le **diplôme** [diplom]	Diplom
préparer un diplôme d'ingénieur	eine Ausbildung als Ingenieur machen
diplômé, e [diplome]	mit einem Diplom/einer Abschlussprüfung versehen

In der Ausbildung und im Job

Lehrstellen und Berufsausbildung

la **formation** [fɔʀmasjɔ̃]	Ausbildung
la formation professionnelle	Berufsausbildung
la formation continue/permanente	Weiterbildung
le centre de formation	Ausbildungszentrum
devenir [dəv(ə)niʀ] + être	werden
devenir boulanger	Bäcker werden

apprendre [apʀɑ̃dʀ]	lernen
apprendre qc à qn	jdm. etw. beibringen, jdn. etw. lehren

Öffentliches Leben Thematisches Wörterbuch

Lernen und Arbeiten – In der Ausbildung und im Job

le **stage** [staʒ]	Praktikum
faire un stage	ein Praktikum machen
l'**atelier** *m* [atəlje]	Werkstatt; Workshop

le **professionnel**, la **professionnelle** [pʀɔfesjɔnɛl]	Profi
professionnel, le [pʀɔfesjɔnɛl]	Berufs-, beruflich
spécialisé, e [spesjalize]	spezialisiert
la **spécialité** [spesjalite]	Spezialgebiet, Spezialität
l'**apprentissage** *m* [apʀɑ̃tisaʒ]	Lehre
faire un apprentissage de coiffeur	eine Lehre als Friseur machen
le **projet** [pʀɔʒɛ]	Plan, Projekt

Berufe und Berufsgruppen

travailler [tʀavaje]	arbeiten
travailler dans l'industrie/le commerce	in der Industrie/im Handel arbeiten
travailler dans l'administration	in der Verwaltung arbeiten
le **policier** [pɔlisje]	Polizist(in)
l'**inspecteur** *m*, l'**inspectrice** *f* [ɛ̃spɛktœʀ, tʀis]	Inspektor, Inspektorin
le **gendarme** [ʒɑ̃daʀm]	Gendarm, (Militär-)Polizist(in)
le, la **comptable** [kɔ̃tabl]	Buchhalter(in)
le **professeur** [pʀɔfesœʀ]	Lehrer(in); Professor(in)
l'**interprète** *m, f* [ɛ̃tɛʀpʀɛt]	Dolmetscher(in)
l'**architecte** *m, f* [aʀʃitɛkt]	Architekt(in)

le **métier** [metje]	Beruf
le métier d'avenir	Zukunftsberuf
exercer un métier	einen Beruf ausüben
la **profession** [pʀɔfesjɔ̃]	Beruf
la profession libérale	selbstständiger/freier Beruf
l'**ouvrier** *m*, l'**ouvrière** *f* [uvʀije, jɛʀ]	Arbeiter, Arbeiterin
l'ouvrier spécialisé (OS)	Hilfsarbeiter
l'ouvrier qualifié	Facharbeiter
le **travailleur**, la **travailleuse** [tʀavajœʀ, øz]	Arbeiter, Arbeiterin
le travailleur social	Sozialarbeiter

Thematisches Wörterbuch — Öffentliches Leben

Lernen und Arbeiten – In der Ausbildung und im Job

le **boucher**, la **bouchère** [buʃe, ɛʀ]	Metzger, Metzgerin
le **charcutier**, la **charcutière** [ʃaʀkytje, jɛʀ]	Metzger, Metzgerin
le **boulanger**, la **boulangère** [bulɑ̃ʒe, ɛʀ]	Bäcker, Bäckerin
le **pâtissier**, la **pâtissière** [pɑtisje, jɛʀ]	Konditor, Konditorin
le **coiffeur**, la **coiffeuse** [kwafœʀ, øz]	Friseur, Friseurin
le **moniteur**, la **monitrice** [mɔnitœʀ, tʀis]	Betreuer, Betreuerin
la monitrice de ski	Skilehrerin
le **médecin** [medsɛ̃]	Arzt, Ärztin

Zu **médecin** gibt es keine Femininform: *elle est **médecin** – sie ist Ärztin*.

le **pharmacien**, la **pharmacienne** [faʀmasjɛ̃, jɛn]	Apotheker, Apothekerin
l'**ingénieur** *m, f* [ɛ̃ʒenjœʀ]	Ingenieur(in)
l'**informaticien** *m*, l'**informaticienne** *f* [ɛ̃fɔʀmatisjɛ̃, jɛn]	Informatiker, Informatikerin
le **créateur**/la **créatrice de mode** [kʀeatœʀ, tʀisdəmɔd]	Modeschöpfer, Modeschöpferin
le **mannequin** [mankɛ̃]	Mannequin
réussir [ʀeysiʀ]	Erfolg haben

responsable [ʀɛspɔ̃sabl]	verantwortlich
être responsable de qc	für etw. verantwortlich/zuständig sein
l'**artisan** *m*, l'**artisane** *f* [aʀtizɑ̃, an]	Handwerker, Handwerkerin
l'**électricien** *m*, l'**électricienne** *f* [elɛktʀisjɛ̃, jɛn]	Elektriker, Elektrikerin
le **plombier** [plɔ̃bje]	Klempner(in)
le **maçon** [masɔ̃]	Maurer(in)
le **gardien**, la **gardienne** [gaʀdjɛ̃, jɛn]	Wärter(in), Wächter(in), Hausmeister(in)
le gardien de musée	Museumswärter
le **chauffeur** [ʃofœʀ]	Fahrer(in)
le, la **militaire** [militɛʀ]	Soldat(in)
le **commercial**, la **commerciale** [kɔmɛʀsjal]	kaufmännische(r) Angestellte(r)

Öffentliches Leben **Thematisches Wörterbuch**

Lernen und Arbeiten – In der Ausbildung und im Job

Arbeitsbedingungen

travailler [tRavaje]	arbeiten
aller travailler	arbeiten gehen
travailler à mi-temps/à temps partiel	halbtags arbeiten
travailler à plein temps/à temps complet	Vollzeit/ganztags arbeiten
travailler dur	hart arbeiten
travailler à la chaîneam	(Fließ-)Band arbeiten
travailler à son compte	selbstständig sein
travailler à domicile	Heimarbeit machen
le **bureau**, les **bureaux** [byRo]	Büro
aller au bureau	ins Büro gehen
l'**entreprise** f [ɑ̃tRəpRiz]	Unternehmen
payer [peje]	(be)zahlen
bien/mal payé	gut/schlecht bezahlt
rentrer [Rɑ̃tRe] + *être*	nach Hause gehen/kommen
rentrer tard/tôt	spät/früh nach Hause kommen
terminer [tɛRmine]	Feierabend haben/machen; erledigen, beenden
le **jour ouvrable** [ʒuRuvRabl]	Werktag
le **jour ouvré** [ʒuRuvRe]	Arbeitstag
le **jour férié** [ʒuRfeRje]	Feiertag
le **congé** [kɔ̃ʒe]	Urlaub
être en congé	in Urlaub sein
être en congé (de) maladie	krankgeschrieben sein
les congés payés	bezahlter Urlaub
prendre un jour de congé	einen Tag Urlaub nehmen
le congé de maternité	Mutterschaftsurlaub
le congé d'éducation parentale	Erziehungsurlaub
les **vacances** *fpl* [vakɑ̃s]	Ferien, Urlaub
prendre des vacances	Urlaub nehmen
facile [fasil]	leicht
difficile [difisil]	schwierig, schwer
la **serviette** [sɛRvjɛt]	Aktentasche
le **travail**, les **travaux** [tRavaj]	Arbeit
au travail !	An die Arbeit!
le travail à temps partiel	Teilzeitarbeit
le travail temporaire	Zeitarbeit

Thematisches Wörterbuch — *Öffentliches Leben*

Lernen und Arbeiten – In der Ausbildung und im Job

le travail au noir	Schwarzarbeit
les horaires de travail	Arbeitszeit
le temps de travail	Arbeitszeit
la réduction du temps de travail	Arbeitszeitverkürzung
l'**employé** *m*, l'**employée** *f* [ãplwaje]	Angestellter, Angestellte
le **salaire** [salɛR]	Gehalt, Lohn
gagner [gaɲe]	verdienen
gagner de l'argent	Geld verdienen
gagner sa vie	seinen Lebensunterhalt verdienen
gagner peu/beaucoup	wenig/viel verdienen
l'**augmentation (de salaire)** *f* [ɔgmãtasjɔ̃(d(ə)salɛR)]	Gehaltserhöhung, Lohnerhöhung
les **impôts** *mpl* [ɛ̃po]	Steuern
le, la **collègue** [kɔ(l)lɛg]	Kollege, Kollegin
l'**équipe** *f* [ekip]	Team
l'équipe de nuit	Nachtschicht
l'esprit d'équipe	Teamgeist
le travail en équipe	Teamarbeit

le **boulot** [bulo] *(fam)*	Arbeit, Job
le boulot pour les vacances	Ferienjob
le petit boulot	Gelegenheitsarbeit; Ferienjob
le **job** [dʒɔb] *(fam)*	Job
le job d'été	Sommerjob
le **contrat** [kɔ̃tRa]	Vertrag
le contrat de travail	Arbeitsvertrag
le contrat à durée indéterminée (CDI)	unbefristeter Arbeitsvertrag
le contrat à durée déterminée (CDD)	befristeter Arbeitsvertrag
le **projet** [pRɔʒɛ]	Projekt
abandonner un projet	ein Projekt aufgeben
le **directeur**, la **directrice** [diRɛktœR, tRis]	Direktor, Direktorin; Leiter, Leiterin
le **chef** [ʃɛf]	Chef, Chefin, Vorgesetzte(r)
la **documentation** [dɔkymãtasjɔ̃]	Materialsammlung, Dokumentation
servir [sɛRviR]	nützlich sein
servir à qc	zu etw. dienen
servir de qc	als etw. dienen

Öffentliches Leben **Thematisches Wörterbuch**

Lernen und Arbeiten – In der Ausbildung und im Job

Arbeitnehmervertretung

organiser [ɔʀganize]	organisieren
le **comité d'entreprise** [kɔmitedɑ̃tʀəpʀiz], le **C.E.** [seœ]	Betriebsrat

> **INFO**
> Während ein Betriebsrat ein Organ der betrieblichen Mitbestimmung ist, hat ein französisches **comité d'entreprise** einen anderen Status. Seine Aufgaben und Befugnisse liegen eher im sozialen und kulturellen Bereich. Es ist z. B. verantwortlich für Fragen der Fortbildung, der Kantinenverpflegung, der Kinderbetreuung und der Freizeitaktivitäten (besonders für die Organisation kultureller Veranstaltungen).

lutter [lyte]	kämpfen
voter [vɔte]	abstimmen
le **délégué**, la **déléguée (du personnel)** [delege(dypɛʀsɔnɛl)]	Arbeitnehmervertreter(in)
le **syndicat** [sɛ̃dika]	Gewerkschaft
l'**action** f [aksjɔ̃]	Handeln, Handlung; Aktion
l'action syndicale	Kampfmaßnahme, Kampf der Gewerkschaft(en)
mener une action	eine Kampfmaßnahme durchführen
la journée d'action	Aktionstag
reprendre [ʀ(ə)pʀɑ̃dʀ]	wieder aufnehmen
reprendre le travail	die Arbeit wieder aufnehmen

Der Arbeitsmarkt

recommencer [ʀ(ə)kɔmɑ̃se]	noch einmal anfangen, es noch einmal versuchen
recommencer à zéro	wieder von vorn/bei null anfangen

Thematisches Wörterbuch — Öffentliches Leben

Lernen und Arbeiten – In der Ausbildung und im Job

l'**emploi** m [ãplwa]	Beschäftigung, Arbeitsstelle
être sans emploi	arbeitslos sein
perdre son emploi	seine Arbeit verlieren
la recherche d'emploi	Jobsuche
le demandeur d'emploi	Arbeitssuchende(r)
la demande d'emploi	Stellengesuch
l'offre d'emploi	Stellenangebot
l'emploi d'informaticienne	Arbeitsstelle als Informatikerin
créer [kʀee]	schaffen
créer des emplois	Arbeitsplätze schaffen
supprimer [sypʀime]	abschaffen, streichen
supprimer des emplois	Arbeitsplätze streichen
le **licenciement** [lisãsimã]	Entlassung
l'indemnité de licenciement	Abfindung
licencier [lisãsje]	entlassen
se faire licencier	entlassen werden
le **chômage** [ʃomaʒ]	Arbeitslosigkeit
être au chômage	arbeitslos sein
le chômage partiel	Kurzarbeitslosigkeit
l'allocation (de) chômage	Arbeitslosengeld
le taux de chômage	Arbeitslosenzahlen, Arbeitslosenquote
le **chômeur**, la **chômeuse** [ʃomœʀ, øz]	Arbeitslose(r)
le chômeur de longue durée	Langzeitarbeitsloser
le chômeur en fin de droits	Empfänger von Arbeitslosenhilfe
le **dossier** [dosje]	Akte; (Bewerbungs-) Mappe mit Arbeitsproben
compétent, **e** [kɔ̃petã, ãt]	kompetent, sachkundig

Öffentliches Leben **Thematisches Wörterbuch**

Unterwegs – In der Stadt

Unterwegs – In der Stadt

Auf dem Markt und im Supermarkt

• **Einkaufen**

le **marché** [maʁʃe]	Markt
faire son marché	auf den Markt gehen
le **stand** [stɑ̃d]	(Markt-)Stand
le **supermarché** [sypɛʁmaʁʃe]	Supermarkt
le **commerçant**, la **commerçante** [kɔmɛʁsɑ̃, ɑ̃t]	(Einzel-)Händler, (Einzel-)Händlerin
la **boucherie** [buʃʁi]	Metzgerei, Fleischerei
la **poissonnerie** [pwasɔnʁi]	Fischgeschäft
la **boulangerie** [bulɑ̃ʒʁi]	Bäckerei
l'**épicerie** *f* [episʁi]	Lebensmittelgeschäft
l'**épicier** *m*, l'**épicière** *f* [episje, jɛʁ]	Lebensmittelhändler, Lebensmittelhändlerin
ouvrir [uvʁiʁ]	öffnen
fermer [fɛʁme]	schließen
les **courses** *fpl* [kuʁs]	Einkäufe, Besorgungen
faire des/les courses	(die) Einkäufe machen, einkaufen gehen
le **client**, la **cliente** [klijɑ̃, ɑ̃t]	Kunde, Kundin
trouver [tʁuve]	finden
acheter [aʃ(ə)te]	kaufen
acheter pour pas cher *(fam)*	etw. für wenig Geld einkaufen
prendre [pʁɑ̃dʁ]	nehmen
coûter [kute]	kosten
le **prix** [pʁi]	Preis
être hors de prix	unerschwinglich sein
payer [peje]	zahlen, bezahlen
payer par chèque	per Scheck bezahlen
la **monnaie** [mɔnɛ]	Geld; Kleingeld, Wechselgeld; Münze
avoir de la monnaie	Kleingeld haben
rendre la monnaie	(Geld) herausgeben
porter [pɔʁte]	tragen
le **sac** [sak]	Tüte, Tasche
la **boîte** [bwat]	Dose, Schachtel, Kiste
le **paquet** [pakɛ]	Päckchen
le paquet de spaghettis	Päckchen Spaghetti
le paquet-cadeau	Geschenkpackung

Thematisches Wörterbuch *Öffentliches Leben*

Unterwegs – In der Stadt

la **bouteille** [butɛj]	Flasche
la bouteille d'eau	Flasche Wasser

la **pâtisserie** [pɑtisʀi]	Konditorei
la boulangerie-pâtisserie	Bäckerei und Konditorei
la **charcuterie** [ʃaʀkytʀi]	Metzgerei

> **INFO** In einer **charcuterie** gibt es Schweinefleisch und aus Schweinefleisch hergestellte Wurstspezialitäten oder Pasteten.

vendre [vɑ̃dʀ]	verkaufen
le **porte-monnaie** [pɔʀtmɔnɛ] *inv*	Geldbeutel, Portemonnaie
le **portefeuille** [pɔʀtəfœj]	Brieftasche
l'**argent** *m* [aʀʒɑ̃]	Geld
l'argent de poche	Taschengeld
cher, chère [ʃɛʀ]	teuer
bon marché [bɔ̃maʀʃe] *inv*	preiswert, billig
aller + *être* **chercher qc** [aleʃɛʀʃe]	etw. holen (gehen)
le **pot** [po]	Topf, Glas
la **caisse** [kɛs]	Kiste
frais, fraîche [fʀɛ, fʀɛʃ]	frisch

la **queue** [kø]	Schlange
faire la queue	Schlange stehen
envelopper [ɑ̃vlɔpe]	einwickeln
reprendre [ʀ(ə)pʀɑ̃dʀ]	nochmals nehmen; zurücknehmen

- **Lebensmittel und Getränke**

la **viande** [vjɑ̃d]	Fleisch

Öffentliches Leben **Thematisches Wörterbuch**

Unterwegs – In der Stadt

le **jambon** [ʒɑ̃bɔ̃]	Schinken
le jambon cru	roher Schinken
le jambon blanc/de Paris	gekochter Schinken
la **merguez** [mɛʀgɛz]	*scharf gewürzte Bratwurst*
le **poisson** [pwasɔ̃]	Fisch
le poisson sec	Dörr-/Trockenfisch
le **légume** [legym]	Gemüse
la **pomme de terre** [pɔmdətɛʀ]	Kartoffel
les pommes de terre à l'eau	Salzkartoffeln
les pommes de terre sautées	Bratkartoffeln
la **salade** [salad]	Salat
la **tomate** [tɔmat]	Tomate
la **carotte** [kaʀɔt]	Karotte, Möhre
Les carottes sont cuites.	Nichts mehr zu machen!
le **fruit** [fʀɥi]	Frucht; Obstsorte
les fruits	Obst, Früchte
les fruits secs	getrocknete Früchte
la **pomme** [pɔm]	Apfel
la **banane** [banan]	Banane
la **fraise** [fʀɛz]	Erdbeere
le **citron** [sitʀɔ̃]	Zitrone
l'**orange** *f* [ɔʀɑ̃ʒ]	Orange, Apfelsine
le **lait** [lɛ]	Milch
au lait cru	aus Rohmilch
le **beurre** [bœʀ]	Butter
le **fromage** [fʀɔmaʒ]	Käse
la **baguette** [bagɛt]	Baguette

INFO

Die (oder das) **baguette** ist das bekannteste französische Stangenweißbrot. Die Bäckereien bieten Weißbrot mehrmals am Tag ofenfrisch an. Selbst sonntagvormittags wird es frisch gebacken. Es gehört zu jeder Mahlzeit.

la **tarte** [taʀt]	(Obst-)Kuchen
la tarte aux pommes	Apfelkuchen
les **sucreries** *fpl* [sykʀəʀi]	Süßigkeiten

Thematisches Wörterbuch — Öffentliches Leben

Unterwegs – In der Stadt

la **sucette** [sysɛt]	(Dauer-)Lutscher
le **chocolat** [ʃɔkɔla]	Schokolade
la tablette de chocolat	Tafel Schokolade
la barre de chocolat	Schokoriegel
la **poire** [pwaʀ]	Birne
la **framboise** [fʀɑ̃bwaz]	Himbeere
la **cerise** [s(ə)ʀiz]	Kirsche
le clafoutis aux cerises	Süßspeise aus Eierkuchenteig und Kirschen
le **riz** [ʀi]	Reis
le **pain** [pɛ̃]	Brot
le pain complet	Vollkornbrot
le pain de mie	Toastbrot
le pain grillé	getoastetes Brot
la tranche de pain	Scheibe Brot, Brotschnitte
le **croissant** [kʀwasɑ̃]	Croissant, (Butter-)Hörnchen
les **pâtisseries** fpl [patisʀi]	Feingebäck
le **gâteau**, les **gâteaux** [gato]	Kuchen; Torte
faire un gâteau	einen Kuchen backen
le gâteau sec	Keks
les petits gâteaux	Gebäck
Ce n'est pas du gâteau ! *(fam)*	Das ist kein Zuckerschlecken!

> **INFO**
> Im Französischen wird zwischen **le gâteau** und **la tarte** unterschieden. Eine Torte mit Cremeschichten und Cremeüberzug – etwa eine Schwarzwälder Kirschtorte – ist *un gâteau (à la crème)*; eine mit Obst belegte und mit Tortenguss überzogene Torte ist *une tarte*.

la **glace** [glas]	Eis
le **sucre** [sykʀ]	Zucker
le sucre en morceaux	Würfelzucker
la **boisson** [bwasɔ̃]	Getränk
l'**eau** f [o]	Wasser
l'eau minérale	Mineralwasser
l'eau gazeuse	Mineralwasser mit Kohlensäure
le **jus** [ʒy]	Saft
le jus de fruits	Fruchtsaft

Öffentliches Leben **Thematisches Wörterbuch**

Unterwegs – In der Stadt

le jus de pomme	Apfelsaft
100% pur jus de fruit	100 % reiner Fruchtsaft
la **bière** [bjɛʀ]	Bier
la bière blonde	helles Bier
la bière brune	dunkles Bier
le **porc** [pɔʀ]	Schweinefleisch
le **bœuf** [bœf]	Rind(fleisch)
le **veau** [vo]	Kalb(fleisch)
la **saucisse** [sosis]	Wurst
la **pêche** [pɛʃ]	Pfirsich
l'**ananas** *m* [anana(s)]	Ananas
le **melon** [m(ə)lɔ̃]	Melone
la **prune** [pʀyn]	Pflaume
travailler pour des prunes *(fam)*	für die Katz/für nichts und wieder nichts arbeiten
les **herbes** *fpl* [ɛʀb]	Kräuter
les herbes de Provence	Kräuter der Provence
les fines herbes	Küchenkräuter
l'**œuf** *m* [œf, ø]	Ei
le **sel** [sɛl]	Salz
une pincée de sel	eine Prise Salz

Warenhäuser, Geschäfte und Boutiquen

le **magasin** [magazɛ̃]	Geschäft, Laden
le grand magasin	Warenhaus, Kaufhaus
le magasin de chaussures	Schuhgeschäft
le magasin de prêt-à-porter	Modegeschäft
le magasin d'alimentation	Lebensmittelgeschäft
faire les magasins	die Geschäfte abklappern
la **boutique** [butik]	Boutique, Laden
la boutique de mode	(Mode-)Boutique
la **parfumerie** [paʀfymʀi]	Parfümerie
ouvert, e [uvɛʀ, ɛʀt]	geöffnet
fermé, e [fɛʀme]	geschlossen
le **bidule** [bidyl] *(fam)*	Dingsbums
l'**étiquette** *f* [etikɛt]	Etikett, Aufkleber

Thematisches Wörterbuch *Öffentliches Leben*

Unterwegs – In der Stadt

le **coiffeur** [kwafœʀ]	Friseur
la **pharmacie** [faʀmasi]	Apotheke
la pharmacie de garde	dienstbereite Apotheke
la **vitrine** [vitʀin]	Schaufenster
faire du lèche-vitrine	einen Schaufensterbummel machen
la **sortie** [sɔʀti]	Ausgang
la sortie de secours	Notausgang

le, la **fleuriste** [flœʀist]	Blumengeschäft
la **bijouterie** [biʒutʀi]	Juwelier(geschäft)
tomber + *être* **en arrêt devant qc** [tɔ̃beãnaʀɛd(ə)vã]	staunend vor etw. stehen bleiben
la **chose** [ʃoz]	Ding
marchander [maʀʃɑ̃de]	(aus)handeln
servir [sɛʀviʀ]	bedienen

Kleidung und Accessoires

• Kleidung

le **vêtement** [vɛtmã]	Kleidungsstück
les vêtements	Kleidung, Kleider
le **pantalon** [pãtalɔ̃]	Hose
le **jean** [dʒin]	Jeans

le **T-shirt**, le **tee-shirt**, les **tee-shirts** [tiʃœʀt]	T-Shirt
la **chemise** [ʃ(ə)miz]	Hemd
changer d'avis comme de chemise	seine Meinung wie sein Hemd wechseln
le **chemisier** [ʃ(ə)mizje]	Bluse
le **pull-over**, les **pull-overs** [pylɔvɛʀ]	Pullover
le **pull** [pyl] *(fam)*	Pulli
le **sweat-shirt**, les **sweat-shirts**, le **sweat** *(fam)* [swit(ʃœʀt)]	Sweatshirt
la **robe** [ʀɔb]	Kleid
la robe du soir	Abendkleid
la **jupe** [ʒyp]	Rock
la minijupe	Minirock
la **veste** [vɛst]	Jacke, Jackett; Strickjacke

Öffentliches Leben **Thematisches Wörterbuch**

Unterwegs – In der Stadt

le **blouson** [bluzɔ̃]	Jacke, Blouson
les **chaussettes** *fpl* [ʃosɛt]	Socken
la **taille** [tɑj]	(Kleider-)Größe
la **mode** [mɔd]	Mode
à la mode	modisch, in Mode
à la dernière mode	nach der neusten Mode
le défilé de mode	Modenschau
s'habiller [sabije]	sich anziehen
se déshabiller [s(ə)dezabije]	sich ausziehen
enlever [ɑ̃lve]	ausziehen, abnehmen
essayer [eseje]	anprobieren

la **culotte** [kylɔt]	Unterhose
la petite culotte	Höschen
porter la culotte	die Hosen anhaben
le **short** [ʃɔʀt]	Shorts
le **manteau**, les **manteaux** [mɑ̃to]	Mantel
les **chaussures** *fpl* [ʃosyʀ]	Schuhe
mettre [mɛtʀ]	anziehen
mettre un pull	einen Pulli anziehen
porter [pɔʀte]	tragen
se couvrir [s(ə)kuvʀiʀ]	sich (warm) anziehen
changer [ʃɑ̃ʒe]	wechseln
changer de chaussettes	die Socken wechseln
se changer [səʃɑ̃ʒe]	sich umziehen

Verwechsel **le costume** nicht mit *(Damen-)Kostüm – le tailleur*!

• **Accessoires**

le **sac** [sak]	Sack, Tasche
le sac à main	Handtasche
le sac à dos	Rucksack
le sac de couchage	Schlafsack
les **lunettes de soleil** *fpl* [lynɛtdəsɔlɛj]	Sonnenbrille

Thematisches Wörterbuch *Öffentliches Leben*

Unterwegs – In der Stadt

le **chapeau**, les **chapeaux** [ʃapo]	Hut
le **bijou**, les **bijoux** [biʒu]	Schmuckstück
le bijou-fantaisie	Modeschmuck
le **parapluie** [paʀaplɥi]	Regenschirm

• Materialien, Muster und Eigenschaften

le **tissu** [tisy]	Stoff
le **plastique** [plastik]	Kunststoff
en plastique	aus Kunststoff
nouveau, nouvel, nouvelle [nuvo, nuvɛl]	neu

> **INFO**
> Die männliche Singularform **nouvel** steht an Stelle von *nouveau* vor Vokalen oder stummem h: *un nouveau costume – ein neuer Anzug; un nouvel appartement – eine neue Wohnung; ce nouvel hôtel – dieses neue Hotel.*

long, longue [lɔ̃, lɔ̃g]	lang
court, e [kuʀ, kuʀt]	kurz
large [laʀʒ]	weit; breit
chic [ʃik] *inv*	schick
la **qualité** [kalite]	Qualität
le **coton** [kɔtɔ̃]	Baumwolle
léger, -ère [leʒe, ɛʀ]	leicht
épais, se [epɛ, epɛs]	dick
fin, e [fɛ̃, fin]	dünn

• Reinigung und Pflege

le **trou** [tʀu]	Loch
la **tache** [taʃ]	Fleck
enlever une tache	einen Fleck entfernen

Öffentliches Leben **Thematisches Wörterbuch**

Unterwegs – In der Stadt

déchirer [deʃiʀe]	zerreißen
nettoyer [netwaje]	reinigen
faire nettoyer un pantalon	eine Hose reinigen lassen

Im Restaurant und Café

• Bei Tisch

le **restaurant** [ʀɛstɔʀɑ̃]	Restaurant
le **café** [kafe]	Kneipe
le **self-service**, les **self-services** [sɛlfsɛʀvis]	Selbstbedienungsrestaurant
le **self** [sɛlf] *(fam)*	Selbstbedienungskantine, -restaurant
le **bar** [baʀ]	Stehkneipe

> **INFO**
> Die französischen **bars** sind kleine, einfache Lokale, in denen man am Tresen oder am Tisch einen Kaffee oder Aperitif trinkt. Es gibt dort nur kleine Imbisse wie Sandwich oder überbackenen Toast, denn die **bars** sind keine Speiselokale.

le **verre** [vɛʀ]	Glas
prendre un verre	ein Gläschen trinken
payer [peje]	bezahlen
le **salon de thé** [salɔ̃d(ə)te]	≈ Café

> **INFO**
> Ein **salon de thé** ist in seinem Angebot an Kuchen und Gebäck und in der Art der Einrichtung mit einem deutschen Café oder einem österreichischen Kaffeehaus vergleichbar.

le **café-tabac**, les **café-tabacs** [kafetaba]	*frz. „Café" mit einer Verkaufsstelle für Tabakwaren und Postartikel*
le **buffet** [byfɛ]	Büfett

Thematisches Wörterbuch · Öffentliches Leben

Unterwegs – In der Stadt

choisir [ʃwaziʀ]	(aus)wählen
le **garçon** [gaʀsɔ̃]	Kellner
Garçon, un café !	Herr Ober, einen Kaffee!
l'**assiette** f [asjɛt]	Teller
la **tasse** [tɑs]	Tasse
le **couteau**, les **couteaux** [kuto]	Messer
la **fourchette** [fuʀʃɛt]	Gabel
la **cuillère** [kɥijɛʀ]	Löffel
la cuillère à soupe	Suppenlöffel, Esslöffel
la cuillère à café	Teelöffel, Kaffeelöffel
la **serviette** [sɛʀvjɛt]	Serviette
le, la **chef** [ʃɛf]	Chef(in); Chefkoch, Chefköchin
servir [sɛʀviʀ]	bedienen
servir qc (à qn)	(jdm.) etw. servieren
vide [vid]	leer

• Speisen und Getränke

le **sandwich** [sɑ̃dwitʃ]	Sandwich, belegtes Brot
le sandwich au jambon	Sandwich mit Schinken
les **frites** fpl [fʀit]	Pommes frites
les **spaghettis** mpl [spageti]	Spaghetti
la **salade** [salad]	Salat
la salade composée	gemischter Salat
la salade de riz	Reissalat
le **fruit** [fʀɥi]	Frucht, Obstsorte
la salade de fruits	Obstsalat
l'**orangina**® m [ɔʀɑ̃ʒina]	Orangenlimonade
bon, ne [bɔ̃, bɔn]	gut
sentir bon	gut riechen
C'est bon.	Es schmeckt gut.
mauvais, e [movɛ, ɛz]	schlecht
l'**entrée** f [ɑ̃tʀe]	Vorspeise
le **plat** [pla]	Gericht; Schüssel
le plat principal/de résistance	Hauptgericht
comme plat principal	als Hauptgericht

Öffentliches Leben **Thematisches Wörterbuch**

Unterwegs – In der Stadt

le plat du jour	Tagesgericht
le plat cuisiné	Fertiggericht
la **quiche** [kiʃ]	Quiche Lorraine, Speckkuchen
la **sauce** [sos]	Soße
le **mélange** [melãʒ]	Mischung
le **pain** [pɛ̃]	Brot
le **fromage** [fʀɔmaʒ]	Käse
le plateau de fromage	Käseplatte
le **dessert** [desɛʀ]	Nachtisch, Nachspeise
en être au dessert	beim Nachtisch sein
la **glace** [glas]	Eis
la coupe de glace	Eisbecher
le **café** [kafe]	Kaffee
le café au lait, le café crème	Milchkaffee
le café décaféiné, le déca(féiné) *(fam)*	koffeinfreier Kaffee
faire le café, prendre un café	Kaffee kochen, einen Kaffee trinken
le **thé** [te]	(Schwarz-)Tee
le thé nature	schwarzer Teel
le thé citron	Zitronentee, Tee mit Zitrone
l'**infusion** *f* [ɛ̃fyzjɔ̃]	Kräutertee
la **tisane** [tizan]	Kräutertee
le **chocolat (chaud)** [ʃɔkɔla(ʃo)]	Kakao, heiße Schokolade
chaud, **e** [ʃo, ʃod]	warm
froid, **e** [fʀwa, fʀwad]	kalt
le **coca**® [kɔka]	Coca-Cola®
offrir un coca à qn	jdm. eine Cola spendieren
le **jus** [ʒy]	Saft
la **limonade** [limɔnad]	Limonade
l'**alcool** *m* [alkɔl]	Alkohol
sans alcool	alkoholfrei
le **vin** [vɛ̃]	Wein
le vin doux/sec	lieblicher/trockener Wein
le vin rouge/blanc/rosé	Rotwein/Weißwein/Rosé(wein)
le vin de table	Tafelwein
le vin en carafe/en pichet	offener Wein
le **champagne** [ʃãpaɲ]	Champagner
le **gin** [dʒin]	Gin
fort, **e** [fɔʀ, fɔʀt]	stark

Thematisches Wörterbuch *Öffentliches Leben*

Unterwegs – In der Stadt

la **spécialité** [spesjalite]	Spezialität
la **portion** [pɔʀsjɔ̃]	Portion
l'**œuf** *m* [œf, ø]	Ei
l'œuf à la coque	weich gekochtes Ei
l'œuf sur le plat	Spiegelei
le **sel** [sɛl]	Salz
le **poivre** [pwavʀ]	Pfeffer

Im Museum

le **musée** [myze]	Museum
le musée d'art moderne	Museum für moderne Kunst
visiter [vizite]	besichtigen, besuchen
l'**exposition** *f* [ɛkspozisjɔ̃]	Ausstellung
l'exposition permanente	ständige Ausstellung
l'exposition temporaire	Sonderausstellung
le **tableau**, les **tableaux** [tablo]	Bild
l'**original** *m*, les **originaux** [ɔʀiʒinal, o]	Original
le **faux** [fo]	Fälschung
le **dessin** [desɛ̃]	Zeichnung
dessiner [desine]	zeichnen

l'**écomusée** *m* [ekɔmyze]	Freilichtmuseum
exposer [ɛkspoze]	ausstellen
la **collection** [kɔlɛksjɔ̃]	Kollektion, Sammlung
créer [kʀee]	(er)schaffen, kreieren
l'**atelier** *m* [atəlje]	Atelier
le **modèle** [mɔdɛl]	Modell

l'**art** *m* [aʀ]	Kunst
l'objet d'art	Kunstobjekt
les arts graphiques	Grafik
les arts plastiques	die bildenden Künste *(Malerei, Plastik)*
les beaux-arts	die schönen Künste
l'art nouveau	Jugendstil
l'art de vivre	Lebenskunst
artistique [aʀtistik]	künstlerisch, Kunst-

Öffentliches Leben Thematisches Wörterbuch

Unterwegs – In der Stadt

la **culture** [kyltyʀ]	Kultur
l'**avant-garde** f [avɑ̃gaʀd]	Avantgarde
l'**œuvre (d'art)** f [œvʀə(daʀ)]	(Kunst-)Werk
le **portrait** [pɔʀtʀɛ]	Porträt
l'autoportrait	Selbstporträt
célèbre [selɛbʀ]	berühmt
inconnu, e [ɛ̃kɔny]	unbekannt

In Theater und Kino

le **cinéma** [sinema]	Kino
le billet (de cinéma)	Kinokarte
passer dans un cinéma	in einem Kino laufen
la **scène** [sɛn]	Szene; Bühne; Bühnenbild
entrer en scène	(auf der Bühne) auftreten
mettre en scène	inszenieren
la mise en scène	Inszenierung; Regie
le **metteur en scène** [metœʀɑ̃sɛn]	Regisseur(in)
la **vedette** [vədɛt]	Hauptdarsteller(in); Star

> **INFO**
> **La vedette** wird auch auf männliche Personen angewandt: *il est une vedette du cinéma – er ist ein Filmstar.*

le **clown** [klun]	Clown
le **numéro** [nymeʀo]	Nummer
le numéro exceptionnel	Sondernummer
jouer [ʒwe]	spielen
la **pantomime** [pɑ̃tɔmim]	Pantomime
le **silence** [silɑ̃s]	Stille, Ruhe
le **public** [pyblik]	Publikum
le grand public	das breite Publikum

le **spectacle** [spɛktakl]	Vorstellung
le **spectateur**, la **spectatrice** [spɛktatœʀ, tʀis]	Zuschauer, Zuschauerin

Thematisches Wörterbuch *Öffentliches Leben*

Unterwegs – In der Stadt

le **sketch** [skɛtʃ]	Sketch
le **film** [film]	Film
tourner un film	einen Film drehen
le film muet/parlant	Stumm-/Tonfilm
le film en version française	Film in französischer Fassung
le film en VO/version originale	Film in Originalfassung
le **rôle** [ʀol]	Rolle
le rôle principal	Hauptrolle
le rôle secondaire	Nebenrolle
la **star** [staʀ]	Star
le **trac** [tʀak] *(fam)*	Lampenfieber
avoir le trac	Lampenfieber haben
le **producteur**, la **productrice** [pʀɔdyktœʀ, tʀis]	Produzent, Produzentin
le **studio** [stydjo]	Studio
le **succès** [syksɛ]	Erfolg

le **théâtre** [teɑtʀ]	Theater
faire du théâtre	Theater spielen
la **pièce (de théâtre)** [pjɛs(dəteɑtʀ)]	Theaterstück
monter une pièce	ein Theaterstück auf die Bühne bringen
les **décors** *mpl* [dekɔʀ]	Bühnenbild, Kulisse(n)
la **salle** [sal]	Saal
le **rang** [ʀɑ̃]	Reihe
la **place** [plas]	Platz, Sitz
les places numérotées	nummerierte Plätze
le **personnage** [pɛʀsɔnaʒ]	Person, Figur
le personnage principal	Hauptfigur
le **héros** *m*, l'**héroïne** *f* [´eʀo, eʀɔin]	Held, Heldin

Öffentliches Leben **Thematisches Wörterbuch**

Unterwegs – In der Stadt

Öffentliche Ämter

le **commissariat (de police)** [kɔmisaʀja(d(ə)pɔlis)]	Polizeirevier
la **gendarmerie** [ʒɑ̃daʀməʀi]	Gendarmerie

le **bureau**, les **bureaux** [byʀo]	Dienststelle
le bureau de l'état civil, l'état civil	Standesamt
le bureau des objets trouvés	Fundbüro
les **papiers** *mpl* [papje]	Papiere
les papiers d'identité	(Ausweis-)Papiere
le **questionnaire** [kɛstjɔnɛʀ]	Fragebogen
administratif, -ive [administʀatif, iv]	Verwaltungs-, administrativ

le **service (administratif)** [sɛʀvis(administʀatif)]	Behörde, Dienststelle
le service des ordures ménagères	Müllabfuhr
l'**Hôtel de Ville** *m* [ɔtɛl/otɛldəvil]	Rathaus
le **maire** [mɛʀ]	Bürgermeister
M. le maire	Herr Bürgermeister
la **préfecture** [pʀefɛktyʀ]	Präfektur

INFO

Die **préfecture** ist die Vertretung des Staates auf der Ebene der Departements. Sie ist zuständig für die öffentliche Ordnung (unter anderem auch für den Katastrophenschutz). Die Präfekturbehörden erteilen Lizenzen und Zulassungen und stellen Führerscheine aus.

---

la **démarche** [demaʀʃ]	Vorgehen, Methode
faire des démarches	etwas unternehmen, Schritte unternehmen

Thematisches Wörterbuch *Öffentliches Leben*

Unterwegs – Im Verkehr

Im Verkehr

Straßenverkehr

• **Auf der Straße**

la **rue** [ʀy]	Straße
aller dans la rue	auf die Straße gehen
jouer dans la rue	auf der Straße spielen

Mit **rue** wird eine Straße bezeichnet, die sich innerhalb einer Ortschaft befindet.

le **boulevard** [bulvaʀ]	Boulevard
le **virage** [viʀaʒ]	Kurve
prendre un virage	eine Kurve nehmen
rater un virage	aus der Kurve fliegen
la **direction** [diʀɛksjɔ̃]	Richtung
prendre la direction de Paris	in Richtung Paris fahren/gehen
aller [ale] + *être*	gehen, fahren
aller à pied	zu Fuß gehen
aller en voiture/en bus	mit dem Auto/mit dem Bus fahren
rentrer + *être* **dans qc** [ʀɑ̃tʀe]	gegen etw. fahren, gegen etw. prallen
vite [vit] *adv*	schnell
le **conducteur**, la **conductrice** [kɔ̃dyktœʀ, tʀis]	Fahrer, Fahrerin
l'**autobus** *m* [otobys], le **bus** [bys]	(Auto-)Bus
l'arrêt d'autobus	Bushaltestelle
le ticket d'autobus	(Bus-)Fahrschein
attendre [atɑ̃dʀ]	warten, abwarten
attendre qn/qc	auf jdm./etw. warten
plein, **e** [plɛ̃, plɛn]	voll
plein à craquer	zum Bersten voll, brechend voll
le **carnet (de tickets)** [kaʀnɛ(dətikɛ)]	Fahrkartenblock, Fahrscheinheft

Öffentliches Leben **Thematisches Wörterbuch**

Unterwegs – Im Verkehr

la **route** [ʀut]	(Land-)Straße
la route départementale	Landstraße *(die vom Departement unterhalten wird)*

Mit **route** wird eine Straße bezeichnet, die Ortschaften miteinander verbindet.

la (route) nationale	Nationalstraße, Bundesstraße
une route pleine de virages	kurvenreiche Straße
prendre la route, se mettre en route	sich auf den Weg machen
trois heures de route	drei Stunden Fahrt
être en route pour Paris	auf dem Weg/unterwegs nach Paris sein
le Code de la route	Straßenverkehrsordnung
l'état des routes	Straßenzustand
l'**autoroute** *f* [otoʀut]	Autobahn
prendre l'autoroute	die Autobahn nehmen, auf der Autobahn fahren
quitter l'autoroute	von der Autobahn herunterfahren

INFO

Die französischen Autobahnen sind gebührenpflichtig. Wer sie nur gelegentlich benutzt, kann die Gebühr – *le péage* – in bar an den Zahlstellen entrichten; wer sie häufig benutzt, kann eine Abonnementkarte kaufen. Die Höhe der Gebühr hängt davon ab, wie lang die befahrene Strecke ist und wie oft man sie benutzt.
Auf den französischen Autobahnen gilt das Tempolimit von 130 km/h.

l'**entrée** *f* [ɑ̃tʀe]	Auffahrt; Einfahrt; Eingang
la **sortie** [sɔʀti]	Ausfahrt; Ausgang
la **circulation** [siʀkylasjɔ̃]	Verkehr; Fahren
la circulation dense/fluide	dichter/flüssiger Verkehr
les **travaux** *mpl* [tʀavo]	(Straßen-)Bauarbeiten
l'**accident** *m* [aksidɑ̃]	Unfall
avoir un accident	einen Unfall haben
le **bouchon** [buʃɔ̃]	(Verkehrs-)Stau
le **garage** [gaʀaʒ]	(Kfz-)Werkstatt

Thematisches Wörterbuch — Öffentliches Leben

Unterwegs – Im Verkehr

partir [paʀtiʀ] + être	weggehen; weg-, losfahren; aufbrechen
partir pour Paris	nach Paris gehen/fahren
venir [v(ə)niʀ] + être	kommen
s'arrêter [saʀete]	anhalten
retourner [ʀ(ə)tuʀne] + être	zurückkehren, zurückgehen, -fahren; wieder hingehen, -fahren
conduire [kɔ̃dɥiʀ]	fahren
le permis (de conduire)	Führerschein
klaxonner [klaksɔne]	hupen
l'**automobiliste** m, f [otomɔbilist]	Autofahrer(in)
la **vitesse** [vitɛs]	Geschwindigkeit
à toute vitesse	mit hoher Geschwindigkeit, sehr schnell
la vitesse maximale	Höchstgeschwindigkeit
la limitation de vitesse	Geschwindigkeitsbegrenzung
limiter la vitesse à 30 km/h	die Geschwindigkeit auf 30 km/h begrenzen
l'excès de vitesse	Geschwindigkeitsüberschreitung
le **contrôle** [kɔ̃tʀol]	Kontrolle
le **trafic** [tʀafik]	Verkehr
le **tunnel** [tynɛl]	Tunnel
le **carrefour** [kaʀfuʀ]	(Verkehrs-)Kreuzung
le **trottoir** [tʀɔtwaʀ]	Gehsteig, Bürgersteig
le **panneau**, les **panneaux** [pano]	Schild
le **stop** [stɔp]	Stoppschild
contourner [kɔ̃tuʀne]	umgehen, umfahren
la **manœuvre** [manœvʀ]	Manöver
suivre (qn) [sɥivʀ]	(jdm.) folgen, (jdm.) hinterherfahren
stationner [stasjɔne]	parken
stationner en double file	in Doppelreihe parken
le **parking** [paʀkiŋ]	Parkplatz, Parkhaus
le parking souterrain	Tiefgarage
le **piéton**, la **piétonne** [pjetɔ̃, ɔn]	Fußgänger, Fußgängerin
le passage (pour) piétons	Fußgängerüberweg, Zebrastreifen
le **transport** [tʀɑ̃spɔʀ]	Transport, Beförderung
le moyen de transport	Verkehrsmittel
le **trajet** [tʀaʒɛ]	Strecke
le **taxi** [taksi]	Taxi
la station de taxis	Taxistand
l'**autocar** m [otokaʀ], le **car** [kaʀ]	Reisebus

Öffentliches Leben **Thematisches Wörterbuch**

Unterwegs – Im Verkehr

la **gare routière** [gaʀʀutjɛʀ]	Busbahnhof
le **chauffeur** [ʃofœʀ]	Fahrer(in)
la **navette** [navɛt]	Pendelbus
faire la navette	pendeln, hin und her fahren
transporter [tʀɑ̃spɔʀte]	transportieren, befördern
rapide [ʀapid]	schnell
rapidement [ʀapidmɑ̃]	schnell *adv*

• Auto, Motorrad, Fahrrad

la **voiture** [vwatyʀ]	Auto
la voiture de location	Leihwagen, Mietwagen
la voiture d'occasion	Gebrauchtwagen
la **moto** [moto]	Motorrad
le **vélo** [velo]	Fahrrad
à vélo	mit dem Fahrrad
la **bicyclette** [bisiklɛt]	Fahrrad
le **casque** [kask]	Sturzhelm, Schutzhelm

le **camion** [kamjɔ̃]	LKW, Lastwagen
le **volant** [vɔlɑ̃]	Steuer, Lenkrad
au volant	am Steuer
prendre le volant	sich ans Steuer setzen
le **phare** [faʀ]	Scheinwerfer
allumer les phares	die Scheinwerfer einschalten
le **feu arrière** [føaʀjɛʀ]	Rückleuchte, Schlussleuchte
la **roue** [ʀu]	Rad
la roue de secours	Reserverad, Ersatzrad
le **pneu**, les **pneus** [pnø]	Reifen
les pneus d'hiver	Winterreifen
la **portière** [pɔʀtjɛʀ]	Wagentür
la **remorque** [ʀ(ə)mɔʀk]	Anhänger
la **vitesse** [vitɛs]	Gang
la boîte de vitesses	Getriebe
changer de vitesse	schalten
passer une vitesse	einen Gang einlegen
passer en 4e (vitesse)	in den 4. Gang schalten

Thematisches Wörterbuch — Öffentliches Leben

Unterwegs – Im Verkehr

la **mobylette**® [mɔbilɛt], la **mob** [mɔb] *(fam)*	Mofa
le **poids lourd** [pwɑluʀ]	Lastwagen
le **routier** [ʀutje]	Fernfahrer
la **plaque** (d'immatriculation) [plakdimatʀikylasjɔ̃]	(Nummern-)Schild
éclater [eklate]	platzen

Schienenverkehr

le **train** [tʀɛ̃]	Zug
le train de banlieue	Nahverkehrszug
le train de voyageurs/marchandises	Reisezug/Güterzug
le train de nuit	Nachtzug
le (train) direct	Direktverbindung, Eilzug
le train rapide	(Fern-)Schnellzug
le train autos-couchettes	Autoreisezug
le train à vapeur	Eisenbahn mit Dampflokomotive, Dampfzug
prendre le train/voyager en train	den Zug nehmen/mit dem Zug reisen
rater le train	den Zug verpassen
le **TGV** [teʒeve] **(train à grande vitesse)**	TGV *(frz. Hochgeschwindigkeitszug, ähnlich dem ICE)*
la **locomotive** [lɔkɔmɔtiv]	Lokomotive
le **conducteur**, la **conductrice** [kɔ̃dyktœʀ, tʀis]	Lokführer, Lokführerin
la **gare** [gaʀ]	Bahnhof
la **ligne** [liɲ]	Linie
les grandes lignes	Fernlinien, Fernstrecken; Fernzüge
le **billet** [bijɛ]	Fahrkarte, Ticket
le billet de train	(Zug-)Fahrkarte
le billet aller-retour, l'aller et retour	Rückfahrkarte
le billet aller (simple), l'aller simple	einfache Fahrkarte
le **contrôle des billets** [kɔ̃tʀoldebijɛ]	Fahrkartenkontrolle
la **place** [plas]	Platz
la place assise/debout	Sitz-/Stehplatz
le **tram(way)** [tʀam(wɛ)]	Straßenbahn
le **RER** [ɛʀøɛʀ] **(Réseau express régional)**	≈ S-Bahn, regionale Schnellbahn *(in Paris und Umgebung)*

Öffentliches Leben Thematisches Wörterbuch

Unterwegs – Im Verkehr

le **métro** [metʀo]	Metro, U-Bahn
en métro	mit der Metro
la ligne de métro	Metrolinie
le plan de métro	Metroplan
la rame de métro	U-Bahn(zug)
la **station** [stasjɔ̃]	Station, Haltestelle
la station de métro	U-Bahnstation, Metrostation
le **ticket** [tikɛ]	Ticket, Fahrschein
le ticket de métro	Metrofahrschein
monter [mɔ̃te] + *être*	einsteigen
descendre [desɑ̃dʀ] + *être*	aussteigen
changer [ʃɑ̃ʒe]	umsteigen
changer à Paris	in Paris umsteigen
changer de train	umsteigen
arriver [aʀive] + *être*	ankommen
le **guichet** [giʃɛ]	(Fahrkarten-)Schalter
le **départ** [depaʀ]	Abfahrt
l'heure de départ/d'arrivée	Abfahrts-/Ankunftszeit
l'**arrivée** *f* [aʀive]	Ankunft
l'**horaire** *m* [ɔʀɛʀ]	Fahrplan
le **supplément** [syplemɑ̃]	Zuschlag
lent, **e** [lɑ̃, lɑ̃t]	langsam
la **bouche (de métro)** [buʃ(dəmetʀo)]	(Metro-)Eingang

Schiffsverkehr

le **bateau**, les **bateaux** [bato]	Schiff
à bord [abɔʀ]	an Bord
monter à bord	an Bord gehen
traverser [tʀavɛʀse]	überqueren
la **mer** [mɛʀ]	Meer
partir en mer	aufs Meer fahren
avoir le mal de mer	seekrank sein
en pleine mer	auf hoher See

Thematisches Wörterbuch *Öffentliches Leben*

Unterwegs – Im Verkehr

le **port** [pɔʀ]	Hafen
le port de plaisance	Jachthafen
arriver à bon port	wohlbehalten am Ziel ankommen
le **ferry** [feʀi]	Fähre
le **marin** [maʀɛ̃]	Matrose, Seemann
le **capitaine** [kapitɛn]	Kapitän

Flugverkehr

l'**avion** *m* [avjɔ̃]	Flugzeug
prendre l'avion	das Flugzeug nehmen, fliegen
le détournement d'avion	Flugzeugentführung
l'**aéroport** *m* [aeʀɔpɔʀ]	Flughafen
les taxes d'aéroport	Flughafengebühr
le **billet (d'avion)** [bijɛ(davjɔ̃)]	Flugschein
la **montgolfière** [mɔ̃gɔlfjɛʀ],	Heißluftballon
le **ballon** [balɔ̃]	
le, la **pilote** [pilɔt]	Pilot(in)
la **piste** [pist]	Startbahn, Landebahn
la piste d'atterrissage	Landebahn
le **vol** [vɔl]	Flug
le vol régulier	Linienflug
le (vol) charter	Charterflug
voler [vɔle]	fliegen
survoler [syʀvɔle]	überfliegen
le **passager**, la **passagère** [pasaʒe, ɛʀ]	Passagier, Passagierin
les **bagages** *mpl* [bagaʒ]	Gepäck
les bagages à mains	Handgepäck
l'arrivée des bagages	Gepäckausgabe
la **douane** [dwan]	Zoll
déclarer [deklaʀe]	verzollen

Öffentliches Leben **Thematisches Wörterbuch**

Unterwegs – Auf Reisen

Auf Reisen

Länder und Sprachen

la **France** [fʀɑ̃s]	Frankreich
français, e [fʀɑ̃sɛ, ɛz]	französisch
le **Français**, la **Française** [fʀɑ̃sɛ, ɛz]	Franzose, Französin
le **français** [fʀɑ̃sɛ]	Französisch, das Französische
l'**Allemagne** f [almaɲ]	Deutschland
allemand, e [almɑ̃, ɑ̃d]	deutsch
l'**Allemand** m, l'**Allemande** f [almɑ̃, ɑ̃d]	Deutsche(r)
l'**allemand** m [almɑ̃]	Deutsch, das Deutsche
en allemand	auf Deutsch
l'**étranger** m [etʀɑ̃ʒe]	Ausland
à l'étranger	im Ausland
étranger, -ère [etʀɑ̃ʒe, ɛʀ]	fremd, ausländisch
le **pays** [pei]	Land
la **région** [ʀeʒjɔ̃]	Gegend, Region
le **Pays Basque** [peibask]	Baskenland
basque [bask]	baskisch
l'**Autriche** f [otʀiʃ]	Österreich
autrichien, ne [otʀiʃjɛ̃, jɛn]	österreichisch
l'**Autrichien** m, l'**Autrichienne** f [otʀiʃjɛ̃, jɛn]	Österreicher, Österreicherin
la **Suisse** [sɥis]	Schweiz
suisse [sɥis]	schweizerisch, Schweizer
le, la **Suisse** [sɥis]	Schweizer(in)
l'**Angleterre** f [ɑ̃glətɛʀ]	England
anglais, e [ɑ̃glɛ, ɛz]	englisch
l'**Anglais** m, l'**Anglaise** f [ɑ̃glɛ, ɛz]	Engländer, Engländerin
l'**anglais** m [ɑ̃glɛ]	Englisch, das Englische
la **province** [pʀɔvɛ̃s]	Provinz
lointain, e [lwɛ̃tɛ̃, ɛn]	fern
l'**habitant** m, l'**habitante** f [abitɑ̃, ɑ̃t]	Einwohner, Einwohnerin
la **langue** [lɑ̃g]	Sprache
la langue officielle	Amtssprache
francophone [fʀɑ̃kɔfɔn]	französischsprachig, Französisch sprechend
le **Nord de la France** [nɔʀdəlafʀɑ̃s]	Nordfrankreich

Thematisches Wörterbuch — *Öffentliches Leben*

Unterwegs – Auf Reisen

la **Lorraine** [lɔʀɛn]	Lothringen
le **Midi** [midi]	Südfrankreich
la **Belgique** [bɛlʒik]	Belgien
belge [bɛlʒ]	belgisch
le, la **Belge** [bɛlʒ]	Belgier(in)
la **Flandre** [flɑ̃dʀ]	Flandern
le **Luxembourg** [lyksɑ̃buʀ]	Luxemburg
les **Pays-Bas** *mpl* [peibɑ]	Niederlande
néerlandais, e [neɛʀlɑ̃dɛ, ɛz]	niederländisch
l'**Espagne** *f* [ɛspaɲ]	Spanien
espagnol, e [ɛspaɲɔl]	spanisch
l'**Espagnol** *m*, l'**Espagnole** *f* [ɛspaɲɔl]	Spanier, Spanierin
l'**Italie** *f* [itali]	Italien
italien, ne [italjɛ̃, jɛn]	italienisch
l'**Italien** *m*, l'**Italienne** *f* [italjɛ̃, jɛn]	Italiener, Italienerin
le **Portugal** [pɔʀtygal]	Portugal
portugais, e [pɔʀtygɛ, ɛz]	portugiesisch
l'**Europe** *f* [øʀɔp]	Europa
européen, ne [øʀɔpeɛ̃, ɛn]	europäisch
l'**Européen** *m*, l'**Européenne** *f* [øʀɔpeɛ̃, ɛn]	Europäer, Europäerin

Reisevorbereitungen

préparer [pʀepaʀe]	vorbereiten
les **vacances** *fpl* [vakɑ̃s]	Ferien, Urlaub
en vacances	in Ferien, im Urlaub
Bonnes vacances !	Schönen Urlaub!, Schöne Ferien!
passer ses vacances en Italie	seinen Urlaub/seine Ferien in Italien verbringen
le, la **touriste** [tuʀist]	Tourist(in)
le **pique-nique** [piknik]	Picknick
le **sac à dos** [sakado]	Rucksack
la **liste** [list]	Liste
le **groupe** [gʀup]	Gruppe
le **plan** [plɑ̃]	Plan
le **tour** [tuʀ]	Rundfahrt, Rundreise; Ausflug
le tour du monde	Weltreise
l'**arrêt** *m* [aʀɛ]	Halt, Anhalten

Öffentliches Leben Thematisches Wörterbuch

Unterwegs – Auf Reisen

la **préparation** [pʀepaʀasjɔ̃]	Vorbereitung
le **tourisme** [tuʀism]	Tourismus
l'**office du tourisme** *m* [ɔfisdytuʀism]	Fremdenverkehrsamt
le **renseignement** [ʀɑ̃sɛɲmɑ̃]	Auskunft
le **voyage** [vwajaʒ]	Reise
le voyage organisé	Gruppenreise
partir en voyage	verreisen, auf die Reise gehen
l'**excursion** *f* [ɛkskyʀsjɔ̃]	Ausflug
emporter [ɑ̃pɔʀte]	mitnehmen
le **guide (touristique)** [gid(tuʀistik)]	Reiseführer *(Buch)*
la **carte (routière)** [kaʀt(ʀutjɛʀ)]	(Land-)Karte
voyager [vwajaʒe]	reisen
l'**agence de voyage** *f* [aʒɑ̃sdəvwajaʒ]	Reisebüro
le **syndicat d'initiative** [sɛ̃dikadinisjativ]	Fremdenverkehrsamt
s'informer [sɛ̃fɔʀme]	sich informieren
s'informer de qc	sich über etw. informieren
s'informer sur qn	sich über jdn. informieren
l'**information** *f* [ɛ̃fɔʀmasjɔ̃]	Auskunft, Information
l'**aventure** *f* [avɑ̃tyʀ]	Abenteuer
la **valise** [valiz]	Koffer
faire sa valise	seinen Koffer packen
prêt, e [pʀɛ, ɛt]	fertig, bereit
le **canif** [kanif]	Taschenmesser

Übernachtung und Verpflegung

la **maison de vacances** [mɛzɔ̃dvakɑ̃s]	Ferienhaus
l'**hôtel** *m* [ɔtɛl, otɛl]	Hotel
l'hôtel deux étoiles, l'hôtel de luxe	Zwei-Sterne-Hotel, Luxushotel
la **réception** [ʀesɛpsjɔ̃]	Rezeption, Empfang
la **chambre** [ʃɑ̃bʀ]	Zimmer
réserver une chambre	ein Zimmer reservieren
la chambre d'hôte	Gästezimmer
la chambre simple/pour une personne	Einzelzimmer
la chambre double/pour deux personnes	Doppelzimmer
la chambre avec W.-C.	Zimmer mit Toilette

Thematisches Wörterbuch *Öffentliches Leben*

Unterwegs – Auf Reisen

la **salle de bains** [saldəbɛ̃]	Badezimmer
avec/sans salle de bains	mit/ohne Bad
le **jour d'arrivée** [ʒuʀdaʀive]	Ankunftstag
rester [ʀɛste] + *être*	bleiben
la **clé**, la **clef** [kle]	Schlüssel
le **lit** [li]	Bett
le grand lit	französisches (Doppel-)Bett
le lit supplémentaire	Zusatzbett
la **vue** [vy]	Aussicht
avec vue sur (la) mer	mit Meerblick
le **camping** [kãpiŋ]	Camping
le (terrain de) camping	Campingplatz
faire du camping	zelten
le camping sauvage	wildes Zelten
la **tente** [tãt]	Zelt
le **départ** [depaʀ]	Abreise
la **pension** [pãsjɔ̃]	Pension
la demi-pension/la pension complète	Halbpension/Vollpension
en demi-pension/pension complète	mit Halbpension/Vollpension
la pension de famille	Pension
compris, e [kɔ̃pʀi, iz]	inbegriffen, inklusive
petit-déjeuner compris	Frühstück (im Zimmerpreis) inbegriffen
calme [kalm]	ruhig
tranquille [tʀãkil]	ruhig, still
libre [libʀ]	frei
complet, -ète [kɔ̃plɛ, ɛt]	ausgebucht, belegt
le **refuge** [ʀ(ə)fyʒ]	(Schutz-)Hütte
chercher refuge	Zuflucht suchen
la **caravane** [kaʀavan]	Wohnwagen
l'**accueil** *m* [akœj]	Empfang, Aufnahme
la famille d'accueil	Gastfamilie
la **note (d'hôtel)** [nɔt(dotɛl)]	(Hotel-)Rechnung
le **personnel** [pɛʀsɔnɛl]	Personal

Öffentliches Leben **Thematisches Wörterbuch**

Unterwegs – Auf Reisen

Wegbeschreibung

la **ville** [vil]	Stadt
en ville	in der Stadt
le plan de ville	Stadtplan
la ville-dortoir	Schlafstadt
la **capitale** [kapital]	Hauptstadt
la **rue** [ʀy]	Straße
la rue commerçante	Geschäftsstraße
la rue piétonne	Fußgängerzone, autofreie Straße
la rue à sens unique	Einbahnstraße
la grand-rue	Hauptstraße
le **chemin** [ʃ(ə)mɛ̃]	Weg
demander son chemin (à qn)	(jdn.) nach dem Weg fragen
être/rester sur le droit chemin	auf der rechten Bahn sein/bleiben
la **direction** [diʀɛksjɔ̃]	Richtung
prendre la direction de…	in Richtung … gehen/fahren
où [u]	wo; wohin
ici [isi]	hier
là [la]	da; dort
gauche [goʃ]	linke(r, s)
la **gauche** [goʃ]	Linke, linke Seite
à gauche	(nach) links
sur votre gauche	zu Ihrer Linken, auf der linken Seite
droit, e [dʀwa, dʀwat]	rechte(r, s)
la **droite** [dʀwat]	Rechte, rechte Seite
à droite	(nach) rechts
tout droit [tudʀwa]	geradeaus
loin [lwɛ̃]	weit
loin de	weit entfernt von
au loin	in der Ferne
de loin	von weitem
à [a]	in, nach *(+ Ziel)*
à Paris	in/nach Paris
chez [ʃe]	bei; zu
en [ɑ̃]	in
en France	in Frankreich
dans [dɑ̃]	in
devant [d(ə)vɑ̃]	vor

Thematisches Wörterbuch Öffentliches Leben

Unterwegs – Auf Reisen

derrière [dɛRjɛR]	(da)hinter
par derrière	von hinten
avant [avɑ̃]	vor
après [apRɛ]	hinter; nach
depuis [dəpɥi]	von … aus
jusque [ʒysk]	bis
en face (de) [ɑ̃fas(də)]	gegenüber (von)
sur [syR]	auf; über
sous [su]	unter
chercher [ʃɛRʃe]	suchen
traverser [tRavɛRse]	überqueren
tourner [tuRne]	abbiegen, drehen
tourner en rond	im Kreis laufen/fahren
tourner à droite	rechts abbiegen, nach rechts gehen
tourner à 200m	in/nach 200 Metern abbiegen

le **village** [vilaʒ]	Dorf
la **route** [Rut]	Weg
En route vers… !	Auf nach/in …!
être sur la bonne route	auf dem richtigen Weg sein
le **côté** [kote]	Seite
à côté	nebenan, daneben
à côté de	neben
à ses côtés	neben ihm/ihr
le **coin** [kwɛ̃]	Ecke
le **milieu** [miljø]	Mitte
au milieu de qc	in der Mitte von etw.
au milieu de la pièce	in der Mitte des Zimmers, mitten im Zimmer
la **position** [pozisjɔ̃]	Lage, Platz, Stelle
se trouver [s(ə)tRuve]	sich befinden
là-bas [labɑ]	da hinten, dort (drüben)
là-haut [lao]	da oben
là-dedans [lad(ə)dɑ̃]	da drin
partout [paRtu]	überall
nulle part [nylpaR]	nirgends
près [pRɛ]	nah(e), in der Nähe
près de	nahe bei, neben
de près	von nahem, aus der Nähe
auprès de [opRɛdə]	bei

Öffentliches Leben — Thematisches Wörterbuch

Unterwegs – Auf Reisen

autour de [oturdə]	um ... herum
entre [ɑ̃tr]	zwischen
par [par]	durch
par là	in der Gegend (dort)
passer par là	dort vorbeikommen
vers [vɛr]	in Richtung von, nach; gegen
le **mètre (m)** [mɛtr]	Meter
à 100 mètres	in/nach 100 Metern
le **kilomètre (km)** [kilɔmɛtr]	Kilometer
être long de 50 km	50 km lang sein
30 kilomètres à l'heure	30 Kilometer pro Stunde
le **retour** [r(ə)tur]	Rückkehr
revenir [r(ə)vənir]	zurückkommen; wiederkommen
le **centre** [sɑ̃tr]	Zentrum
l'**endroit** *m* [ɑ̃drwa]	Ort, Stelle
la **banlieue** [bɑ̃ljø]	Vorort, Vorstadtbereich
parisien, ne [parizjɛ̃, jɛn]	Pariser *adj*
la région parisienne	Großraum Paris
local, e [lɔkal]	örtlich; einheimisch
l'**intérieur** *m* [ɛ̃terjœr]	das Innere
à l'intérieur de	im Innern von; (innen) in
le **bout** [bu]	Ende
au bout de	am Ende von
bas [bɑ]	tief
en bas de	unten an, am Fuß von
haut [o]	hoch
en haut de	oben in, oben auf
dehors [dəɔr]	draußen
en dehors de	außerhalb von
dessus [d(ə)sy]	darauf
là-dessus	hier hin-/herauf; dort hin-/herauf; darauf
au-dessus de qc	über etw., oberhalb von etw.
dessous [d(ə)su]	darunter
là-dessous	darunter
au-dessous de qc	unter etw., unterhalb von etw.
le **nord** [nɔr]	Norden
au nord (de)	im Norden (von); nördlich (von)
dans le Nord de la France	in Nordfrankreich, im Norden Frankreichs

Thematisches Wörterbuch — *Öffentliches Leben*

Unterwegs – Auf Reisen

le **sud** [syd]	Süden
l'**est** m [ɛst]	Osten
l'**ouest** m [wɛst]	Westen
le **point de départ** [pwɛ̃d(ə)depaʀ]	Ausgangspunkt
se perdre [s(ə)pɛʀdʀ]	sich verlaufen; sich verirren

Sehenswürdigkeiten

le **pont** [pɔ̃]	Brücke
la **place** [plas]	Platz
le **marché** [maʀʃe]	Markt
le marché couvert	Markthalle
le **monument (historique)** [mɔnymɑ̃(istɔʀik)]	Denkmal, Monument
être classé monument historique	unter Denkmalschutz stehen
la **cathédrale** [katedʀal]	Kathedrale
le **palais** [palɛ]	Palast, Schloss
la **pyramide** [piʀamid]	Pyramide
le **tombeau**, les **tombeaux** [tɔ̃bo]	Grabmal
la **tour** [tuʀ]	Turm
le **musée** [myze]	Museum
la **visite** [vizit]	Besichtigung
la visite guidée	Führung
visiter [vizite]	besichtigen
le **tour** [tuʀ]	(Spazier-)Gang, Rundgang
montrer (qc à qn) [mɔ̃tʀe]	(jdm. etw.) zeigen
le **guide** [gid]	(Fremden-)Führer, Reiseführer
la **carte postale** [kaʀtpɔstal]	Postkarte
la **station** [stasjɔ̃]	Ferien-, Urlaubsort
la station de sports d'hiver	Wintersportort
la station/ville thermale	(Thermal-)Kurort
la station balnéaire	Badeort
la **vieille ville** [vjɛjvil]	Altstadt
le **centre(-)ville** [sɑ̃tʀəvil]	Stadtzentrum
le **quartier** [kaʀtje]	(Stadt-)Viertel
construit, e [kɔ̃stʀɥi, ɥit]	gebaut

Öffentliches Leben **Thematisches Wörterbuch**

Unterwegs – Auf Reisen

le **marché aux puces** [maʀʃeopys]	Flohmarkt
l'**église** f [egliz]	Kirche
l'**hôtel (particulier)** m [otɛl(paʀtikylje)]	herrschaftliches Stadthaus
la **statue** [staty]	Statue, Skulptur
le **parc** [paʀk]	Park
le parc d'attractions	Vergnügungspark
le parc national	Nationalpark
le parc naturel	Naturschutzgebiet
le parc zoologique	Tierpark
le **zoo** [z(o)o]	Zoo
l'**arène** f [aʀɛn]	Arena
la **corrida** [kɔʀida]	Stierkampf
découvrir [dekuvʀiʀ]	erkunden; entdecken
la **découverte** [dekuvɛʀt]	Erkundung; Entdeckung
partir à la découverte de qc	etw. erkunden gehen

touristique [tuʀistik]	touristisch
la curiosité touristique	Sehenswürdigkeit
pittoresque [pitɔʀɛsk]	malerisch
le **château**, les **châteaux** [ʃato]	Schloss
le château fort	Burg
le **beffroi** [befʀwa]	(Stadt-)Turm
la **fontaine** [fɔ̃tɛn]	(Spring-)Brunnen

Verwechsel **la fontaine** nicht mit *Fontäne – le jet d'eau*!

le **phare** [faʀ]	Leuchtturm
la **ruine** [ʀɥin]	Ruine
en ruine	verfallen, eingestürzt
le **visiteur**, la **visiteuse** [vizitœʀ, øz]	Besucher, Besucherin
l'**entrée** f [ɑ̃tʀe]	Eintritt
L'entrée est payante.	Es kostet Eintritt.
gratuit, e [gʀatɥi, ɥit]	kostenlos, gratis, frei

Thematisches Wörterbuch — *Öffentliches Leben*

Unterwegs – In der Natur

In der Natur

Landschaften

l'**île** *f* [il]	Insel
le **bord** [bɔR]	Ufer
être itué au bord d'un fleuve	an einem Fluss liegen
être au bord de qc	sich am Rande von etw. befinden
la **forêt** [fɔRɛ]	Wald
la forêt vierge	Urwald

la **nature** [natyR]	Natur
le **paysage** [peizaʒ]	Landschaft
la **mer** [mɛR]	Meer
aller au bord de la mer	ans Meer gehen/fahren
la mer du Nord	Nordsee
la merBaltique	Ostsee
la **côte** [kot]	Küste
la côte atlantique	Atlantikküste
la Côte d'Azur	Côte d'Azur
près de la côte	in Küstennähe
la **plage** [plaʒ]	Strand
la **vague** [vag]	Welle
le **lac** [lak]	See
le lac Léman	Genfer See
le lac de Constance	Bodensee
le **fleuve** [flœv]	Fluss

> **INFO** Das Wort **fleuve** bezeichnet immer einen Fluss, der Nebenflüsse aufnimmt und ins Meer mündet.

le **relief** [Rəljɛf]	Relief
la **montagne** [mɔ̃taɲ]	Berg, Gebirge
à la montagne	in den Bergen
la chaîne de montagnes	Bergkette

Öffentliches Leben **Thematisches Wörterbuch**

Unterwegs – In der Natur

l'**altitude** f [altityd]	Höhe *(über dem Meeresspiegel)*
à 1350 mètres d'altitude	auf/in 1350 m Höhe
prendre del'altitude	an Höhe gewinnen
haut, e [´o, ´ot]	hoch
la **vallée** [vale]	Tal
le **volcan** [vɔlkɑ̃]	Vulkan
le volcan en activité	aktiver Vulkan
la **caverne** [kavɛʀn]	Höhle
la **campagne** [kɑ̃paɲ]	Land
vivre à la campagne	auf dem Land leben

la **Manche** [mɑ̃ʃ]	Ärmelkanal
la **marée** [maʀe]	Ebbe und Flut
les marées	Gezeiten
la maréehaute/basse	Flut/Ebbe
à marée haute/basse	bei Flut/Ebbe
le **rivage** [ʀivaʒ]	Küste, Küstenstrich
la **rive** [ʀiv]	Ufer
le **sable** [sɑbl]	Sand
la plage de sable fin	feinsandiger Strand
la **source** [suʀs]	Quelle
prendre sa source	entspringen
le **sommet** [sɔmɛ]	Gipfel
la **colline** [kɔlin]	Hügel
le **rocher** [ʀɔʃe]	Felsen
la **roche** [ʀɔʃ]	(Fels-)Gestein
la **pierre** [pjɛʀ]	Stein
le **terrain** [teʀɛ̃]	Gelände
le terrain plat	ebenes Gelände
le **champ** [ʃɑ̃]	Feld, Acker
sauvage [sovaʒ]	wild

Flora und Fauna

- **Flora**

la **fleur** [flœʀ]	Blume

Thematisches Wörterbuch *Öffentliches Leben*

Unterwegs – In der Natur

l'**arbre** *m* [aRbR]	Baum
l'arbre fruitier	Obstbaum
le **fruit** [fRɥi]	Frucht
le fruit mûr/vert	reife/unreife Frucht
la **plante** [plɑ̃t]	Pflanze
la **rose** [Roz]	Rose
le bouton de rose	Rosenknospe
le **bouquet** [bukɛ]	Strauß
pousser [puse]	wachsen
la **feuille** [fœj]	Blatt
la **tulipe** [tylip]	Tulpe
l'**œillet** *m* [œjɛ]	Nelke
le **marron** [maRɔ̃]	Marone

• Fauna

l'**animal** *m*, les **animaux** [animal, o]	Tier
l'animal domestique	Haustier
les animaux nuisibles	Schädlinge
le **chien**, la **chienne** [ʃjɛ̃, ʃjɛn]	Hund, Hündin
le **chat**, la **chatte** [ʃa, ʃat]	Katze
Il n'y a pas un chat ici.	Es ist keine Menschenseele hier.
appeler un chat un chat	die Dinge beim Namen nennen
la **souris** [suRi]	Maus
le **perroquet** [pɛRɔkɛ]	Papagei
le **poisson** [pwasɔ̃]	Fisch
le poisson de mer	Seefisch
le poisson d'eau douce	Süßwasserfisch
le poisson rouge	Goldfisch
le poisson d'avril	Aprilscherz
la **bête** [bɛt]	Tier
les bêtes	Tiere, Vieh
la bête sauvage	wildes Tier
le **hamster** [´amstɛR]	Hamster

Öffentliches Leben Thematisches Wörterbuch

Unterwegs – In der Natur

le **lapin** [lapɛ̃]	Kaninchen, Hase
poser un lapin à qn *(fam)*	jdn. versetzen
la **cage** [kaʒ]	Käfig
le **coq** [kɔk]	Hahn
la **poule** [pul]	Huhn
avoir la chair de poule	Gänsehaut haben
la **vache** [vaʃ]	Kuh
la maladie de la vache folle	BSE, Rinderwahnsinn
le **taureau**, les **taureaux** [tɔʀo]	Stier
le **bœuf** [bœf, bø]	Ochse
le **veau**, les **veaux** [vo]	Kalb
le **porc** [pɔʀ], le **cochon** [kɔʃɔ̃]	Schwein
le **cheval**, les **chevaux** [ʃ(ə)val, o]	Pferd
l'**âne** *m*, l'**ânesse** *f* [ɑn, ɑnɛs]	Esel, Eselin
sauvage [sovaʒ]	wild (lebend)
le **loup**, la **louve** [lu, luv]	Wolf, Wölfin
avoir une faim de loup	einen Bärenhunger haben
être connu comme le loup blanc	bekannt wie ein bunter Hund sein
le **lion**, la **lionne** [ljɔ̃, ljɔn]	Löwe, Löwin
le **tigre**, la **tigresse** [tigʀ, ɛs]	Tiger, Tigerin
le **singe** [sɛ̃ʒ]	Affe
faire le singe	herumkaspern
l'**oiseau** *m*, les **oiseaux** [wazo]	Vogel
l'oiseau migrateur	Zugvogel
le **crabe** [kʀɑb]	Krebs
la **queue** [kø]	Schwanz

Das Wetter

beau, **bel**, **belle** [bo, bɛl]	schön
Il fait beau.	Es ist schön(es Wetter).
mauvais, **e** [movɛ, ɛz]	schlecht
Il fait mauvais (temps).	Es ist schlechtes Wetter.
la **saison** [sɛzɔ̃]	Jahreszeit
la saison des pluies	Regenzeit

Thematisches Wörterbuch *Öffentliches Leben*

Unterwegs – In der Natur

le **temps** [tɑ̃]	Wetter
Quel temps fait-il ?	Wie ist das Wetter?
Il fait un temps magnifique.	Es ist herrliches Wetter.
(Il fait) un temps de chien.	(Es ist) ein Sauwetter.
le changement de temps	Wetterwechsel
bon, **ne** [bɔ̃, bɔn]	angenehm
Il fait bon.	Das Wetter ist angenehm.
le **ciel** [sjɛl]	Himmel
Le ciel s'éclaircit.	Der Himmel reißt auf.
Le ciel se couvre.	Der Himmel zieht zu.
le **nuage** [nɥaʒ]	Wolke
le **soleil** [sɔlɛj]	Sonne
Il fait soleil.	Es ist sonnig.
Le soleil perce/tape.	Die Sonne kommt durch/sticht.
Le soleil se lève/se couche.	Die Sonne geht auf/unter.
au lever/coucher du soleil	bei Sonnenaufgang/Sonnenuntergang
les rayons de soleil	Sonnenstrahlen
le bain de soleil	Sonnenbad
prendre un bain de soleil	sich sonnen
briller [bʀije]	scheinen
Le soleil brille.	Die Sonne scheint.
apparaître [apaʀɛtʀ] + *être*	erscheinen
pleuvoir [pløvwaʀ]	regnen
Il pleut.	Es regnet.
pleuvoir à verse	in Strömen regnen, gießen
neiger [neʒe]	schneien
la **neige** [nɛʒ]	Schnee
le flocon de neige	Schneeflocke
La neige tombe à gros flocons.	Der Schnee fällt in dicken Flocken.
la **glace** [glas]	Eis
le **vent** [vɑ̃]	Wind
Le vent souffle fort.	Der Wind bläst heftig.
Il fait du vent.	Es ist windig.
la **température** [tɑ̃peʀatyʀ]	Temperatur
la température moyenne	Durchschnittstemperatur
chaud, **e** [ʃo, ʃod]	warm, heiß
Il fait chaud.	Es ist warm/heiß.
froid, **e** [fʀwa, fʀwad]	kalt
J'ai froid.	Mir ist kalt.

Öffentliches Leben **Thematisches Wörterbuch**

Unterwegs – In der Natur

frais, **fraîche** [fʀɛ, fʀɛʃ]	kühl, frisch
Il fait frais.	Es ist kühl.
le **degré** [dəgʀe]	Grad
Il fait dix degrés.	Es sind zehn Grad.
15°C au-dessus/au-dessous de zéro	15°C über/unter Null
plus [plys]	plus
moins [mwɛ̃]	minus
Il fait moins deux.	Es ist 2 Grad minus.
baisser [bese]	fallen
baisser de dix degrés	um zehn Grad fallen
monter [mɔ̃te] + *être*	steigen, zunehmen
la **tempête** [tɑ̃pɛt]	Sturm, Unwetter
La tempête s'est calmée.	Der Sturm hat sich gelegt.
le **climat** [klima]	Klima

agréable [agʀeabl]	angenehm
doux, **douce** [du, dus]	mild
la **pluie** [plɥi]	Regen
humide [ymid]	nass, feucht
mouillé, e [muje]	nass
l'**orage** *m* [ɔʀaʒ]	Gewitter
Il y a de l'orage dans l'air. *(fam)*	Es herrscht dicke Luft.
le **brouillard** [bʀujaʀ]	Nebel
un brouillard épais/à couper au couteau	dichter/sehr dichter Nebel
la nappe de brouillard	Nebelbank
la **rosée** [ʀoze]	Tau
la **chaleur** [ʃalœʀ]	Wärme, Hitze
Quelle chaleur !	Was für eine Hitze!
la vague de chaleur	Hitzewelle
sec, **sèche** [sɛk, sɛʃ]	trocken
dessécher [deseʃe]	austrocknen

Umwelt, Umweltschutz

l'**eau** *f* [o]	Wasser
l'eau potable	Trinkwasser
dangereux, -euse [dɑ̃ʒʀø, øz]	gefährlich

Thematisches Wörterbuch *Öffentliches Leben*

Unterwegs – In der Natur

la **nature** [natyʀ]	Natur
le **bruit** [bʀɥi]	Lärm
bruyant, e [bʀɥijã, ãt]	laut
la **catastrophe** [katastʀɔf]	Katastrophe
la catastrophe écologique	Umweltkatastrophe
la catastrophe naturelle	Naturkatastrophe
détruire [detʀɥiʀ]	zerstören
le **feu**, les **feux** [fø]	Feuer, Brand
prendre feu	Feuer fangen, sich entzünden
l'**environnement** *m* [ãviʀɔnmã]	Umwelt
protéger/respecter l'environnement	die Umwelt schützen
naturel, le [natyʀɛl]	natürlich
disparaître [dispaʀɛtʀ]	verschwinden
gaspiller [gaspije]	verschwenden
polluer [pɔlɥe]	verschmutzen
la **décharge** [deʃaʀʒ]	Müllkippe
les **ordures** *fpl* [ɔʀdyʀ]	Müll
les **déchets** *mpl* [deʃɛ]	Abfälle
les déchets nucléaires	Atommüll
éliminer les déchets	Abfälle entsorgen
brûler [bʀyle]	(ver)brennen
recyclable [ʀ(ə)siklabl]	wiederverwertbar, recycelbar
recycler [ʀ(ə)sikle]	recyceln, wieder verwerten
le papier recyclé	Umweltpapier
le **recyclage** [ʀ(ə)siklaʒ]	Recycling
économiser [ekɔnɔmize]	(ein)sparen
protéger [pʀɔteʒe]	schützen

Öffentliches Leben **Thematisches Wörterbuch**

In der Gesellschaft leben – Politik und Staat

In der Gesellschaft leben – Politik und Staat

Staatsform und Verfassung

la **nation** [nasjɔ̃]	Nation
national, e [nasjɔnal]	national
la Fête Nationale	Nationalfeiertag
le **système** [sistɛm]	System
le système politique	politisches System, Regime
le système démocratique	demokratische Regierungsform
le **régime** [ʀeʒim]	Regierungsform; Regime
le régime totalitaire	totalitäres Regime
la **liberté** [libɛʀte]	Freiheit
l'**égalité** *f* [egalite]	Gleichheit
la **fraternité** [fʀatɛʀnite]	Brüderlichkeit
la **patrie** [patʀi]	Vaterland
le **citoyen**, la **citoyenne** [sitwajɛ, jɛn]	(Staats-)Bürger(in)
le **drapeau**, les **drapeaux** [dʀapo]	Fahne
le drapeau tricolore	Trikolore
l'**État** *m* [eta]	Staat
l'État fédéral	Bundesstaat
le chef d'État	Regierungschef
le chef de l'État	Staatsoberhaupt
l'homme d'État	Staatsmann
le **pouvoir** [puvwaʀ]	Macht, (Staats-)Gewalt
être au pouvoir	an der Macht sein
la séparation des pouvoirs	Gewaltenteilung
le pouvoir législatif	gesetzgebende Gewalt, Legislative
le pouvoir exécutif	vollziehende Gewalt, Exekutive
le pouvoir judiciaire	richterliche Gewalt, Judikative
le **droit** [dʀwa]	Recht
les droits fondamentaux	Grundrechte
les droits de l'homme	Menschenrechte
la **république** [ʀepyblik]	Republik
la République française	die Französische Republik
la République fédérale (d'Allemagne)	Bundesrepublik (Deutschland)
la **démocratie** [demɔkʀasi]	Demokratie

Thematisches Wörterbuch   *Öffentliches Leben*

In der Gesellschaft leben – Politik und Staat

démocratique [demɔkratik]	demokratisch
la **monarchie** [mɔnaʁʃi]	Monarchie
la monarchie constitutionnelle	konstitutionelle Monarchie
la **dictature** [diktatyʁ]	Diktatur
centraliser [sɑ̃tʁalize]	zentralisieren
le **représentant**, la **représentante** [ʁ(ə)pʁezɑ̃tɑ̃, ɑ̃t]	Vertreter, Vertreterin
départemental, e [depaʁtəmɑ̃tal]	zum Departement gehörig, Departements-

Regierung und Opposition

la **politique** [pɔlitik]	Politik
faire de la politique	politisch engagiert/aktiv sein
politique [pɔlitik]	politisch
l'homme politique, la femme politique	Politiker, Politikerin
le **parti (politique)** [paʁti(pɔlitik)]	Partei
le parti gouvernemental	Regierungspartei
le **parlement** [paʁləmɑ̃]	Parlament
la **séance** [seɑ̃s]	Sitzung
proposer [pʁɔpoze]	beantragen
voter [vɔte]	wählen, abstimmen
voter qc	etw. wählen, über etw. abstimmen
voter pour qn	für jdn. stimmen
la **majorité** [maʒɔʁite]	Mehrheit
la majorité absolue/relative	absolute/relative Mehrheit
le **gouvernement** [guvɛʁnəmɑ̃]	Regierung
le chef du gouvernement	Regierungschef
l'**opposition** *f* [ɔpozisjɔ̃]	Opposition
le, la **ministre** [ministʁ]	Minister(in)
le Premier ministre	Premierminister(in

Öffentliches Leben **Thematisches Wörterbuch**

In der Gesellschaft leben – Politik und Staat

> **INFO**
> Der französische **Premier ministre** ist Regierungschef und leitet die Regierungsgeschäfte. Er regiert für eine Legislaturperiode von fünf Jahren und ist zum Beispiel befugt, in Bereichen, die nicht gesetzlich geregelt sind, Verordnungen zu erlassen. An der Bildung der Regierung wirkt er mit, indem er dem Präsidenten Minister zur Ernennung oder Absetzung vorschlagen kann.

le Conseil des ministres	Ministerrat
la **mesure** [m(ə)zyʀ]	Maßnahme
la **droite** [dʀwat]	Rechte
l'extrême droite	Rechtsextremisten
les partis de droite/de gauche	Rechts-/Linksparteien
être de droite/de gauche	(politisch) rechts/links stehen
la **gauche** [goʃ]	Linke
l'extrême gauche	Linksextremisten
le **discours** [diskuʀ]	Ansprache, Rede
prononcer un discours	eine Rede halten

Sozialstaat und Steuern

social, e [sɔsjal]	sozial
la politique sociale	Sozialpolitik
les partenaires sociaux	Sozialpartner
l'**impôt** *m*, les **impôts** [ɛ̃po]	Steuer(n)
l'impôt sur le revenu	Einkommensteuer
la déclaration d'impôts	Steuererklärung
augmenter [ɔgmɑ̃te]	steigen
baisser [bese]	sinken; senken
diminuer [diminɥe]	senken, kürzen; sinken
la **contribution** [kɔ̃tʀibysjɔ̃]	Beitrag, Anteil
dépenser [depɑ̃se]	ausgeben
le **logement social** [lɔʒmɑ̃sɔsjal]	Sozialwohnung
le **HLM**, l'**HLM** *m od. f* [´aʃɛlɛm] **(habitation à loyer modéré)** *inv*	Mietshaus mit Sozialwohnungen

Thematisches Wörterbuch *Öffentliches Leben*

In der Gesellschaft leben – Politik und Staat

les **économies** *fpl* [ekɔnɔmi]	Ersparnisse
faire des économies	sparen
déclarer [deklaʀe]	angeben, anmelden

Innen- und Außenpolitik

• Innenpolitik

l'**étranger** *m*, l'**étrangère** *f* [etʀɑ̃ʒe, ɛʀ]	Ausländer, Ausländerin
l'**origine** *f* [ɔʀiʒin]	Herkunft
l'**immigration** *f* [imigʀasjɔ̃]	Einwanderung
l'immigration clandestine	illegale Einwanderung
l'**immigré** *m*, l'**immigrée** *f* [imigʀe]	Einwanderer, Einwanderin
l'immigré clandestin, le clandestin	illegaler Einwanderer
le travailleur immigré	Gastarbeiter
immigrer [imigʀe]	einwandern
émigrer [emigʀe]	auswandern
beur, e [bœʀ] *(fam)*	in Frankreich geborenes Kind maghrebinischer Einwanderer

> **INFO**
> Mit **beur** und den weiblichen Formen **beure** und **beurette** werden die Kinder der Einwanderer aus den ehemaligen französischen Kolonien Tunesien, Algerien und Marokko bezeichnet. Die Betroffenen selbst verwenden diese Bezeichnungen auch und empfinden sie nicht als abwertend. Die Jugendkultur – besonders Musik, Film und Theater – wird von diesen französischen Staatsbürgerinnen und -bürgern arabischer Herkunft stark beeinflusst.

le, la **sans-papiers** [sɑ̃papje]	Ausländer(in), der (die) sich illegal in Frankreich aufhält
le **racisme** [ʀasism]	Rassismus
le, la **raciste** [ʀasist]	Rassist(in)
raciste [ʀasist]	rassistisch

Öffentliches Leben — Thematisches Wörterbuch

In der Gesellschaft leben – Politik und Staat

- **Internationale Beziehungen**

l'**étranger** m [etʀɑ̃ʒe]	Ausland
étranger, -ère [etʀɑ̃ʒe, ɛʀ]	Auslands-, ausländisch; fremd
la politique étrangère	Außenpolitik
le ministre des Affaires étrangères	Außenminister
l'**aide** f [ɛd]	Hilfe
l'aide au développement	Entwicklungshilfe

les **relations (internationales)** fpl [ʀ(ə)lasjɔ̃(ɛ̃tɛʀnasjɔnal)]	(internationale) Beziehungen
les relations diplomatiques	diplomatische Beziehungen
la **rencontre** [ʀɑ̃kɔ̃tʀ]	Zusammenkunft, Treffen
la **conférence** [kɔ̃feʀɑ̃s]	Konferenz
l'**ambassade** f [ɑ̃basad]	Botschaft
le **consulat** [kɔ̃syla]	Konsulat
la **puissance** [pɥisɑ̃s]	Macht
la grande puissance	Großmacht

- **Landesverteidigung**

la **défense** [defɑ̃s]	Verteidigung
le ministre de la Défense	Verteidigungsminister
défendre [defɑ̃dʀ]	verteidigen
l'**armée** f [aʀme]	Armee
l'armée de métier	Berufsarmee
l'armée de terre	Landstreitkräfte, Heer
l'armée de l'air	Luftwaffe
militaire [militɛʀ]	militärisch
le service militaire	Wehrpflicht, Militärdienst
le, la **militaire** [militɛʀ]	Soldat(in)
le militaire de carrière	Berufssoldat
la **guerre** [gɛʀ]	Krieg
la guerre civile	Bürgerkrieg
faire la guerre (à qn)	(gegen jdn.) Krieg führen
déclarer la guerre	den Krieg erklären
la déclaration de guerre	Kriegserklärung
le crime de guerre	Kriegsverbrechen

Thematisches Wörterbuch *Öffentliches Leben*

In der Gesellschaft leben – Die Gesellschaft

l'**ennemi** m, l'**ennemie** f [ɛn(ə)mi]	Feind, Feindin
ennemi, e [ɛn(ə)mi]	feindlich
l'**explosion** f [ɛksplozjɔ̃]	Explosion
la **mine** [min]	Mine
la **bombe** [bɔ̃b]	Bombe
la bombe atomique	Atombombe
la bombe lacrymogène	Tränengas
le **bombardement** [bɔ̃baʀdəmɑ̃]	Bombardierung, Bombenangriff
la **paix** [pɛ]	Frieden
faire la paix	Frieden schließen
le traité de paix	Friedensvertrag

Die Gesellschaft

Bevölkerung

les **gens** mpl [ʒɑ̃]	Leute

> **INFO**
>
> Das Wort **gens** weist mehrere Besonderheiten auf: Es kommt nur in der Mehrzahl vor. Es ist männlich *(tous les gens)*, aber wenn es mit einem Adjektiv verwendet wird, das vorangestellt wird, steht dieses in der weiblichen Form *(les vieilles gens)*. Ferner bezeichnet **gens** – wie das deutsche Wort *Leute* – Menschen beiderlei Geschlechts, aber im Sonderfall von *jeunes gens* ist es auch der Plural von *jeune homme* und bezeichnet ausschließlich Männer.

les **jeunes** mpl [ʒœn]	Jugendliche
la **classe** [klɑs]	Klasse, Schicht
la classe sociale	soziale Klasse, Gesellschaftsschicht
la classe ouvrière	Arbeiterklasse
la classe moyenne	Mittelstand
social, e [sɔsjal]	sozial
la couche sociale	Gesellschaftsschicht
la fracture sociale	soziale Kluft
pauvre [povʀ]	arm

Öffentliches Leben — Thematisches Wörterbuch

In der Gesellschaft leben – Die Gesellschaft

> **INFO**
> Steht **pauvre** <u>nach</u> dem Substantiv, drückt es das Gegenteil von *reich* oder *üppig* aus: *une famille pauvre – eine arme Familie.*
> Steht es <u>vor</u> dem Substantiv, drückt es etwas Bemitleidenswertes aus: *un pauvre chien – ein bedauernswerter (oder auch: armer) Hund; un pauvre sourire – ein Mitleid erregendes Lächeln.*

riche [ʀiʃ]	reich
la **population** [pɔpylasjɔ̃]	Bevölkerung
la population active	erwerbstätige Bevölkerung
l'**augmentation** f [ɔgmɑ̃tasjɔ̃]	Erhöhung, Steigerung, Zunahme
la **réduction** [ʀedyksjɔ̃]	Verringerung
la **pauvreté** [povʀəte]	Armut
la **richesse** [ʀiʃɛs]	Reichtum
la **solitude** [sɔlityd]	Einsamkeit
seul, e [sœl]	allein; allein stehend
la **société** [sɔsjete]	Gesellschaft
le **milieu** [miljø]	Milieu
le milieu social	(soziales) Milieu, gesellschaftliches Umfeld
le milieu défavorisé	unterprivilegierte soziale Schicht
aisé, e [eze]	wohlhabend, gut situiert
venir + *être* **de qc** [v(ə)niʀ]	aus etw. stammen
la **fortune** [fɔʀtyn]	Vermögen
le **bourgeois**, la **bourgeoise** [buʀʒwa, waz]	Bürger, Bürgerin
populaire [pɔpylɛʀ]	Volks-; gewöhnlich
les couches populaires	einfache Verhältnisse
la **misère** [mizɛʀ]	Not, Elend

Sicherheit und Kriminalität

• Polizei und Straftaten

la **police** [pɔlis]	Polizei
la police judiciaire	Kriminalpolizei

Thematisches Wörterbuch *Öffentliches Leben*

In der Gesellschaft leben – Die Gesellschaft

le **policier** [pɔlisje]	Polizist, Polizistin
le **flic** [flik] *(fam)*	Polizist, Bulle
l'**agent de police** *m* [aʒɑ̃dpɔlis]	Polizeibeamter, -beamtin
l'**inspecteur de police** *m* [ɛ̃spɛktœʀd(ə)pɔlis]	Polizeiinspektor(in)
le **commissariat (de police)** [kɔmisaʀja(d(ə)pɔlis)]	Polizeirevier
le **poste (de police)** [pɔst(d(ə)pɔlis)]	Polizeiwache, Polizeistation
policier, -ière [pɔlisje, jɛʀ]	polizeilich, Polizei-
la **gendarmerie** [ʒɑ̃daʀməʀi]	Gendarmerie

> **INFO**
> Die **gendarmerie** gehört zu den französischen Streitkräften, erfüllt aber zum größten Teil polizeiliche Funktionen. Wenn man die Polizei braucht, wendet man sich in den größeren Städten an ein *commissariat de police*, in kleineren Orten oder auf dem Land dagegen an die **gendarmerie**. Sie ist in fast jedem Dorf vertreten.

le **gendarme** [ʒɑ̃daʀm]	Gendarm, (Militär-)Polizist(in)
la **patrouille (de police)** [patʀuj(d(ə)pɔlis)]	(Polizei-)Streife
le **contrôle** [kɔ̃tʀol]	Kontrolle
le contrôle d'identité	Ausweiskontrolle
dangereux, -euse [dɑ̃ʒʀø, øz]	gefährlich
les **C.R.S.** *mpl* [seeʀɛs] (Compagnie Républicaine de Sécurité)	≈ Bereitschaftspolizei

> **INFO**
> Die **C.R.S.** wurden 1945 als mobile Bereitschaftspolizei gegründet. Sie werden hauptsächlich zur Bewachung öffentlicher Gebäude und bei Demonstrationen eingesetzt.

le, la **commissaire (de police)** [kɔmisɛʀ(dəpɔlis)]	Kommissar(in)
la **criminalité** [kʀiminalite]	Kriminalität

Öffentliches Leben **Thematisches Wörterbuch**

In der Gesellschaft leben – Die Gesellschaft

le **vol** [vɔl]	Diebstahl
le vol à main armée	bewaffneter Raubüberfall
voler [vɔle]	stehlen
le **voleur**, la **voleuse** [vɔlœʀ, øz]	Dieb, Diebin
Au voleur !	Haltet den Dieb!
tuer [tɥe]	töten
le **danger** [dɑ̃ʒe]	Gefahr

le, la **ministre de l'Intérieur** [ministʀdəlɛ̃teʀjœʀ]	Innenminister(in)
la **sécurité** [sekyʀite]	Sicherheit
sûr, e [syʀ]	sicher
se protéger [səpʀɔteʒe]	sich schützen
interroger [ɛ̃teʀɔʒe]	befragen, vernehmen
l'**interrogatoire** *m* [ɛ̃teʀɔgatwaʀ]	Vernehmung
justifier [ʒystifje]	rechtfertigen
s'expliquer [sɛksplike]	sich rechtfertigen
s'expliquer sur qc	etw. rechtfertigen, sich für etw. entschuldigen
la **trace** [tʀas]	Spur
le, la **responsable** [ʀɛspɔ̃sabl]	Verantwortliche(r)
la **punition** [pynisjɔ̃]	Strafe, Bestrafung
punir [pyniʀ]	bestrafen
la **sanction** [sɑ̃ksjɔ̃]	Strafe; Sanktion
défendu, e [defɑ̃dy]	verboten
interdit, e [ɛ̃tɛʀdi, it]	verboten
illégal, e [i(l)legal]	illegal, ungesetzlich
la **violence** [vjɔlɑ̃s]	Gewalt
les violences	Gewalttätigkeiten
violent, e [vjɔlɑ̃, ɑ̃t]	gewalttätig
le **crime** [kʀim]	Verbrechen
commettre un crime	ein Verbrechen begehen
la **victime** [viktim]	Opfer
la **liberté** [libɛʀte]	Freiheit
remettre en liberté	freilassen
libre [libʀ]	frei

Thematisches Wörterbuch *Öffentliches Leben*

In der Gesellschaft leben – Die Gesellschaft

• Vor Gericht

juste [ʒyst]	gerecht
injuste [ɛ̃ʒyst]	ungerecht
l'**accusation** f [akyzasjɔ̃]	Anschuldigung; Anklage
accuser [akyze]	beschuldigen; anklagen
accuser qn de vol	jdn. des Diebstahls beschuldigen
mentir [mɑ̃tiʀ]	lügen
mentir à qn	jdn. belügen
régler [ʀegle]	regeln, klären; beilegen, erledigen
régler une affaire	eine Angelegenheit regeln
régler un conflit	einen Streit beilegen
la **justice** [ʒystis]	Justiz; Gerechtigkeit
poursuivre en justice	verklagen
le repris de justice	Vorbestrafte(r)
l'**injustice** f [ɛ̃ʒystis]	Ungerechtigkeit
le **droit** [dʀwa]	(Rechts-)Anspruch; Recht; Jura
le droit civil/pénal	Zivil-/Strafrecht
avoir droit à qc	Recht auf etw. haben
avoir le droit de faire qc	das Recht haben etw. zu tun
être dans son droit	im Recht sein
le **tort** [tɔʀ]	Unrecht
être dans son tort	im Unrecht sein
permettre [pɛʀmɛtʀ]	erlauben
le **garde des Sceaux** [gaʀddeso]	Justizminister(in) *(in Frankreich)*
le **tribunal**, les **tribunaux** [tʀibynal, o]	Gericht
le **procès** [pʀɔsɛ]	Prozess
être en procès avec qn	gegen jdn. prozessieren
le, la **juge** [ʒyʒ]	Richter(in)
le juge d'instruction	Untersuchungsrichter
l'**avocat** m, l'**avocate** f [avɔka, at]	Rechtsanwalt, Rechtsanwältin
défendre [defɑ̃dʀ]	verteidigen
le **procureur** [pʀɔkyʀœʀ]	Staatsanwalt, -anwältin
le **jury** [ʒyʀi]	die Geschworenen
le **juré**, la **jurée** [ʒyʀe]	Geschworene(r)
le **témoin** [temwɛ̃]	Zeuge, Zeugin

Öffentliches Leben **Thematisches Wörterbuch**

In der Gesellschaft leben – Die Gesellschaft

Zu **le témoin** gibt es keine Femininform: *elle est témoin – sie ist Zeugin*.

l'**affaire** f [afɛʀ] | Fall; Sache, Angelegenheit; Affäre
plaider une affaire | eine Sache vor Gericht vertreten
avoir affaire à qn | mit jdm. zu tun haben
le **dossier** [dosje] | Akte, Fall
la **vérité** [veʀite] | Wahrheit
juger [ʒyʒe] | urteilen, verurteilen
juger qn | das Urteil über jdn. sprechen
juger qn coupable | jdn. für schuldig befinden
le **jugement** [ʒyʒmɑ̃] | Urteil
prononcer le jugement | das Urteil verkünden

Gruppen und Vereine

le **groupe** [gʀup] | Gruppe
le groupe d'auto-support/d'entraide | Selbsthilfegruppe
organiser [ɔʀganize] | organisieren, veranstalten
ensemble [ɑ̃sɑ̃bl] | gemeinsam
aider qn [ede] | jdm. helfen
aider qn à faire qc | jdm. helfen etw. zu tun

le **club** [klœb] | Klub, Verein
créer [kʀee] | gründen
l'**appel** m [apɛl] | Aufruf
faire appel à qn | sich an jdn. wenden, an jdn. appellieren
manifester [manifɛste] | demonstrieren

la **manifestation** [manifɛstasjɔ̃] | Demonstration
la **manif** [manif] *(fam)* | Demo
soutenir [sut(ə)niʀ] | unterstützen
le **soutien** [sutjɛ̃] | Unterstützung
l'**œuvre** f [œvʀ] | karitativer Verein, Wohltätigkeitsverein
les bonnes œuvres | wohltätige Werke

Thematisches Wörterbuch — Öffentliches Leben

In der Gesellschaft leben – Wirtschaft und Finanzen

Wirtschaft und Finanzen

Industrie und Handwerk

la **stratégie** [stRateʒi]	Strategie
la **machine** [maʃin]	Maschine
l'**activité** f [aktivite]	Tätigkeit, Aktivität
l'activité industrielle	produzierendes Gewerbe
l'activité économique	Wirtschaft
l'activité commerciale	Handel
l'**entreprise** f [ɑ̃tRəpRiz]	Unternehmen, Firma
l'entreprise publique/privée	öffentliches/privates Unternehmen
le chef d'entreprise	Firmenchef
la **boîte** [bwat] *(fam)*	Firma, Laden
créer [kRee]	gründen, errichten
l'**usine** f [yzin]	Fabrik, Werk
le **producteur**, la **productrice** [pRɔdyktœR, tRis]	Hersteller(in), Erzeuger(in)
la **production** [pRɔdyksjɔ̃]	Produktion, Herstellung
produire [pRɔdɥiR]	herstellen, erzeugen
le **produit** [pRɔdɥi]	Produkt, Erzeugnis
la **marque** [maRk]	Marke
la marque déposée	Warenzeichen
la **qualité** [kalite]	Qualität
de qualité	Qualitäts-
de grande qualité	hochwertig
l'**économie** f [ekɔnɔmi]	Wirtschaft
économique [ekɔnɔmik]	Wirtschafts-, wirtschaftlich
la crise économique	Wirtschaftskrise
le **développement** [devlɔpmɑ̃]	Entwicklung; Steigerung, Wachstum
la **société** [sɔsjete]	Gesellschaft, Firma
la société anonyme, la S.A.	Aktiengesellschaft, AG
la société à responsabilité limitée, la S.A.R.L.	Gesellschaft mit beschränkter Haftung, GmbH
le **groupe** [gRup]	Konzern
le groupe industriel	Industriekonzern
fonder [fɔ̃de]	(be)gründen
s'installer [sɛ̃stale]	sich niederlassen

Öffentliches Leben **Thematisches Wörterbuch**

In der Gesellschaft leben – Wirtschaft und Finanzen

se développer [sədev(ə)lɔpe]	sich entwickeln; zunehmen
employer [ãplwaje]	beschäftigen
le **personnel** [pɛRsɔnɛl]	Personal
le **robot** [Rɔbo]	Roboter
la **concurrence** [kɔ̃kyRɑ̃s]	Konkurrenz, Wettbewerb
le **concurrent**, la **concurrente** [kɔ̃kyRɑ̃, ɑ̃t]	Konkurrent, Konkurrentin
la **difficulté** [difikylte]	Schwierigkeit
la **perte** [pɛRt]	Verlust

Landwirtschaft, Fischerei, Bergbau

l'**agriculture** f [agRikyltyR]	Landwirtschaft
l'**agriculteur** m, l'**agricultrice** f [agRikyltœR, tRis]	Landwirt, Landwirtin
le **paysan**, la **paysanne** [peizɑ̃, an]	Bauer, Bäuerin
la **ferme** [fɛRm]	Bauernhof
l'**étable** f [etabl]	Stall
le **troupeau**, les **troupeaux** [tRupo]	Herde
la **matière première** [matjɛRpRəmjɛR]	Rohstoff

le **champ** [ʃɑ̃]	Feld, Acker
le champ de blé	Getreidefeld
la **culture** [kyltyR]	Anbau
cultiver [kyltive]	anbauen, anpflanzen; bebauen, bestellen
l'**élevage** m [el(ə)vaʒ]	(Auf-)Zucht
l'**éleveur** m, l'**éleveuse** f [el(ə)vœR, øz]	Züchter, Züchterin
élever [el(ə)ve]	züchten
la **mine** [min]	Bergwerk, Mine
la mine de charbon	Kohlenbergwerk, Zeche
extraire [ɛkstRɛR]	fördern, abbauen
extraire du charbon	Kohle abbauen
le **charbon** [ʃaRbɔ̃]	Kohle
le **fer** [fɛR]	Eisen
le minerai de fer	Eisenerz
le **pétrole** [petRɔl]	(Erd-)Öl
le puits de pétrole	Ölbohrloch
le **gaz naturel** [gaznatyRɛl]	Erdgas

Thematisches Wörterbuch *Öffentliches Leben*

In der Gesellschaft leben – Wirtschaft und Finanzen

Handel und Dienstleistung

le **marché** [maʁʃe]	Markt
le **commerçant**, la **commerçante** [kɔmɛʁsɑ̃, ɑ̃t]	Händler, Händlerin; Geschäftsmann/-frau
le petit commerçant	Einzelhändler
l'**euro** *m* (€) [øʁo]	Euro
le **centime** [sɑ̃tim]	Cent
le **franc** (F) [fʁɑ̃]	Franc
le **billet (de banque)** [bijɛ(d(ə)bɑ̃k)]	(Geld-)Schein
le billet de 50 euros	Fünfzigeuroschein
la **pièce (de monnaie)** [pjɛs(dəmɔnɛ)]	Münze, Geldstück
la pièce de 2 euros	Zweieurostück
placer	anlegen
placer de l'argent	Geld anlegen

l'**article** *m* [aʁtikl]	Artikel
régler [ʁegle]	bezahlen
l'**argent** *m* [aʁʒɑ̃]	Geld
changer de l'argent	Geld wechseln
retirer de l'argent	Geld abheben
la **carte bancaire** [kaʁtbɑ̃kɛʁ],	Kreditkarte
la **carte de crédit** [kaʁtdəkʁedi]	
le **code secret** [kɔdsəkʁɛ]	PIN-Nummer, Geheimzahl
le **chèque** [ʃɛk]	Scheck
devoir qc à qn [dəvwaʁ]	jdm. etw. schulden
l'**assurance** *f* [asyʁɑ̃s]	Versicherung; Versicherungsgesellschaft
l'assurance maladie	Krankenversicherung
l'assurance (sur la) vie	Lebensversicherung
l'assurance dépendance	Pflegeversicherung
l'assurance responsabilité civile	Haftpflichtversicherung

le **commerce** [kɔmɛʁs]	Handel
le commerce extérieur	Außenhandel
le commerce de gros/de détail	Groß-/Einzelhandel
la chambre de commerce et d'industrie	Industrie- und Handelskammer
commercial, **e** [kɔmɛʁsjal]	kaufmännisch; Handels-; Geschäfts-
l'activité commerciale	Geschäftstätigkeit
les relations commerciales	Handelsbeziehungen
importer [ɛ̃pɔʁte]	importieren, einführen

Öffentliches Leben — Thematisches Wörterbuch

In der Gesellschaft leben – Wirtschaft und Finanzen

exporter [ɛkspɔʀte]	exportieren, ausführen
l'**acheteur** m, l'**acheteuse** f [aʃtœʀ, øz]	Käufer, Käuferin
le **consommateur**, la **consommatrice** [kɔ̃sɔmatœʀ, tʀis]	Verbraucher, Verbraucherin
l'**offre** f [ɔfʀ]	Angebot
l'appel d'offres	Ausschreibung
la **demande** [d(ə)mɑ̃d]	Nachfrage
la **vente** [vɑ̃t]	Verkauf
mettre qc en vente	etw. zum Kauf anbieten
la vente en gros/au détail	Groß-/Einzelhandel
la vente par correspondance	Versandhandel
la vente aux enchères	Versteigerung, Auktion
les conditions de vente	Verkaufsbedingungen
le point de vente	Verkaufsstelle
le **paiement** [pɛmɑ̃]	Bezahlung
la **somme** [sɔm]	Summe
la somme d'argent	Geldbetrag
le **fric** [fʀik] *(fam)*	Kohle, Knete
la **banque** [bɑ̃k]	Bank, Geldinstitut
l'**agence** f [aʒɑ̃s]	Geschäftsstelle, Zweigstelle; Agentur
l'agence de pub *(fam)*	Werbeagentur
le **distributeur (de billets)** [distʀibytœʀ(dəbijɛ)]	Geldautomat
le **compte** [kɔ̃t]	Konto
le compte en banque	Bankkonto
le compte courant	Girokonto
ouvrir un compte	ein Konto eröffnen
le relevé de compte	Kontoauszug
prêter [pʀete]	(aus)leihen, verleihen
prêter de l'argent à qn	jdm. Geld (aus)leihen
emprunter [ɑ̃pʀɛ̃te]	leihen, ausleihen; ein Darlehen aufnehmen
emprunter de l'argent à qn	sich von jdm. Geld leihen/borgen
le **sondage** [sɔ̃daʒ]	Meinungsumfrage

Globalisierung

l'**importation** f [ɛ̃pɔʀtasjɔ̃]	Import, Einfuhr
la limitation des importations	Einfuhrbeschränkung(en)

Thematisches Wörterbuch *Öffentliches Leben*

In der Gesellschaft leben – Wissenschaft und Forschung

l'**exportation** f [ɛkspɔʀtasjɔ̃]	Export, Ausfuhr
mondial, e [mɔ̃djal]	weltweit, Welt-
l'**économie mondiale** f [ekɔnɔmimɔ̃djal]	Weltwirtschaft
l'**Europe** f [øʀɔp]	Europa
européen, ne [øʀɔpeɛ̃, ɛn]	europäisch

Wissenschaft und Forschung

Geschichte

l'**histoire** f [istwaʀ]	Geschichte
le **peuple** [pœpl]	Volk
l'**époque** f [epɔk]	Epoche, Zeit(alter)
le **siècle** [sjɛkl]	Jahrhundert
le siècle des lumières	(Zeitalter der) Aufklärung
historique [istɔʀik]	historisch, geschichtlich
l'événement historique	historisches Ereignis
autrefois [otʀəfwa]	früher
se passer [səpase]	geschehen, sich ereignen
Que se passe-t-il ?	Was ist los?, Was geht hier vor?
le **souvenir** [suv(ə)niʀ]	Erinnerung, Andenken
garder un bon souvenir de qc/qn	etw./jdn. in guter Erinnerung behalten
se souvenir de qc [səsuv(ə)niʀ]	sich an etw. erinnern
le **fait** [fɛ]	Tatsache; Ereignis
arriver [aʀive] + *être*	geschehen
avoir lieu [avwaʀljø]	stattfinden
marquer [maʀke]	kennzeichnen, prägen
romain, e [ʀɔmɛ̃, ɛn]	römisch
l'**esclave** m, f [ɛsklav]	Sklave, Sklavin
le **roi** [ʀwa]	König
le Roi-Soleil	der Sonnenkönig
la **reine** [ʀɛn]	Königin
l'**empereur** m [ɑ̃pʀœʀ]	Kaiser
l'**impératrice** f [ɛ̃peʀatʀis]	Kaiserin
la **couronne** [kuʀɔn]	Krone

Öffentliches Leben **Thematisches Wörterbuch**

In der Gesellschaft leben – Wissenschaft und Forschung

régner [ʀeɲe]	herrschen, regieren
le **prince** [pʀɛ̃s]	Prinz; Fürst
la **princesse** [pʀɛ̃sɛs]	Prinzessin; Fürstin
l'**héritier** *m*, l'**héritière** *f* [eʀitje, jɛʀ]	Erbe, Erbin
la **révolution** [ʀevɔlysjɔ̃]	Revolution
la Révolution française	Französische Revolution
le, la **révolutionnaire** [ʀevɔlysjɔnɛʀ]	Revolutionär(in)
la **guillotine** [gijɔtin]	Guillotine, Fallbeil
la **guerre** [gɛʀ]	Krieg
la Première Guerre mondiale	Erster Weltkrieg
la Seconde Guerre mondiale	Zweiter Weltkrieg
l'après-guerre	Nachkriegszeit
la guerre civile	Bürgerkrieg
envahir [ãvaiʀ]	einfallen, einmarschieren; überfallen
envahir un pays	in ein Land einfallen
envahir les rues	auf die Straßen strömen

Philosophie und Religion

• Ethik und Philosophie

penser [pɑ̃se]	denken
l'**idée** *f* [ide]	Idee; Anschauung
le **symbole** [sɛ̃bɔl]	Symbol
le **principe** [pʀɛ̃sip]	Prinzip, Grundsatz
l'**esprit** *m* [ɛspʀi]	Geist
abstrait, e [apstʀɛ, ɛt]	abstrakt
concret, -ète [kɔ̃kʀɛ, ɛt]	konkret
le **sens** [sɑ̃s]	Sinn
le bon sens, le sens commun	gesunder Menschenverstand
le sens de la vie	Sinn des Lebens
la **morale** [mɔʀal]	Moral
le **bien** [bjɛ̃]	Gute
le **mal** [mal]	Böse, Übel
l'**individu** *m* [ɛ̃dividy]	Individuum, (Einzel-)Person

Thematisches Wörterbuch *Öffentliches Leben*

In der Gesellschaft leben – Wissenschaft und Forschung

individuel, le [ɛ̃dividɥɛl]	individuell
la **justice** [ʒystis]	Gerechtigkeit
l'**idéal** *m*, les **idéaux** [ideal, o]	Ideal
respecter [ʀɛspɛkte]	respektieren

• **Religion**

Noël *m* [nɔɛl]	Weihnachten
Pâques *fpl* [pɑk]	Ostern
le **paradis** [paʀadi]	Paradies
l'**enfer** *m* [ɑ̃fɛʀ]	Hölle
un bruit d'enfer	ein Höllenlärm
croire [kʀwaʀ]	glauben
croire qn/qc	jdm./etw. glauben
croire à/en qn/qc	an jdn./etw. glauben
croire en Dieu	an Gott glauben
Dieu *m* [djø]	Gott
l'**église** *f* [egliz]	Kirche
aller à l'église	in die Kirche gehen
la **croix** [kʀwa]	Kreuz
la **religion** [ʀ(ə)liʒjɔ̃]	Religion
la **Pentecôte** [pɑ̃tkot]	Pfingsten
l'**Ascension** *f* [asɑ̃sjɔ̃]	Himmelfahrt
la **Toussaint** [tusɛ̃]	Allerheiligen

Sprachwissenschaft und Literatur

• **Sprachwissenschaft**

le **français** [fʀɑ̃sɛ]	Französisch
en français	auf Französisch
le français standard	Standardfranzösisch
le français familier	umgangssprachliches Französisch
le **vocabulaire** [vɔkabylɛʀ]	Wortschatz, Vokabular

Öffentliches Leben **Thematisches Wörterbuch**

In der Gesellschaft leben – Wissenschaft und Forschung

le **mot** [mo]	Wort
le mot composé	zusammengesetztes Wort
mot à mot	wortwörtlich
le mot de vocabulaire	Vokabel
le **nom** [nɔ̃]	Substantiv, Nomen
le nom composé	Kompositum, zusammengesetztes Substantiv
l'**article** *m* [aʀtikl]	Artikel
l'**adjectif** *m* [adʒɛktif]	Adjektiv
l'**adverbe** *m* [advɛʀb]	Adverb
le **verbe** [vɛʀb]	Verb
le **temps** [tɑ̃]	Zeit
la concordance des temps	Zeitenfolge
la **phrase** [fʀɑz]	Satz
l'**expression** *f* [ɛkspʀesjɔ̃]	Ausdruck
commencer par qc [kɔmɑ̃separ]	mit etw. beginnen
se terminer par qc [sətɛʀminepaʀ]	mit etw. enden
masculin, e [maskylɛ̃, in]	männlich, maskulin
féminin, e [feminɛ̃, in]	weiblich, feminin
le **singulier** [sɛ̃gylje]	Singular
le **pluriel** [plyʀjɛl]	Plural
le **présent** [pʀezɑ̃]	Präsens
le **futur** [fytyʀ]	Futur
le **passé** [pɑse]	Vergangenheit
le passé simple	Passé simple, historisches Perfekt
le passé composé	Perfekt
l'**imparfait** *m* [ɛ̃paʀfɛ]	Imperfekt
le **plus-que-parfait** [plyskəpaʀfɛ]	Plusquamperfekt
l'**impératif** *m* [ɛ̃peʀatif]	Imperativ
l'**infinitif** *m* [ɛ̃finitif]	Infinitiv
le **conditionnel** [kɔ̃disjɔnɛl]	Konditional
le **subjonctif** [sybʒɔ̃ktif]	Subjonctif, ≈ Konjunktiv
le **point** [pwɛ̃]	Punkt
le point d'exclamation	Ausrufezeichen
le point d'interrogation	Fragezeichen
le point-virgule	Strichpunkt, Semikolon
les points de suspension	Auslassungspunkte
les deux points	Doppelpunkt
la **virgule** [viʀgyl]	Komma

Thematisches Wörterbuch — *Öffentliches Leben*

In der Gesellschaft leben – Wissenschaft und Forschung

la **langue** [lɑ̃g]	Sprache
la langue maternelle	Muttersprache
la langue vivante	lebende Sprache
le **dictionnaire** [diksjɔnɛʀ]	Wörterbuch
l'**entrée** *f* [ɑ̃tʀe]	Eintrag
la **consonne** [kɔ̃sɔn]	Konsonant
la **voyelle** [vwajɛl]	Vokal
muet, **te** [mɥɛ, ɛt]	stumm
le h/e muet	stummes h/e
la **syllabe** [sil(l)ab]	Silbe
le **préfixe** [pʀefiks]	Vorsilbe, Präfix
le **suffixe** [syfiks]	Nachsilbe, Suffix
la **terminaison** [tɛʀminɛzɔ̃]	Endung
le **trait d'union** [tʀɛdynjɔ̃]	Bindestrich
le **sens** [sɑ̃s]	Sinn, Bedeutung
le sens propre	wörtliche Bedeutung
le sens figuré	übertragene Bedeutung
le sens littéral	wörtlicher/eigentlicher Sinn
à double sens	doppeldeutig, doppelsinnig
signifier [siɲifje]	bedeuten
idiomatique [idjɔmatik]	idiomatisch

- **Literatur**

le **livre** [livʀ]	Buch
la **page** [paʒ]	Seite
la mise en page	Layout, Umbruch
le **titre** [titʀ]	Titel
le titre de livre	Buchtitel
l'**histoire** *f* [istwaʀ]	Geschichte
la **suite** [sɥit]	Fortsetzung
le **roman** [ʀɔmɑ̃]	Roman
le roman policier, le polar *(fam)*	Kriminalroman, Krimi
la **BD** [bede] *inv*, la **bande dessinée** [bɑ̃ddesine]	Comic(heft)
le **poème** [pɔɛm]	Gedicht
rimer [ʀime]	sich reimen

Öffentliches Leben **Thematisches Wörterbuch**

In der Gesellschaft leben – Wissenschaft und Forschung

le **poète**, la **poétesse** [pɔɛt, pɔetɛs]	Dichter, Dichterin
le **journal (intime)**, les **journaux (intimes)** [ʒuʀnal(ɛ̃tim), o(zɛ̃tim)]	Tagebuch
tenir un journal	Tagebuch führen/schreiben
le **chapitre** [ʃapitʀ]	Kapitel
la **littérature** [liteʀatyʀ]	Literatur

Das französische Wort **littérature** schreibt sich mit *tt*.

l'**œuvre** *f* [œvʀ]	Werk
les œuvres complètes de Sartre	Sartres gesammelte Werke, das Gesamtwerk von Sartre
l'**ouvrage** *m* [uvʀaʒ]	Werk
le **lecteur**, la **lectrice** [lɛktœʀ, tʀis]	Leser, Leserin
relire [ʀ(ə)liʀ]	noch einmal (durch)lesen
l'**auteur** *m, f* [´otœʀ]	Autor(in)
le **portrait** [pɔʀtʀɛ]	Porträt, Beschreibung
faire le portrait de qn	jdn. beschreiben
le **détail** [detaj]	Detail, Einzelheiten
le **héros**, l'**héroïne** *f* [´eʀo, eʀɔin]	Held, Heldin
la **version** [vɛʀsjɔ̃]	Fassung, Version
la **traduction** [tʀadyksjɔ̃]	Übersetzung
la **poésie** [pɔezi]	Poesie; Gedicht
le **conte** [kɔ̃t]	Erzählung
le conte de fées	Märchen
le **vers** [vɛʀ]	Vers, Verszeile
la **rime** [ʀim]	Reim
la **strophe** [stʀɔf]	(Gedicht-)Strophe

Forschung und Technik

la **découverte** [dekuvɛʀt]	Entdeckung
découvrir [dekuvʀiʀ]	entdecken

Thematisches Wörterbuch — Öffentliches Leben

In der Gesellschaft leben – Wissenschaft und Forschung

la **technique** [tɛknik]	Technik
la technique de pointe	Spitzentechnik
technique [tɛknik]	technisch
high tech [´ajtɛk]	hochtechnologisch, Hightech-
l'**inventeur** m, l'**inventrice** f [ɛ̃vɑ̃tœʀ, tʀis]	Erfinder, Erfinderin
l'**invention** f [ɛ̃vɑ̃sjɔ̃]	Erfindung
inventer [ɛ̃vɑ̃te]	erfinden
le **développement** [devlɔpmɑ̃]	Entwicklung
le **domaine** [dɔmɛn]	Bereich, Domäne
électronique [elɛktʀɔnik]	elektronisch

Mathematik

les **mathématiques** fpl [matematik]	Mathematik
plus [plys]	plus
moins [mwɛ̃]	minus
le **chiffre** [ʃifʀ]	Ziffer, Zahl
additionner [adisjɔne]	addieren, zusammenzählen
soustraire [sustʀɛʀ]	subtrahieren, abziehen
multiplier [myltiplije]	multiplizieren; vervielfachen
multiplier par trois	mit drei multiplizieren
se multiplier	sich vermehren
diviser [divize]	dividieren, teilen
la **consigne** [kɔ̃siɲ]	Anweisung
le **tableau**, les **tableaux** [tablo]	Tabelle
le **graphique** [gʀafik]	Grafik
graphique [gʀafik]	grafisch
analyser [analize]	analysieren
le **matheux**, la **matheuse** [matø, øz] (fam)	Mathe-Experte, Mathe-Expertin

Öffentliches Leben **Thematisches Wörterbuch**

In der Gesellschaft leben – Wissenschaft und Forschung

Naturwissenschaften

- **Physik**

l'**électricité** f [elɛktʀisite]	Elektrizität, Strom
conduire [kɔ̃dɥiʀ]	leiten
la **force** [fɔʀs]	Kraft
la force d'attraction	Anziehungskraft
la **puissance** [pɥisɑ̃s]	Leistung
électrique [elɛktʀik]	elektrisch

- **Chemie**

le **plastique** [plastik]	Kunststoff, Plastik
la **formation** [fɔʀmasjɔ̃]	Bildung

- **Astronomie**

le **ciel** [sjɛl]	Himmel

> **INFO**
> Das Wort *ciel* hat zwei verschiedene Pluralformen: *ciels* für den sichtbaren Himmel (im Gegensatz zur Erde) und *cieux* für den Himmel im religiösen oder dichterischen Sinn (als Gegenteil der Hölle oder des irdischen Daseins): *de beaux ciels étoilés* – schöne Sternenhimmel; *Notre Père qui êtes aux cieux* – Vater unser im Himmel.

le **soleil** [sɔlɛj]	Sonne

Thematisches Wörterbuch — Öffentliches Leben

In der Gesellschaft leben – Kommunikation und Medien

Kommunikation und Medien

Post

la **lettre** [lɛtʀ]	Brief
la **carte** [kaʀt]	Karte
la carte postale	Postkarte
la carte d'anniversaire	Geburtstagskarte
la carte de vœux	Neujahrskarte
le **paquet** [pakɛ]	Paket, Päckchen
signer [siɲe]	unterschreiben
l'**adresse** f [adʀɛs]	Adresse

la **poste** [pɔst]	Post
le bureau de poste	Postamt
le **guichet** [giʃɛ]	Schalter
la **boîte aux lettres** [bwatolɛtʀ]	Briefkasten
le **courrier** [kuʀje]	Post *(Briefe)*
l'**enveloppe** f [ãvlɔp]	(Brief-)Umschlag
l'enveloppe timbrée	frankierter Umschlag
le **timbre** [tɛ̃bʀ]	Briefmarke
le carnet de timbres	Briefmarkenheft
coller [kɔle]	kleben
envoyer qc à qn [ãvwaje]	jdm. etw. schicken
distribuer [distʀibye]	verteilen, austragen
distribuer le courrier	die Post austragen/zustellen
redistribuer [ʀ(ə)distʀibye]	(erneut) verteilen
recevoir [ʀəs(ə)vwaʀ]	erhalten, bekommen

le **recommandé** [ʀ(ə)kɔmãde]	Einschreiben
en recommandé	per Einschreiben
la lettre recommandée	Einschreibebrief
la **signature** [siɲatyʀ]	Unterschrift
joindre qc [ʒwɛ̃dʀ]	etw. beifügen
ci-joint, e [siʒwɛ̃, ɛ̃t]	beigefügt, anbei
les documents ci-joints	die beiliegenden Dokumente
par avion [paʀavjɔ̃]	per Luftpost

Öffentliches Leben **Thematisches Wörterbuch**

In der Gesellschaft leben – Kommunikation und Medien

Telefon und Fax

le **téléphone** [telefɔn]	Telefon
par téléphone	telefonisch
au téléphone	am Telefon
le téléphone à cartes	Kartentelefon
le téléphone mobile	Mobiltelefon
le **coup de téléphone** [kudtelefɔn]	(Telefon-)Anruf
donner un coup de téléphone à qn	jdn. anrufen, mit jdm. telefonieren
téléphoner [telefɔne]	telefonieren
téléphoner à qn	jdn. anrufen
appeler [aple]	anrufen
rappeler [ʀaple]	zurückrufen, nochmals anrufen
le **numéro (de téléphone)** [nymeʀo(dtelefɔn)]	Telefonnummer
composer/faire le numéro	(die Nummer) wählen
se tromper de numéro	sich verwählen
sonner [sɔne]	klingeln
occupé [ɔkype]	besetzt, belegt
répondre [ʀepɔ̃dʀ]	abnehmen, sich melden
répondre au téléphone	einen Anruf annehmen
Ça ne répond pas.	Es meldet sich keiner.
Allô ? [alo]	Hallo?
le **portable** [pɔʀtabl], le **mobile** [mɔbil]	Handy
l'**appel** *m* [apɛl]	(Telefon-)Anruf
recevoir un appel	einen Anruf bekommen
les **renseignements** *mpl* [ʀɑ̃sɛɲmɑ̃]	(Telefon-)Auskunft
passer [pase]	geben, reichen
Je vous le passe.	Ich verbinde Sie (mit ihm).
la **carte de téléphone** [kaʀtdətelefɔn], la **télécarte**® [telekaʀt]	Telefonkarte
le **(télé)fax** [(tele)faks]	(Tele-)Fax
envoyer par fax	per Fax schicken
la **cabine (téléphonique)** [kabin(telefɔnik)]	Telefonzelle

Thematisches Wörterbuch — *Öffentliches Leben*

In der Gesellschaft leben – Kommunikation und Medien

le **coup de fil** [kudfil] *(fam)*	Telefonanruf
passer un coup de fil à qn	jdn. anrufen, mit jdm. telefonieren
recevoir un coup de fil	einen Anruf bekommen
joindre qn [ʒwɛ̃dʀ]	jdn. erreichen
décrocher [dekʀɔʃe]	abnehmen, abheben
décrocher le téléphone	den Hörer abnehmen/abheben
raccrocher [ʀakʀɔʃe]	auflegen
le **répondeur** [ʀepɔ̃dœʀ]	Anrufbeantworter
faxer [fakse]	faxen

Internet, Multimedia und Computer

l'**ordinateur** *m* [ɔʀdinatœʀ]	Computer
la **souris** [suʀi]	Maus
Internet *m*, l'**internet** *m* [ɛ̃tɛʀnɛt], le **Net** [nɛt] *(fam)*	Internet
se connecter à/sur Internet	sich (ins Internet) einloggen
se déconnecter d'Internet	die Verbindung zum Internet trennen

> **INFO**
> Das französische Wort **Internet** kann mit und ohne Artikel verwendet werden, wobei die Form ohne Artikel, die mit großem *I* geschrieben wird, häufiger vorkommt: *chercher quelque chose dans Internet* – etwas im Internet suchen; *avoir accès à l'internet* – Zugang zum Internet haben.

installer [ɛ̃stale]	installieren
l'**informatique** *f* [ɛ̃fɔʀmatik]	Informatik, EDV
le **fichier** [fiʃje]	Datei
ouvrir/fermer un fichier	eine Datei öffnen/schließen
le **portable** [pɔʀtabl]	Laptop

le **traitement** [tʀɛtmɑ̃]	Verarbeitung, Weiterverarbeitung
le traitement de texte	Textverarbeitung
le **traitement des données** [tʀɛtmɑ̃dedɔne]	Datenverarbeitung
couper [kupe]	ausschneiden

Öffentliches Leben Thematisches Wörterbuch

In der Gesellschaft leben – Kommunikation und Medien

coller [kɔle]	einfügen
le site (Internet) [sit(ɛ̃tɛRnɛt)]	Website
l'e-mail *m* [imɛjl],	E-Mail
le courrier électronique [kuRjeelɛktRɔnik]	
l'adresse e-mail, l'adresse électronique	E-Mail-Adresse
le mot de passe [modpas]	Passwort
l'accès *m* [aksɛ]	Zugang
l'accès à Internet	Internet-Zugang
naviguer [navige]	surfen
naviguer sur le Web	surfen
le répertoire [RepɛRtwaR]	Verzeichnis

Radio und Fernsehen

la radio [Radjo]	Radio
à la radio	im Radio
écouter [ekute]	(an)hören; zuhören
écouter la radio	Radio hören
la télévision [televizjɔ̃],	Fernsehen
la télé [tele] *(fam)*	
regarder la télé(vision)	fernsehen
à la télé	im Fernsehen
la télévision par câble, le câble *(fam)*	Kabelfernsehen
la télévision par satellite	Satellitenfernsehen
la télé-réalité	Reality-TV
la vedette [vədɛt]	Star; Hauptdarsteller(in)
la vedette du petit écran	Fernsehstar
les nouvelles *fpl* [nuvɛl]	Nachrichten
l'interview *f* [ɛ̃tɛRvju]	Interview

la station (de radio) [stasjɔ̃(dRadjo)]	(Radio-)Sender
changer de (station de) radio	umschalten
recevoir [Rəs(ə)vwaR]	empfangen
l'auditeur *m*, l'auditrice *f* [oditœR, tRis]	Hörer, Hörerin
le téléspectateur, la téléspectatrice [telespɛktatœR, tRis]	Fernsehzuschauer, Fernsehzuschauerin
l'émission *f* [emisjɔ̃]	Sendung

Thematisches Wörterbuch Öffentliches Leben

In der Gesellschaft leben – Kommunikation und Medien

en direct [ɑ̃diʀɛkt]	live
être en direct	direkt/live übertragen werden
passer [pɑse]	bringen, spielen; zeigen
passer à la radio	im Radio kommen
la **publicité** [pyblisite], la **pub** [pyb] *(fam)*	Werbung, Werbespot
faire de la publicité	werben
allumer [alyme]	einschalten
éteindre [etɛ̃dʀ]	ausschalten
le **poste** [pɔst]	Gerät, Apparat
le poste de radio	Radiogerät
le poste de télé(vision)	Fernseher, Fernsehgerät
l'**écoute** *f* [ekut]	Hören
rester à l'écoute	dranbleiben
avoir une grande écoute	eine hohe Einschaltquote haben
le **téléviseur** [televizœʀ]	Fernseher, Fernsehgerät
l'**antenne** *f* [ɑ̃tɛn]	Antenne
l'antenne parabolique, la parabole	Satellitenantenne, Satellitenschüssel
la **chaîne** [ʃɛn]	(Fernseh-)Sender
la chaîne publique	öffentlich-rechtlicher Fernsehsender
la chaîne privée	Privatsender
sur la première (chaîne)	im ersten Programm
changer de chaîne	umschalten
la **télécommande** [telekɔmɑ̃d]	Fernbedienung
zapper [zape]	zappen
informer [ɛ̃fɔʀme]	informieren
informer sur qc	über etw. informieren
s'informer	sich informieren

Bild- und Tonträger

le **CD** [sede] *inv*	CD
le **DVD** [devede] *inv*	DVD
la **cassette** [kasɛt]	Kassette
la cassette audio	Audiokassette
la cassette vidéo	Videokassette

Öffentliches Leben Thematisches Wörterbuch

In der Gesellschaft leben – Kommunikation und Medien

la **vidéo** [video]	Video
le film vidéo	Videofilm

> Das Adjektiv **vidéo** ist unveränderlich: _plusieurs films vidéo_ – mehrere Videofilme.

le **micro** [mikro]	Mikrofon
la **photo** [fɔto]	Foto
l'**appareil photo** m [apaʀɛjfɔto]	Fotoapparat
l'appareil photo numérique	Digitalkamera
le **disque** [disk]	Schallplatte
la **chaîne hi-fi** [ʃɛnifi]	Hi-Fi-/Stereoanlage
le **lecteur de CD/DVD** [lɛktœʀdəsede/devede]	CD-/DVD-Player
le **magnétophone** [maɲetɔfɔn]	Kassettenrekorder
le **magnétoscope** [maɲetɔskɔp]	Videorekorder
le **son** [sɔ̃]	Ton
le **volume** [vɔlym]	Lautstärke
baisser le volume	leiser stellen
l'**image** f [imaʒ]	Bild
enregistrer [ɑ̃ʀ(ə)ʒistʀe]	aufnehmen
enregistrer sur cassette	auf Kassette aufnehmen
l'**enregistrement** m [ɑ̃ʀ(ə)ʒistʀəmɑ̃]	Aufnahme
le **caméscope** [kameskɔp]	Camcorder
le **jeu vidéo**, les **jeux vidéo** [ʒøvideo]	Videospiel
le **jeu électronique** [ʒøelɛktʀɔnik]	Videospiel

Presse und Verlagswesen

la **presse** [pʀɛs]	Presse
la presse quotidienne	Tagespresse
l'agence de presse	Presseagentur
la liberté de la presse	Pressefreiheit

Thematisches Wörterbuch — *Öffentliches Leben*

In der Gesellschaft leben – Kommunikation und Medien

la **nouvelle** [nuvɛl]	Nachricht
le **numéro** [nymeʀo]	Ausgabe, Nummer
le **titre** [titʀ]	Titel
faire les gros titres	Schlagzeilen machen

le **journal**, les **journaux** [ʒuʀnal, o]	Zeitung
la **revue** [ʀəvy]	Zeitschrift, Revue
la revue spécialisée	Fachzeitschrift
le, la **journaliste** [ʒuʀnalist]	Journalist(in)
l'**article** *m* [aʀtikl]	Artikel

le **magazine** [magazin]	Zeitschrift, Magazin
l'**information** *f* [ɛ̃fɔʀmasjɔ̃]	Information, Meldung
interviewer [ɛ̃tɛʀvjuve]	interviewen
la **maison d'édition** [mɛzɔ̃dedisjɔ̃]	Verlag
le **rédacteur**, la **rédactrice** [ʀedaktœʀ, tʀis]	Redakteur, Redakteurin
le rédacteur en chef	Chefredakteur
publier [pyblije]	veröffentlichen
paraître [paʀɛtʀ]	erscheinen
faire paraître	veröffentlichen
sortir [sɔʀtiʀ] + *être*	erscheinen
le **sujet** [syʒɛ]	Thema, Gegenstand

Allgemeine Begriffe –

Zeitangaben und numerische Einheiten

Uhrzeit und Tageszeit

l'**heure** *f* [œʀ]	Stunde; Uhrzeit
une heure et demie	anderthalb Stunden
une demi-heure	eine halbe Stunde
le quart d'heure	Viertelstunde
à six heures	um sechs (Uhr)
Il est sept heures/sept heures et demie.	Es ist sieben (Uhr)/halb acht.
neuf heures moins le quart	Viertel vor neun
6 heures moins 20	20 vor 6
Quelle heure est-il ?, Vous avez l'heure ?	Wie viel Uhr ist es?, Wie spät ist es?
demander l'heure	nach der Uhrzeit fragen
c'est l'heure de faire qc	es ist Zeit etw. zu tun
l'heure d'été/d'hiver	Sommer-/Winterzeit
la **minute** [minyt]	Minute
en avoir pour une minute	nur eine Minute brauchen
la **seconde** [s(ə)gɔ̃d]	Sekunde
à [a]	um; bis
à huit heures	um acht (Uhr)
de huit heures à neuf heures	von acht bis neun Uhr
midi *m* [midi]	Mittag; zwölf Uhr *(mittags)*
à midi	um zwölf (Uhr)
ce/hier midi	heute/gestern Mittag
le repas de midi	Mittagessen
minuit *m* [minɥi]	Mitternacht; zwölf Uhr *(nachts)*
à minuit et demi	um halb eins (nachts)
le **matin** [matɛ̃]	Morgen; Vormittag
le matin, …	morgens …
l'autre matin	neulich morgens
tous les matins	jeden Morgen
au matin	morgens, am Morgen
à six heures du matin	um sechs Uhr morgens
de bon/grand matin	frühmorgens

Thematisches Wörterbuch — Allgemeine Begriffe

Allgemeine Begriffe – Zeitangaben und numerische Einheiten

l'**après-midi** m od. f [apʀɛmidi] inv	Nachmittag
en fin d'après-midi	am Spätnachmittag
le **soir** [swaʀ]	Abend
la **nuit** [nɥi]	Nacht
La nuit tombe.	Es wird Nacht.
Il fait nuit.	Es ist Nacht/dunkel.
de nuit	nachts
tôt [to]	früh adv
plus tôt	früher
au plus tôt	frühestens
le plus tôt possible	so bald wie möglich
tard [taʀ]	spät adv
la **matinée** [matine]	Vormittag
dans la matinée	im Laufe des Morgens
en fin de matinée	am späten Vormittag
faire la grasse matinée	ausschlafen, bis in den Tag hinein schlafen
la **journée** [ʒuʀne]	Tag, Tagesablauf
dans la journée	im Laufe des Tages
pendant la journée	tagsüber
ne rien faire de toute la journée	den ganzen Tag nichts tun
la **soirée** [swaʀe]	Abend
pile [pil]	genau, Punkt …
huit heures pile	Punkt acht (Uhr)
précis, e [pʀesi, iz]	genau, Punkt …
à 9 heures précises	Punkt 9 Uhr
vers [vɛʀ]	gegen
vers 8 heures du soir	gegen 8 Uhr abends
la **montre** [mɔ̃tʀ]	(Armband-)Uhr
regarder l'heure à sa montre	auf die Uhr schauen
la **pendule** [pɑ̃dyl]	Uhr, Wanduhr; Standuhr
remettre les pendules à l'heure	Klarheit schaffen
l'**horloge** f [ɔʀlɔʒ]	(Turm-)Uhr
l'**aiguille** f [egɥij]	Zeiger
mettre [mɛtʀ]	(ein)stellen
mettre le réveil à l'heure/sur six heures	den Wecker (auf die richtige Uhrzeit)/auf sechs Uhr stellen
avancer [avɑ̃se]	vorgehen; vorstellen

Allgemeine Begriffe **Thematisches Wörterbuch**

Allgemeine Begriffe – Zeitangaben und numerische Einheiten

La montre avance de cinq minutes.	Die Uhr geht 5 Minuten vor.
avancer le réveil d'une heure	den Wecker um eine Stunde vorstelle
retarder [ʀ(ə)taʀde]	nachgehen; zurückstellen
retarder le réveil d'une heure	den Wecker eine Stunde zurückstellen
le **retard** [ʀ(ə)taʀ]	Verspätung
en retard	zu spät, verspätet

Datum

le **jour** [ʒuʀ]	Tag
tous les jours, par jour	jeden Tag, täglich, pro Tag, am Tag
quinze jours	zwei Wochen, vierzehn Tage
les jours de la semaine	Wochentage
l'autre jour *(fam)*	neulich
à ce jour	bis heute
Il fait jour.	Es ist hell.
de jour	tags(über)
lundi *m* [lɛ̃di]	Montag
lundi, …	am Montag
le lundi, tous les lundis	montags, jeden Montag
ce lundi/ce lundi-là	diesen Montag/an diesem Montag
lundi prochain/dernier	nächsten/letzten Montag
lundi matin	(am) Montagmorgen
le lundi matin	am Montagmorgen; montagmorgens
lundi dans la nuit	Montagnacht
Nous sommes lundi (9 novembre).	Heute ist Montag (,der 9. November).
lundi de Pâques/Pentecôte	Oster-/Pfingstmontag
mardi *m* [maʀdi]	Dienstag
À mardi !	Bis Dienstag!
mardi gras	Fastnachtsdienstag, Faschingsdienstag
mercredi *m* [mɛʀkʀədi]	Mittwoch
mercredi des Cendres	Aschermittwoch
jeudi *m* [ʒødi]	Donnerstag
jeudi saint	Gründonnerstag
vendredi *m* [vɑ̃dʀədi]	Freitag
Vendredi saint	Karfreitag
vendredi 13	Freitag, der 13.

Thematisches Wörterbuch — Allgemeine Begriffe

Allgemeine Begriffe – Zeitangaben und numerische Einheiten

samedi m [samdi]	Samstag, Sonnabend
samedi en huit	Samstag in acht Tagen
dimanche m [dimɑ̃ʃ]	Sonntag
mettre ses habits du dimanche	seinen Sonntagsstaat anziehen
le chauffeur du dimanche	Sonntagsfahrer
le dimanche de l'Avent	Adventssonntag
le dimanche de Pâques, le dimanche des Rameaux	Ostersonntag, Palmsonntag
la **semaine** [s(ə)mɛn]	Woche
à la semaine	wochenweise
en semaine	unter der Woche, die Woche über
par semaine	wöchentlich, pro Woche, in der Woche
d'ici la semaine prochaine	bis zur nächsten Woche
le **week-end**, les **week-ends** [wikɛnd]	Wochenende
Bon week-end !	Schönes Wochenende!
partir en week-end	übers Wochenende wegfahren
aujourd'hui [oʒuʁdɥi]	heute
C'est pour aujourd'hui ou pour demain? *(fam)*	Wird's bald?
ne pas dater d'aujourd'hui	nicht neu sein
demain [dəmɛ̃]	morgen
À demain !	Bis morgen!
demain matin	morgen früh
après-demain [apʁɛdmɛ̃]	übermorgen

la **date** [dat]	Datum
l'amie de longue date	langjährige Freundin
en… [ɑ̃]	im Jahre …
en 2002	(im Jahre) 2002
à partir de [apaʁtiʁdə]	ab, von … an
hier [jɛʁ]	gestern
hier soir	gestern Abend
la journée d'hier	der gestrige Tag
comme si c'était hier	als ob es gestern wäre
avant-hier [avɑ̃tjɛʁ]	vorgestern
le **lendemain** [lɑ̃dmɛ̃]	nächster Tag
le lendemain, …	am nächsten Tag, am Tag danach/darauf
le lendemain matin, …	am nächsten/darauf folgenden Morgen
le lendemain de qc	der Tag nach etw., am Tag nach etw.
au lendemain de qc	kurz nach etw.
du jour au lendemain	von heute auf morgen

Allgemeine Begriffe **Thematisches Wörterbuch**

Allgemeine Begriffe – Zeitangaben und numerische Einheiten

la veille [vɛj]	Vortag
la veille, …	am vorhergehenden Tag, am Tag zuvor
la veille au soir, …	am Abend zuvor, am Vorabend
la veille de qc	der Tag vor etw., der Abend vor etw.
Ce n'est pas demain la veille.	Das wird noch eine Weile dauern.

Kalender

le mois [mwa]	Monat
le mois de juillet	der (Monat) Juli
au mois de juillet	im Juli
par mois	monatlich, pro Monat, im Monat
janvier *m* [ʒɑ̃vje]	Januar
en janvier	im Januar
début/fin janvier	Anfang/Ende Januar
février *m* [fevʀije]	Februar
mars *m* [maʀs]	März
avril *m* [avʀil]	April
mai *m* [mɛ]	Mai
le 1er mai	der Erste Mai
juin *m* [ʒɥɛ̃]	Juni
à la mi-juin	Mitte Juni
juillet *m* [ʒɥijɛ]	Juli
le 17 juillet, …	am 17. Juli
août *m* [u(t)]	August
septembre *m* [sɛptɑ̃bʀ]	September
octobre *m* [ɔktɔbʀ]	Oktober
novembre *m* [nɔvɑ̃bʀ]	November
décembre *m* [desɑ̃bʀ]	Dezember
l'an *m* [ɑ̃]	Jahr
par an	jährlich, im Jahr, pro Jahr
il y a trois ans	vor drei Jahren
le printemps [pʀɛ̃tɑ̃]	Frühling
au printemps	im Frühling

Thematisches Wörterbuch — Allgemeine Begriffe

Allgemeine Begriffe – Zeitangaben und numerische Einheiten

l'**été** *m* [ete]	Sommer
en été	im Sommer
cet été	dieser Sommer; in diesem Sommer
pendant tout l'été	den ganzen Sommer über
l'**automne** *m* [otɔn]	Herbst
en automne	im Herbst
l'**hiver** *m* [ivɛʀ]	Winter
en hiver	im Winter
l'**année** *f* [ane]	Jahr
l'année bissextile	Schaltjahr
Bonne année !	Ein gutes neues Jahr!
le **siècle** [sjɛkl]	Jahrhundert
le **calendrier** [kalɑ̃dʀije]	Kalender
mensuel, le [mɑ̃sɥɛl]	monatlich, Monats-
le magazine mensuel	Monatszeitschrift
annuel, le [anɥɛl]	jährlich, Jahres-

Weitere Zeitbegriffe

le **temps** [tɑ̃]	Zeit
pendant ce temps	während dieser Zeit, währenddessen
ces derniers temps	in der letzten Zeit
en même temps	zur gleichen Zeit, gleichzeitig
de temps en temps	von Zeit zu Zeit
tout le temps	die ganze Zeit, ständig
il y a peu de temps	vor kurzem
de mon temps	zu meiner Zeit
passer [pɑse] + *être*	vergehen
Le temps passe vite.	Die Zeit vergeht schnell.
depuis [dəpɥi]	seit; von … an
depuis peu	seit kurzem
depuis que	seit
jusque [ʒysk]	bis
jusqu'à ce que + *subj*	bis
pour [puʀ]	für, für die Dauer von
pour trois ans	für drei Jahre

Allgemeine Begriffe Thematisches Wörterbuch

Allgemeine Begriffe – Zeitangaben und numerische Einheiten

encore [ãkɔʀ]	noch
le **moment** [mɔmã]	Moment, Augenblick
en ce moment	im Augenblick, zurzeit
pour le moment	vorerst, einstweilen, im Moment
le bon moment	der richtige Augenblick
Ce n'est pas le moment.	Es ist nicht der richtige Zeitpunkt.
bref, brève [bʀɛf, bʀɛv]	kurz
tout à coup [tutaku]	plötzlich
maintenant [mɛ̃t(ə)nã]	nun, jetzt
pas maintenant	nicht jetzt, jetzt nicht
bientôt [bjẽto]	bald
aller + *être* **faire qc** [alefɛʀ]	etw. tun werden
Il va m'aider.	Er wird mir helfen.
d'abord [dabɔʀ]	zuerst, zunächst
commencer [kɔmãse]	anfangen, beginnen
commencer à faire qc	anfangen/beginnen etw. zu tun
recommencer [ʀ(ə)kɔmãse]	wieder/neu anfangen
la **fin** [fɛ̃]	Ende
à la fin (de qc)	am Ende (von etw.), schließlich
terminer [tɛʀmine]	beenden
J'ai terminé !	Ich bin fertig!
déjà [deʒa]	schon
après [apʀɛ]	nach; danach
après, …	danach, darauf, später
les uns après les autres	nacheinander
après avoir mangé	nach dem Essen
après que	nachdem

Nach **après que** steht immer der Indikativ.

puis [pɥi]	dann
et puis	und dann, und außerdem
ensuite [ãsɥit]	dann, danach
remettre [ʀ(ə)mɛtʀ]	verschieben, verlegen
enfin [ãfɛ̃]	endlich
toujours [tuʒuʀ]	immer; immer noch

Thematisches Wörterbuch *Allgemeine Begriffe*

Allgemeine Begriffe – Zeitangaben und numerische Einheiten

la **fois** [fwa]	Mal
deux fois	zweimal
Il ne se le fait pas dire deux fois.	Das lässt er sich nicht zweimal sagen.
qc coûte trois fois rien	etw. ist spottbillig
C'est la troisième fois qu'il tombe.	Er ist nun schon zum dritten Mal gefallen.
à la fois	gleichzeitig
(à) chaque fois (que...)	jedes Mal (wenn ...)
souvent [suvã]	oft
sans arrêt [sãzaRɛ]	unaufhörlich, dauernd
rarement [RaRmã]	selten
jamais [ʒamɛ]	nie
pendant [pãdã]	während
pendant des heures/semaines	stunden-/wochenlang
pendant que	während
entre... et... [ãtR e]	zwischen ... und ...
longtemps [lɔ̃tã]	lang(e)
ne pas en avoir pour longtemps	nicht lang(e) brauchen
long, longue [lɔ̃, lɔ̃g]	lang
court, e [kuR, kuRt]	kurz
tout de suite [tudsɥit]	sofort
soudain [sudɛ̃]	plötzlich
l'**époque** *f* [epɔk]	Zeit, Epoche
à l'époque	damals
prochain, e [pRɔʃɛ̃, ɛn]	nächste(r, s)
le **début** [deby]	Anfang
au début (de qc)	am Anfang/zu Beginn (von etw.)
se mettre à faire qc [s(ə)mɛtRafɛR]	anfangen etw. zu tun
continuer [kɔ̃tinɥe]	weitermachen
continuer à faire qc	weiterhin etw. tun
finir qc [finiR]	etw. beenden, mit etw. aufhören
finir de ranger	mit Aufräumen fertig sein
finir par faire qc	schließlich etw. tun
Tout est bien qui finit bien.	Ende gut, alles gut!
arrêter [aRete]	aufhören
venir de faire qc [v(ə)niRdəfɛR]	gerade etw. getan haben
avant [avã]	vor; vorher
avant, ...	vorher
avant de faire qc	bevor man etw. tut

Allgemeine Begriffe **Thematisches Wörterbuch**

Allgemeine Begriffe – Zeitangaben und numerische Einheiten

Appelle avant de passer.	Ruf an, bevor du vorbeikommst.
avant que + *subj*	bevor

la **période** [peʀjɔd]	Zeit, Zeitraum
immédiatement [imedjatmɑ̃]	unmittelbar, sofort *adv*
immédiat, e [imedja, jat]	unmittelbar, direkt
jadis [ʒadis]	damals, früher
passé, e [pɑse]	vergangen
récemment [ʀesamɑ̃]	vor kurzem
récent, e [ʀesɑ̃, ɑ̃t]	jüngste(r, s)
le **présent** [pʀezɑ̃]	Gegenwart
à présent	jetzt, gegenwärtig, zurzeit
l'**avenir** *m* [av(ə)niʀ]	Zukunft
à l'avenir	künftig
futur, e [fytyʀ]	(zu)künftig
suivant, e [sɥivɑ̃, ɑ̃t]	(nach)folgend
auparavant [opaʀavɑ̃]	vorher, zuvor
l'**origine** *f* [ɔʀiʒin]	Ursprung
être en train de faire qc [ɛtʀɑ̃tʀɛ̃d(ə)fɛʀ]	gerade etw. tun
ne pas tarder à faire qc [nəpɑtaʀdeafɛʀ]	bald etw. tun
se remettre à faire qc [səʀ(ə)mɛtʀafɛʀ]	wieder anfangen etw. zu tun, wieder etw. tun
quelquefois [kɛlkəfwa]	manchmal
parfois [paʀfwa]	manchmal
l'**occasion** *f* [ɔkazjɔ̃]	Gelegenheit
à l'occasion	bei Gelegenheit

Zahlen und Mengen

le **nombre** [nɔ̃bʀ]	Zahl; Anzahl
le nombre entier	ganze Zahl
le nombre pair/impair	gerade/ungerade Zahl
le nombre premier	Primzahl
zéro [zeʀo]	null
un, e [œ̃, yn]	eins; ein(e)
Un et un font deux.	Eins plus eins macht zwei.
un élève sur deux	einer von zwei Schülern

Thematisches Wörterbuch — Allgemeine Begriffe

Allgemeine Begriffe – Zeitangaben und numerische Einheiten

deux [dø]	zwei
à deux	zu zweit
trois [tʀwɑ]	drei
quatre [katʀ]	vier
cinq [sɛ̃k]	fünf
six [sis]	sechs
sept [sɛt]	sieben
huit [´ɥi(t)]	acht
neuf [nœf]	neun
dix [dis]	zehn
onze [ɔ̃z]	elf
douze [duz]	zwölf
treize [tʀɛz]	dreizehn
quatorze [katɔʀz]	vierzehn
quinze [kɛ̃z]	fünfzehn
seize [sɛz]	sechzehn
dix-sept [dissɛt]	siebzehn
dix-huit [dizɥit]	achtzehn
dix-neuf [diznœf]	neunzehn
vingt [vɛ̃]	zwanzig
vingt et un [vɛ̃teɛœ̃]	einundzwanzig
vingt-deux [vɛ̃tdø]	zweiundzwanzig
trente [tʀɑ̃t]	dreißig
quarante [kaʀɑ̃t]	vierzig
cinquante [sɛ̃kɑ̃t]	fünfzig
soixante [swasɑ̃t]	sechzig
soixante-dix [swasɑ̃tdis]	siebzig
septante [sɛptɑ̃t]	siebzig *(in Belgien und der Schweiz)*
soixante et onze [swasɑ̃teɔ̃z]	einundsiebzig
soixante-douze [swasɑ̃tduz]	zweiundsiebzig
quatre-vingts [katʀəvɛ̃]	achtzig
octante [ɔktɑ̃t]	achtzig *(in Belgien)*
huitante [´ɥitɑ̃t]	achtzig *(in der Schweiz)*
quatre-vingt-un [katʀəvɛ̃œ̃]	einundachtzig
quatre-vingt-dix [katʀəvɛ̃dis]	neunzig
nonante [nɔnɑ̃t]	neunzig *(in Belgien und der Schweiz)*
quatre-vingt-onze [katʀəvɛ̃ɔ̃z]	einundneunzig
cent [sɑ̃]	hundert
cent un [sɑ̃œ̃]	hunderteins

Allgemeine Begriffe – Zeitangaben und numerische Einheiten

cent dix [sɑ̃dis]	hundertzehn
deux cents [døsɑ̃]	zweihundert
mille [mil]	tausend
mille un [milœ̃]	tausendeins
deux mille [dømil]	zweitausend
premier, -ière [pʀəmje, jɛʀ]	erste(r, s)
le premier	der Erste
deuxième [døzjɛm]	zweite(r, s)
second, e [s(ə)gɔ̃, ɔ̃d]	zweite(r, s)
troisième [tʀwazjɛm]	dritte(r, s)
dixième [dizjɛm]	zehnte(r, s)
vingtième [vɛ̃tjɛm]	zwanzigste(r, s)
centième [sɑ̃tjɛm]	hundertste(r, s)
millième [miljɛm]	tausendste(r, s)
premièrement [pʀəmjɛʀmɑ̃]	erstens
deuxièmement [døzjɛmmɑ̃]	zweitens
l'**ordre** *m* [ɔʀdʀ]	Reihenfolge
le bon ordre	richtige Reihenfolge
l'ordre croissant/décroissant	auf-/absteigende Reihenfolge
combien (de) [kɔ̃bjɛ̃(də)]	wie viel(e)
beaucoup [boku]	viel
beaucoup (de)	viel(e)
tous, toutes [tu(s), tut]	alle
tous les enfants	alle Kinder
tout, e [tu, tut]	jede(r, s)
tout le monde	jeder, die ganzen Leute
le tout	das Ganze
chaque [ʃak]	jede(r, s)
chaque matin	jeden Morgen
chacun, e [ʃakœ̃, ʃakyn]	jede(r, s) (Einzelne)
un cadeau pour chacun	ein Geschenk für jeden
plus (de) [plys(də)]	mehr (als)
plus de huit heures	mehr als acht Stunden
moins (de) [mwɛ̃(də)]	weniger (als)
(tout) au moins, …	wenigstens, zumindest
au moins	mindestens
peu (de) [pø(də)]	wenig(e)
un peu de sel	ein wenig Salz

Thematisches Wörterbuch — *Allgemeine Begriffe*

Allgemeine Begriffe – Zeitangaben und numerische Einheiten

rien [ʀjɛ̃]	nichts
Rien ne me plaît.	Mir gefällt nichts.
plus rien	nichts mehr
aucun, e [okɛ̃, okyn]	kein(e), kein(e) einzige(r, s)

> **Rien** und **aucun** werden immer mit **ne** verwendet.

ne… pas (de) [nəpɑ (də)]	nicht; kein(e)
Elle ne fume pas.	Sie raucht nicht.
Je n'ai pas d'explication.	Ich habe keine Erklärung.

> **INFO** In der französischen Umgangssprache entfällt das **ne**: *elle fume pas – sie raucht nicht; je vois rien – ich sehe nichts.*

la **partie** [paʀti]	Teil
la majeure partie	der größte/überwiegende Teil
faire partie de qc	zu einer Sache gehören
le **million** [miljɔ̃]	Million
un million et demi (de)	eineinhalb Millionen (von)
le **milliard** [miljaʀ]	Milliarde
demi, e [d(ə)mi]	halb
le **tiers** [tjɛʀ]	Drittel
le **quart** [kaʀ]	Viertel
trois quarts	drei Viertel
le **cinquième** [sɛ̃kjɛm]	Fünftel
les quatre cinquièmes	vier Fünftel
le **centième** [sɑ̃tjɛm]	Hundertstel
plein, e (de qc) [plɛ̃(də)]	voll (von etw.)
plein de taches	voller Flecken
à moitié plein	halb voll
plein de [plɛ̃də] *adv*	viel(e)

Allgemeine Begriffe — Thematisches Wörterbuch

Allgemeine Begriffe – Zeitangaben und numerische Einheiten

plusieurs [plyzjœʀ]	mehrere
quelques [kɛlk]	einige (wenige), ein paar
quelques jours	einige Tage
quelques-uns, quelques-unes	einige
la **pièce** [pjɛs]	Teil, Stück
la pièce de tissu	Stück Stoff
la pièce de rechange/détachée	Ersatzteil
le **morceau**,	Stück
les **morceaux** [mɔʀso]	
la **tranche** [tʀɑ̃ʃ]	Scheibe; Abschnitt
la tranche d'âge	Altersstufe
la **part** [paʀ]	(An-)Teil
la part de gâteau	Kuchenstück
le **reste** [ʀɛst]	(Über-)Rest
le **chiffre** [ʃifʀ]	Ziffer, Zahl
la **quantité** [kɑ̃tite]	Menge
la **dizaine (de)** [dizɛn(də)]	etwa zehn
la **douzaine (de)** [duzɛn(də)]	Dutzend, etwa zwölf
la **quinzaine (de)** [kɛ̃zɛn(də)]	etwa fünfzehn
la **vingtaine (de)** [vɛ̃tɛn(də)]	etwa zwanzig
la **trentaine (de)** [tʀɑ̃tɛn(də)]	etwa dreißig
la **quarantaine (de)** [kaʀɑ̃tɛn(də)]	etwa vierzig
la **cinquantaine (de)** [sɛ̃kɑ̃tɛn(də)]	etwa fünfzig
il y a une cinquantaine d'années	vor circa 50 Jahren
la **centaine (de)** [sɑ̃tɛn(də)]	etwa hundert
le **millier (de)** [milje(də)]	etwa tausend
des milliers de personnes	tausende von Leuten
un pour cent [œ̃puʀsɑ̃]	ein Prozent
la **moitié** [mwatje]	Hälfte
double [dubl]	doppelt
le double	das Doppelte
triple [tʀipl]	dreifach
le triple	das Dreifache
se multiplier	sich vermehren
[s(ə)myltiplije]	
égal, e [egal]	gleich
le **total**, les **totaux** [tɔtal, o]	Gesamtbetrag
au total	insgesamt

Thematisches Wörterbuch — *Allgemeine Begriffe*

Allgemeine Begriffe – Zeitangaben und numerische Einheiten

supérieur, e [sypeʀjœʀ]	obere(r, s), höhere(r, s)
supérieur à	höher als
être supérieur à une valeur	über einem Wert liegen
inférieur, e [ɛ̃feʀjœʀ]	untere(r, s), geringer, kleiner
inférieur à	kleiner als
être inférieur à une valeur	unter einem Wert liegen
nombreux, -euse [nɔ̃bʀø, øz]	zahlreich
l'**ensemble** *m* [ɑ̃sɑ̃bl]	Gesamtheit, Ganze

Maße und Gewichte

le **kilo(gramme)** [kilo(gʀam)]	Kilo(gramm)
un kilo de fraises	ein Kilo Erdbeeren
le **gramme** [gʀam]	Gramm
peser [pəze]	wiegen
le **kilomètre** [kilɔmɛtʀ]	Kilometer
le **mètre** [mɛtʀ]	Meter
le **centimètre** [sɑ̃timɛtʀ]	Zentimeter
le **millimètre** [milimɛtʀ]	Millimeter
long, longue [lɔ̃, lɔ̃g]	lang
deux mètres de long	zwei Meter lang
être long de 500 mètres	500 Meter lang sein
court, e [kuʀ, kuʀt]	kurz
large [laʀʒ]	breit
étroit, e [etʀwa, wat]	schmal
bas, se [bɑ, bɑs]	niedrig
haut, e [´o, ´ot]	hoch
trois mètres de haut	drei Meter hoch
être haut de cent mètres	hundert Meter hoch sein
la **taille** [tɑj]	Größe
la **dimension** [dimɑ̃sjɔ̃]	Maß; Größe, Dimension
la **mesure** [m(ə)zyʀ]	Maß
l'unité de mesure	Maßeinheit
la **longueur** [lɔ̃gœʀ]	Länge
dans le sens de la longueur	in Längsrichtung, der Länge nach

Allgemeine Begriffe **Thematisches Wörterbuch**

Allgemeine Begriffe – Zeitangaben und numerische Einheiten

la **largeur** [laʀʒœʀ]	Breite
la **hauteur** [ˈotœʀ]	Höhe
la **profondeur** [pʀɔfɔ̃dœʀ]	Tiefe
la **surface** [syʀfas]	Fläche, Oberfläche
la **superficie** [sypɛʀfisi]	Fläche, Grundfläche
carré, **e** [kaʀe]	quadratisch, Quadrat-
une surface de 20 mètres carrés	eine 20 m² große Fläche
minuscule [minyskyl]	winzig
le **volume** [vɔlym]	Volumen, Rauminhalt
le **litre (de)** [litʀ(də)]	Liter
un litre d'eau	ein Liter Wasser
la **livre (de)** [livʀ(də)]	Pfund
cube [kyb]	Kubik-
le mètre cube	Kubikmeter
le **poids** [pwɑ]	Gewicht
la **tonne** [tɔn]	Tonne
en faire des tonnes *(fam)*	dick auftragen
léger, **-ère** [leʒe, ɛʀ]	leicht(gewichtig)
lourd, **e** [luʀ, luʀd]	schwer

Thematisches Wörterbuch *Allgemeine Begriffe*

Allgemeine Begriffe – Begriffe zur Beschreibung

Begriffe zur Beschreibung

Farben und Formen

la **forme** [fɔʀm]	Form
en forme de cercle	kreisförmig

la **couleur** [kulœʀ]	Farbe
de plusieurs couleurs	mehrfarbig
rouge [ʀuʒ]	rot
rouge clair	hellrot
rouge foncé	dunkelrot
rouge vif	knallrot, feuerrot

> Das Adjektiv **rouge vif** ist unveränderlich: *feuerrote Blüten – des fleurs rouge vif*.

le rouge	Rot
bleu, e [blø]	blau
bleu ciel	himmelblau
bleu marine	marineblau
bleu turquoise	türkisblau
jaune [ʒon]	gelb
jaune pâle	blassgelb
le jaune d'œuf	Eigelb, Dotter
vert, e [vɛʀ, vɛʀt]	grün
vert pomme	apfelgrün
vert de jalousie	blass vor Neid
orange [ɔʀɑ̃ʒ] *inv*	orange
rose [ʀoz]	rosa
rose bonbon	bonbonrosa
violet, te [vjɔlɛ, ɛt]	violett
marron [maʀɔ̃] *inv*	braun
gris, e [gʀi, gʀiz]	grau
blanc, **blanche** [blɑ̃, blɑ̃ʃ]	weiß
tout blanc	ganz weiß

Allgemeine Begriffe **Thematisches Wörterbuch**

Allgemeine Begriffe – Begriffe zur Beschreibung

avoir les cheveux blancs	graue Haare haben
avoir carte blanche	freie Hand haben
le blanc d'œuf	Eiweiß
noir, e [nwaʀ]	schwarz
Il fait noir.	Es ist dunkel.
Il fait noir comme dans un four.	Es ist stockdunkel.

incolore [ɛ̃kɔlɔʀ]	farblos
coloré, e [kɔlɔʀe]	farbig
multicolore [myltikɔlɔʀ]	bunt
clair, e [klɛʀ]	hell; hell-
foncé, e [fɔ̃se]	dunkel; dunkel-
le **ton** [tɔ̃]	Farbton
la **nuance** [nɥɑ̃s]	(Farb-)Nuance, Schattierung
colorier [kɔlɔʀje]	anmalen, ausmalen
le **rond** [ʀɔ̃]	Kreis; Ring
rond, e [ʀɔ̃, ʀɔ̃d]	rund
le **cercle** [sɛʀkl]	Kreis
le demi-cercle	Halbkreis
le **carré** [kaʀe]	Quadrat
le **rectangle** [ʀɛktɑ̃gl]	Rechteck
le **triangle** [tʀijɑ̃gl]	Dreieck
ovale [ɔval]	oval
arrondi, e [aʀɔ̃di]	rund
allongé, e [alɔ̃ʒe]	länglich
pointu, e [pwɛ̃ty]	spitz
former [fɔʀme]	bilden

Grad und Vergleich

très [tʀɛ]	sehr
assez [ase]	ziemlich
assez (de)	genug, genügend
trop (de) [tʀo(də)]	zu (viel)
trop grand	zu groß
trop de travail	zu viel Arbeit
ressembler à qc [ʀ(ə)sɑ̃ble]	einer Sache ähneln

Thematisches Wörterbuch — Allgemeine Begriffe

Allgemeine Begriffe – Begriffe zur Beschreibung

comme [kɔm]	wie
même [mɛm]	gleich
le, la même...	der/die/das gleiche ...; derselbe/dieselbe/dasselbe ...
la même chose	das Gleiche
moi-même	ich selbst
mieux [mjø]	besser
aimer mieux qc	etw. lieber mögen
de mieux en mieux	immer besser
le mieux	das Beste; am besten
pire [piʀ]	schlimmer
de pire en pire	immer schlimmer
le pire	das Schlimmste
plus [ply(s)]	mehr
plus lentement	langsamer
plus beau que	schöner als
la plus grande fête	das größte Fest
de plus en plus	immer mehr
de plus en plus grand/souvent	immer größer/öfter
plus que jamais	mehr als je zuvor
le plus	am meisten
le plus grand/souvent	am größten/häufigsten
moins [mwɛ̃]	weniger
moins calmement	weniger ruhig
moins bon que	weniger gut/schlechter als, nicht so gut wie
moins de fautes	weniger Fehler
le moins (de gâteau)	am wenigsten (Kuchen)
de moins en moins	immer weniger
la **différence** [difeʀɑ̃s]	Unterschied
à la différence de	im Unterschied zu
différent, e [difeʀɑ̃, ɑ̃t]	unterschiedlich, anders
autre [otʀ]	andere(r, s)
l'autre voiture	das andere Auto
autre chose	etwas anderes
tellement [tɛlmɑ̃]	so sehr
peu [pø]	wenig, nicht sehr
presque [pʀɛsk]	fast

Allgemeine Begriffe **Thematisches Wörterbuch**

Allgemeine Begriffe – Begriffe zur Beschreibung

> **INFO**
> Auch vor Vokal oder stummem h steht die volle Form **presque**: *elle est presque aveu - sie ist fast blind*. Nur in *presqu'île* ist das *-e* entfallen.

environ [ãviRɔ̃]	ungefähr, etwa
la **moyenne** [mwajɛn]	Durchschnitt
comparer [kɔ̃paʀe]	vergleichen
comparer qn/qc à qn/qc	jdn./etw. mit jdm./etw. vergleichen
identique [idãtik]	identisch, gleich
que [kə]	als, wie *(im Vergleich)*
plus grand que	größer als
aussi grand que	ebenso groß wie
aussi... que [osi kə]	so ... wie
aussi sympa que	ebenso sympathisch wie
si [si]	so
Il est si mignon !	Er ist so süß!
le meilleur, la meilleure... [mɛjœʀ]	der/die/das beste ...
le **contraire** [kɔ̃tʀɛʀ]	Gegenteil
au contraire	im Gegenteil
contrairement à [kɔ̃tʀɛʀmã]	im Gegensatz zu
l'**opposition** f [ɔpozisjɔ̃]	Gegensatz, Widerspruch
l'**opposé** m [ɔpoze]	Gegenteil
à l'opposé de qn/qc	im Gegensatz zu jdm./etw.
opposé, e [ɔpoze]	entgegengesetzt
être opposé à qc	gegen etw. sein
l'**inverse** m [ɛ̃vɛʀs]	Gegenteil
à l'inverse	hingegen
à l'inverse de qn/qc	im Gegensatz zu jdm./etw.
en revanche [ãʀ(ə)vãʃ]	dagegen
principal, e [pʀɛ̃sipal]	wichtigste(r, s), Haupt-
énorme [enɔʀm]	enorm, riesig
immense [i(m)mãs]	riesig, ungeheuer
extrême [ɛkstʀɛm]	extrem; äußerste(r, s)
extrêmement [ɛkstʀɛmmã]	äußerst
exagérer [ɛgzaʒeʀe]	übertreiben
moyen, ne [mwajɛ̃, jɛn]	durchschnittlich, Mittel-
plutôt [plyto]	eher; ziemlich

Thematisches Wörterbuch — Allgemeine Begriffe

Allgemeine Begriffe – Begriffe zur Beschreibung

à peine [apɛn]	kaum
la **relation** [ʀ(ə)lasjɔ̃]	Beziehung, Verhältnis
le **rapport** [ʀapɔʀ]	Verhältnis, Zusammenhang
le rapport qualité-prix	Preis-Leistungs-Verhältnis
par rapport à	im Vergleich/Verhältnis zu
la **comparaison** [kɔ̃paʀɛzɔ̃]	Vergleich
le **point commun** [pwɛ̃kɔmɛ̃]	Gemeinsamkeit
correspondre à qc [kɔʀɛspɔ̃dʀ]	einer Sache entsprechen
semblable [sɑ̃blabl]	ähnlich
ressemblant, e [ʀ(ə)sɑ̃blɑ̃, ɑ̃t]	ähnlich
pareil, le [paʀɛj]	gleich; solche(r, s), derartige(r, s)
être pareil à qn/qc	jdm./einer Sache gleich sein
en pareil cas	in einem solchen Fall
Je ne peux pas croire une chose pareille.	So etwas kann ich nicht glauben.
autant (que) [otɑ̃ (kə)]	(genau)so viel (wie)
gagner autant que qn	so viel wie jd. verdienen
plus..., moins... [ply mwɛ̃]	je mehr …, desto weniger …
autrement [otʀəmɑ̃]	anders

Modalausdrücke

vouloir [vulwaʀ]	wollen; mögen
Je veux qu'elle vienne.	Ich möchte, dass sie kommt.
Il chante bien quand il veut.	Er singt gut, wenn er will.
pouvoir [puvwaʀ]	können
comment [kɔmɑ̃]	wie
Comment vas-tu ?	Wie geht es dir?
la **manière** [manjɛʀ]	Art und Weise
de toute manière	auf jeden Fall, wie dem auch sei
d'une/de manière générale	im Allgemeinen, generell, grundsätzlich
de quelle manière ?	auf welche Art und Weise?
de manière à/à ce que + *subj*	damit, sodass
ainsi [ɛ̃si]	so
aussi [osi]	auch
non plus [nɔ̃ply]	auch nicht
bien [bjɛ̃]	gut
mal [mal]	schlecht

Allgemeine Begriffe — Thematisches Wörterbuch

Allgemeine Begriffe – Begriffe zur Beschreibung

seulement [sœlmã]	nur
devoir [d(ə)vwaʀ]	müssen, sollen
devoir faire qc	etw. tun sollen
falloir [falwaʀ]	brauchen, müssen
il faut qc (pour faire qc)	man braucht etw. (um etw. zu tun)
il faut qc à qn	jd. braucht etw.
il faut faire qc	man muss etw. tun, es ist nötig etw. zu tun
il ne faut pas faire qc	man darf/soll etw. nicht tun
il faut que + *subj*	man muss; es ist nötig, dass
la **façon** [fasɔ̃]	Art, Weise
de toute façon	auf jeden Fall, wie dem auch sei
d'une façon générale	im Allgemeinen
de quelle façon ?	auf welche Art und Weise?
de façon à/à ce que + *subj*	damit, sodass
la **sorte** [sɔʀt]	Sorte, Art
une sorte de qc	eine Art (von) etw.
toutes sortes de…	alle möglichen …
de toutes sortes	aller Art
de la sorte	auf diese Art und Weise
de sorte que + *subj*	sodass
comme ça [kɔmsa]	so, auf diese Weise
surtout [syʀtu]	vor allem
Surtout, ne dis pas ça !	Sag das bloß nicht!
même [mɛm]	sogar
(ne…) même pas	nicht einmal
peut-être [pøtɛtʀ]	vielleicht
provisoire [pʀɔvizwaʀ]	provisorisch, vorläufig
provisoirement [pʀɔvizwaʀmã]	vorläufig, vorübergehend
définitif, -ive [definitif, iv]	endgültig
en définitive	letzten Endes
définitivement [definitivmã]	endgültig
peu à peu [pøapø]	langsam, allmählich
le **mode** [mɔd]	Art, Weise
le mode d'emploi	Gebrauchsanleitung
le **moyen** [mwajɛ̃]	Mittel, Weg, Möglichkeit
trouver le moyen de faire qc	einen Weg finden etw. zu tun
la **possibilité** [pɔsibilite]	Möglichkeit

Thematisches Wörterbuch *Allgemeine Begriffe*

Allgemeine Begriffe – Begriffe zur Beschreibung

possible [pɔsibl]	möglich
impossible [ɛ̃pɔsibl]	unmöglich
général, e [ʒeneʀal]	allgemein
en général	in der Regel, im Allgemeinen
généralement [ʒeneʀalmɑ̃]	im Allgemeinen, meistens
en principe [ɑ̃pʀɛ̃sip]	im Prinzip
normalement [nɔʀmalmɑ̃]	normal; normalerweise
vraiment [vʀɛmɑ̃]	wirklich
complètement [kɔ̃plɛtmɑ̃]	komplett, vollständig, ganz
calmement [kalməmɑ̃]	ruhig
clairement [klɛʀmɑ̃]	klar, deutlich
directement [diʀɛktəmɑ̃]	direkt, unmittelbar
exactement [ɛgzaktəmɑ̃]	genau
strictement [stʀiktəmɑ̃]	strikt, streng
strictement interdit	streng verboten
quelque peu [kɛlkpø]	ein wenig
en plus [ɑ̃plys]	außerdem

Ursache und Wirkung

pourquoi ? [puʀkwa]	warum?
c'est pourquoi…, voilà pourquoi…	deshalb …, daher …, aus diesem Grund …
parce que [paʀskə]	weil
la **suite** [sɥit]	Folge
à la suite de qc	infolge einer Sache, nach etw.

comme [kɔm]	da, weil
donc [dɔ̃k]	also, folglich
alors [alɔʀ]	dann

la **raison (pour/de)** [ʀɛzɔ̃]	Grund (für)
la raison pour laquelle	der Grund weshalb
pour quelle raison ?	weshalb?, warum?
pour des raisons techniques	aus technischen Gründen
en raison de	aufgrund
car [kaʀ]	denn, weil
grâce à [gʀɑsa]	dank

Allgemeine Begriffe **Thematisches Wörterbuch**

Allgemeine Begriffe – Begriffe zur Beschreibung

entraîner [ɑ̃tʀene]	zur Folge haben, mit sich bringen
le **résultat** [ʀezylta]	Ergebnis

Ziel und Zweck

pour [puʀ]	für, um zu
aller au bureau pour travailler	ins Büro gehen, um zu arbeiten; zum Arbeiten ins Büro gehen
le **but** [by(t)]	Ziel
dans le but de	in der Absicht, dass
avoir pour but de faire qc	das Ziel haben etw. zu tun
poursuivre un but	ein Ziel verfolgen
pour que [puʀkə] + *subj*	damit
afin que [afɛ̃kə] + *subj*	damit
afin de [afɛ̃də] + *inf*	um zu
afin de grandir	um zu wachsen
servir à qc [sɛʀviʀ]	zu etw. dienen
l'**objectif** *m* [ɔbʒɛktif]	Ziel
se fixer un objectif	sich ein Ziel setzen
atteindre [atɛ̃dʀ]	erreichen
imposer [ɛ̃poze]	durchsetzen
exprès [ɛkspʀɛ]	absichtlich
le **hasard** [´azaʀ]	Zufall
par hasard	zufällig
à tout hasard	auf gut Glück

Zustand und Veränderung

être [ɛtʀ]	sein
avoir [avwaʀ]	haben
il y a [ilija, ilja, ja]	es gibt
rester [ʀɛste] + *être*	bleiben
la **situation** [sityasjɔ̃]	Situation

Thematisches Wörterbuch *Allgemeine Begriffe*

Allgemeine Begriffe – Begriffe zur Beschreibung

exister [ɛgziste]	existieren
il existe…	es gibt…
immobile [i(m)mɔbil]	unbeweglich, regungslos
changer [ʃɑ̃ʒe]	ändern, (sich) verändern
changer de couleur	die Farbe ändern/wechseln
changer d'avis	seine Meinung ändern
le **changement** [ʃɑ̃ʒmɑ̃]	(Ver-)Änderung, Wechsel
inchangé, e [ɛ̃ʃɑ̃ʒe]	unverändert
devenir [dəv(ə)niʀ] + *être*	werden
l'**immobilité** *f* [imɔbilite]	Unbeweglichkeit, Reg(ungs)losigkeit
complet, -ète [kɔ̃plɛ, ɛt]	komplett, vollständig
entier, -ière [ɑ̃tje, jɛʀ]	ganz, vollständig
l'**évolution** *f* [evɔlysjɔ̃]	Entwicklung
évoluer [evɔlɥe]	sich entwickeln
se développer [s(ə)dev(ə)lɔpe]	sich entwickeln
transformer [tʀɑ̃sfɔʀme]	umwandeln, verändern
la **transformation** [tʀɑ̃sfɔʀmasjɔ̃]	Veränderung
casser [kɑse]	zerbrechen, kaputtmachen
cassé, e [kɑse]	kaputt

Strukturwörter **Thematisches Wörterbuch**

Strukturwörter – Begleiter und Pronomen

Strukturwörter – Begleiter und Pronomen

Artikel

le, **la**, **l'**; **les** [lə, la, le]
le train, l'avion; la voiture, l'histoire
les trains, les voitures

der, die, das; die
der Zug, das Flugzeug; das Auto, die Geschichte
die Züge, die Autos

> **INFO** Der männliche und weibliche Artikel **l'** steht vor Vokal oder stummem h: *l'ami – der Freund; l'étoile – der Stern; l'hôtel – das Hotel.*

du, **de la**, **de l'**; **des** [dy, dəla, dəl, de]
du beurre, de la confiture, de l'eau
des citrons, des oranges

bleibt im Deutschen unübersetzt
Butter, Marmelade, Wasser
Zitronen, Orangen

> **INFO** Der **Teilungsartikel** wird bei Substantiven verwendet, die entweder nicht zählbar sind oder eine unbestimmte Menge ausdrücken: *Veux-tu du thé/de l'eau/des légumes ? – Möchtest du Tee/Wasser/Gemüse?*

au, **à la**, **à l'**; **aux** [o, ala, al, o]
au bureau, à la cantine, à l'école
aux Etats-Unis
un, **une**; **des** [œ̃, yn, de]
un vélo, une moto
des bus

auf der/dem/den/das, zu …, in …, bei …
im Büro, in der Kantine, in der Schule
in den USA
ein, eine
ein Fahrrad, ein Motorrad
Busse

> **INFO** Der unbestimmte Artikel **des** hat die Nebenform **de**. Sie wird verwendet, wenn vor dem Substantiv ein Adjektiv steht: *J'ai acheté des citrons et de belles pommes. – Ich habe Zitronen und schöne Äpfel gekauft.*

Thematisches Wörterbuch *Strukturwörter*

Strukturwörter – Begleiter und Pronomen

Pronomen

• Personal- und Adverbialpronomen

je, j' [ʒə, ʒ]	ich
me, m' [mə, m]	mich; mir
Il me voit.	Er sieht mich.
Elle m'aide.	Sie hilft mir.
moi [mwa]	ich; mich; mir
avec moi	mit mir
C'est à moi.	Das ist meine/meiner/meines., Das gehört mir.
moi, je…	ich *(betont)*

> **INFO**
> Das unverbundene – oder betonte – Personalpronomen **moi** wird ebenso wie **toi**, **lui**, **elle**, **nous**, **vous**, **eux** und **elles** in Sätzen ohne Verb, in Vergleichssätzen, nach Präpositionen, in Verbindung mit der Befehlsform sowie zur Hervorhebung und Betonung verwendet (wobei *moi* nur in der Umgangssprache gleichzeitig mit *je* oder *me* verwendet wird).

tu, t' [ty, t]	du
te, t' [tə, t]	dich; dir
toi [twa]	du; dich; dir
il, elle [il, ɛl]	er, sie, es
le, la, l' [lə, la, l]	ihn, sie, es; ihm, ihr
Je le vois.	Ich sehe ihn.
Je le rencontre.	Ich begegne ihm.
Le/la voilà.	Da ist er/sie.

> **INFO**
> Das sowohl männliche als auch weibliche Pronomen **l'** steht wie die übrigen apostrophierten Formen vor Vokal oder stummem h. Die Übersetzung kann *ihn, ihm, sie* oder auch *es* lauten, je nachdem, welches Wort durch das Pronomen vertreten wird.

Strukturwörter **Thematisches Wörterbuch**

Strukturwörter – Begleiter und Pronomen

lui [lɥi]	er, sie, es; ihn, sie, es; ihm, ihr
Lui ?	Er?
Je lui dis...	Ich sage ihm/ihr ...
Je lui demande...	Ich frage ihn/sie/es ...
se, **s'** [sə, s]	sich
soi [swa]	sich
Chacun pour soi.	Jeder für sich.
nous [nu]	wir; uns
Nous chantons.	Wir singen.
Il nous voit.	Er sieht uns.
Il nous dit...	Er sagt uns ...
vous [vu]	ihr, Sie; euch, Sie; euch, Ihnen
Vous ?	Ihr?, Sie?
Je vous dis...	Ich sage euch/Ihnen ...
Je vous demande...	Ich frage euch/Sie ...
ils, **elles** [il, ɛl]	sie
les [le]	sie, ihnen
Je les vois.	Ich sehe sie.
Je les rencontre.	Ich begegne ihnen.
leur [lœʀ]	sie, ihnen
Je leur demande...	Ich frage sie ...
Je leur dis...	Ich sage ihnen ...
eux, **elles** [ø, ɛl]	sie
pour eux	für sie
se, **s'**; **soi** [sə, s, swa]	sich, einander
Ils se connaissent depuis un an.	Sie kennen sich/einander seit einem Jahr.
en [ɑ̃]	davon; darüber, daran *etc*.
Elle s'en souvient.	Sie erinnert sich daran.
Elle en parle beaucoup.	Sie spricht viel darüber.
y [i]	dafür; daran, darüber *etc*.
Il y croit. Il y réfléchit.	Er glaubt daran. Er denkt darüber nach.

- **Demonstrativpronomen und -begleiter**

ce, **c'** [sə, s]	das
C'est...	Das ist ...
Ce sont...	Das sind ...

Thematisches Wörterbuch *Strukturwörter*

Strukturwörter – Begleiter und Pronomen

ce, **cet**, **cette**; **ces** [sə, sɛt, sɛt, se]	diese(r, s); diese
ce train, cet avion, cette voiture, cette histoire	dieser Zug, dieses Flugzeug, dieses Auto, diese Geschichte
ces trains, ces voitures	diese Züge, diese Autos
ce train-là, cette voiture-là	der Zug da/dort, das Flugzeug da/dort

celui, **celle** [səlɥi, sɛl]	der, die, das; den, die, das; diese(r, s), jene(r, s)
Laisse mon stylo. Prends celui de Louise.	Lass meinen Stift. Nimm den von Louise.
celui-ci/-là, celles-ci/-là	diese(r, s) (hier)/jene(r, s) (da/dort)
ceux, **celles** [sø, sɛl]	die; diese; jene
ceux-ci/-là, celles-ci/-là	diese (hier), jene (da/dort)
ceci [səsi]	dies (hier)
cela, **ça** [s(ə)la, sa]	das (da), dies(es)

• **Possessivpronomen und -begleiter**

mon, **ma**, **mes** [mɔ̃, ma, me]	mein, meine
ton, **ta**, **tes** [tɔ̃, ta, te]	dein, deine
son, **sa** [sɔ̃, sa]	sein, ihr, seine, ihre

> **INFO**
> Der männliche Possessivbegleiter **son** steht vor männlichen Substantiven. Der weibliche Possessivbegleiter **sa** steht entsprechend vor weiblichen Substantiven. Vor weiblichen Substantiven, die mit Vokal oder stummem h anfangen, wird jedoch **son** verwendet.
> Alle Possessivbegleiter können sich auf einen männlichen *Besitzer* oder auf eine weibliche *Besitzerin* beziehen und werden je nachdem mit *sein(e)* oder *ihr(e)* übersetzt: *son ami – sein/ihr Freund, son sac – seine/ihre Tasche, son tableau – sein/ihr Bild; sa clé – sein/ihr Schlüssel, sa montre – seine/ihre Uhr, sa voiture – sein/ihr Auto; son amie – seine/ihre Freundin, son habitude – seine/ihre Angewohnheit.*

ses [se]	seine, ihre
notre, **nos** [nɔtʀ, no]	unser(e); unsere
votre, **vos** [vɔtʀ, vo]	euer, eure, Ihr(e); eure, Ihre

Strukturwörter **Thematisches Wörterbuch**

Strukturwörter – Begleiter und Pronomen

leur, leurs [lœʀ]	ihr(e); ihre

• Interrogativpronomen und -begleiter

qui... ? [ki]	wer?; wem?; wen?
Qui est-ce ?	Wer ist das?
C'est à qui ?	Wer ist an der Reihe?
Qui as-tu vu ?	Wen hast du gesehen?
Qui croyez-vous ?	Wem glauben Sie?
À qui as-tu parlé ?	Mit wem hast du gesprochen?
que... ?, qu'... ? [kə, k]	was ...?
Que fait Julien ?	Was macht Julien?
qu'est-ce que/qu'... ? [kɛskə/k]	was ...?
Qu'est-ce que c'est ?	Was ist das?
Qu'est-ce qu'il fait ?	Was macht er?
quoi ? [kwa]	was?
À quoi penses-tu ?	Woran denkst du?
où ? [u]	wo?
d'où ?	woher?
quand ? [kɑ̃]	wann?
comment... ? [kɔmɑ̃]	wie ...?
combien... ? [kɔ̃bjɛ̃]	wie viel ...?
pourquoi... ? [puʀkwa]	warum ...?
est-ce que... ? [ɛskə]	*bleibt im Deutschen unübersetzt*
Est-ce que tu l'as vue ?	Hast du sie gesehen?
Où est-ce que tu vas ?	Wohin gehst du?

> **INFO** Fragesätze, die mit **est-ce que** oder **est-ce qu'** beginnen, haben dieselbe Wortstellung wie Aussagesätze: *Est-ce que **tu rentres à la maison** ? – Gehst du nach Hause?; Tu rentres à la maison. – Du gehst nach Hause.*

qui est-ce qui... ? [kiɛski]	wer ...?
Qui est-ce qui commence ?	Wer fängt an?
qui est-ce que... ? [kiɛskə]	wen ...?; wem ...?
Qui est-ce que tu choisis ?	Wen wählst du?

Thematisches Wörterbuch *Strukturwörter*

Strukturwörter – Begleiter und Pronomen

qu'est-ce qui... ? [kɛski]	was ...?
Qu'est-ce qui va changer ?	Was wird sich ändern?
quel, quelle;	welche(r, s) ...?
quels, quelles... ? [kɛl]	
Quel est votre voiture ?	Welches ist euer Auto?
Quelle heure est-il ?	Wie spät ist es?

• Relativpronomen

qui [ki]	der, die, das; welche(r, s); wer
le livre qui te plaît	das Buch, das dir gefällt
Je sais qui c'est.	Ich weiß, wer es ist.
c'est... qui	*im Deutschen unübersetzt, dient zur Betonung und Hervorhebung von Subjekten*
que, qu' [kə, k]	den, die, das
le livre qu'il a acheté	das Buch, das er gekauft hat
c'est... que	*im Deutschen unübersetzt, dient zur Hervorhebung und Betonung von Objekten*
C'est lui que j'ai vu.	Den habe ich gesehen.
quoi [kwa]	was
Il ne sait pas quoi penser.	Er weiß nicht, was er denken soll.
Il ne sait pas à quoi comparer ça.	Er weiß nicht, womit er das vergleichen soll.
où [u]	wo; in dem/der/denen
la ville où elle habite	die Stadt, in der sie wohnt
ce qui [səki]	was
Dis moi ce qui s'est passé.	Sag mir, was passiert ist.
ce que, ce qu' [səkə, sək]	was
Je ne sais pas ce qu'il pense.	Ich weiß nicht, was er denkt.
dont [dɔ̃]	dessen, deren; wovon, von dem/der/denen
quelque chose dont il est fier	etwas worauf er stolz ist
lequel, laquelle, lesquels, lesquelles [ləkɛl, lakɛl, lekɛl]	welche(r, s)
le café dans lequel il se trouve	das Café, in dem er sich befindet

Strukturwörter **Thematisches Wörterbuch**

Strukturwörter – Begleiter und Pronomen

- **Indefinite Pronomen und Begleiter**

on [ɔ̃]	man; wir
On ne doit pas mentir.	Man sollte nicht lügen.
On va s'amuser.	Wir werden uns amüsieren.
tout [tu]	alles
tout comprendre	alles verstehen
tous, **toutes** [tus, tut]	alle
Tous sont venus.	Sie sind alle gekommen.
quelqu'un [kɛlkœ̃]	jemand
quelque chose [kɛlkəʃoz]	etwas
rien (ne...), **ne... rien** [ʀjɛ̃(nə), nə ʀjɛ̃]	nichts
Rien ne me fait plaisir.	Nichts macht mir Spaß.
Je n'ai rien trouvé.	Ich habe nichts gefunden.
chaque [ʃak]	jede(r, s) (einzelne)

tout, e [tu, tut]	der/die/das ganze; jede(r, s)
toute la nuit	die ganze Nacht
toute erreur	jeder Fehler
tous, **toutes** [tu, tut]	alle
tous les amis	alle Freunde
personne (ne...), **ne... personne** [pɛʀsɔn(nə), nə pɛʀsɔn]	niemand
Personne n'est venu.	Niemand ist gekommen.
Je n'ai vu personne.	Ich habe niemanden gesehen.
plusieurs [plyzjœʀ]	mehrere
quelque, quelques [kɛlk]	einige; einige, ein paar
Il me faut quelque temps pour...	Ich brauche einige Zeit, um ...
à quelques pas d'ici	ein paar Schritte von hier entfernt

le/la même, **les mêmes** [lə, lamɛm, lemɛm]	der/die/dasselbe; der/die/das Gleiche; dieselben, die Gleichen
autre [otʀ]	andere(r, s)
un tel, une telle [ɛ̃tɛl, yntɛl]	solch ein(e)
de tels...	solche
certain, e [sɛʀtɛ̃, ɛn]	gewiss, bestimmt
un certain..., une certaine...	ein(e) gewisse(r, s) ...
certaines personnes	gewisse Leute

Thematisches Wörterbuch *Strukturwörter*

Strukturwörter – Begleiter und Pronomen

certains, **certaines** [sɛRtɛ̃, ɛn] manche, manche Leute, manch eine(r); einige
Certains n'y croyaient pas. Manche glaubten nicht daran.
quelques-uns, **quelques-unes** einige, einige wenige
[kɛlkəzɛ̃, kɛlkəzyn]
quelconque [kɛlkɔ̃k] irgendein(e)
un train quelconque, un quelconque train irgendein Zug
n'importe qui [nɛ̃pɔRtki] irgendwer; jeder
n'importe quoi [nɛ̃pɔRtkwa] irgendwas
n'importe quel [nɛ̃pɔRtkɛl] irgendein(e)
Prends n'importe quel verre. Nimm irgendein Glas.
N'importe quel enfant le sait. Jedes Kind weiß es.
pas un (seul), **pas une (seule)** kein(e) einzige(r, s)
[pɑzɛ̃(sœl), pɑzyn(sœl)]
divers, **diverses** [divɛR, divɛRs] mehrere
différents, **différentes** [difeRɑ̃, ɑ̃t] verschiedene

Strukturwörter **Thematisches Wörterbuch**

Strukturwörter – Präpositionen und Konjunktionen

Präpositionen und Konjunktionen

Präpositionen

de [də]	von, aus, über *etc.*
la sœur de Julien	die Schwester von Julien, Juliens Schwester
l'inspecteur de police	Polizeiinspektor
du lundi au vendredi, de lundi à vendredi	von Montag bis Freitag
venir de Paris	aus Paris kommen
parler de qn	über jdn. sprechen
avoir peur de qc	vor etw. Angst haben
à [a]	in, an, nach, zu, um *etc.*
être à la piscine	im Schwimmbad sein
aller à Paris	nach Paris fahren
à pied/à vélo	zu Fuß/mit dem Fahrrad
à 9 heures	um 9 Uhr
dans [dɑ̃]	in
dans l'école	in der Schule
dans la rue	auf der Straße
dans 3 heures	in 3 Stunden
en [ɑ̃]	in, innerhalb (von), aus *etc.*
en France	in Frankreich
aller en ville	in die Stadt gehen
en 2 heures	in 2 Stunden
en bois	aus Holz
en train	mit dem Zug
en allemand	auf Deutsch
chanter en travaillant	beim Arbeiten singen
sur [syʀ]	auf, über
sous [su]	unter
devant [d(ə)vɑ̃]	vor
derrière [dɛʀjɛʀ]	hinter
en face de [ɑ̃fasdə]	gegenüber (von)
chez [ʃe]	bei, zu
chez moi	bei mir
aller chez qn	zu jdm. gehen
à côté de [akotedə]	neben
à gauche de [agoʃdə]	links von
à droite de [adʀwatdə]	rechts von

Thematisches Wörterbuch *Strukturwörter*

Strukturwörter – Präpositionen und Konjunktionen

avant [avɑ̃]	vor
après [apʀɛ]	nach; hinter
depuis [dəpɥi]	seit; von … aus
jusque [ʒysk]	bis
avec [avɛk]	mit
avec moi	mit mir
sans [sɑ̃]	ohne
sans moi	ohne mich
pour [puʀ]	für; nach
pour toi	für dich
partir pour le Maroc	nach Marokko fahren
partir pour six mois	für (die Dauer von) sechs Monate(n) verreisen
au-dessus de [od(ə)sydə]	über, oberhalb von
au-dessous de [od(ə)sudə]	unter, unterhalb von
autour de [otuʀdə]	um … herum
au milieu de [omiljødə]	mitten in/am, inmitten
entre [ɑ̃tʀ]	zwischen
près de [pʀɛdə]	nahe bei, neben
loin de [lwɛ̃də]	weit von … (entfernt)
contre [kɔ̃tʀ]	gegen; an
vers [vɛʀ]	in Richtung von, nach; gegen, etwa um
pendant [pɑ̃dɑ̃]	während
par [paʀ]	durch, aus, pro *etc.*
regarder par la fenêtre	aus dem Fenster schauen
passer par Marseille	durch/über Marseille fahren
par là	dadurch; darüber
deux fois par semaine	zweimal pro Woche
sauf [sof]	außer, bis auf
à l'intérieur de [alɛ̃teʀjœrdə]	im Innern von, in
par-dessus [paʀdəsy]	über
à partir de [apaʀtiʀdə]	ab, von … an; auf der Grundlage von, ausgehend von
parmi [paʀmi]	unter, von
parmi nos amis…	unter unseren Freunden …
envers [ɑ̃vɛʀ]	gegenüber
au lieu de [oljødə]	anstatt
malgré [malgʀe]	trotz

Strukturwörter **Thematisches Wörterbuch**

Strukturwörter – Präpositionen und Konjunktionen

grâce à [gʀɑsa]	dank
d'après [dapʀɛ]	nach, zufolge, gemäß
auprès de [opʀɛdə]	neben, bei

Konjunktionen

et [e]	und
et… et… [e e]	sowohl … als auch …
ou [u]	oder
ou bien	oder
ou…, ou…	entweder … oder …
mais [mɛ]	aber
ne… ni… [nə ni]	weder … noch …
Il ne veut ni ne peut accepter.	Weder will er noch kann er akzeptieren.
ni… ni… [ni ni]	weder … noch …
Il n'aime ni le vin ni la bière.	Er mag weder Wein noch Bier.
quand [kɑ̃]	wenn; als
Quand j'ai faim, je mange une pomme.	Wenn ich Hunger habe, esse ich einen Apfel.
Quand j'étais en France…	Als ich in Frankreich war …
c'est pourquoi, **voilà pourquoi**	deshalb, deswegen
[sepuʀkwa, vwalapuʀkwa]	
parce que [paʀskə]	weil
que [kə]	dass
donc [dɔ̃k]	also, folglich
comme [kɔm]	da, weil
si [si]	wenn, falls; ob
Si tu viens, …	Wenn du kommst, …
savoir si…	wissen ob …
car [kaʀ]	denn, weil
avant que [avɑ̃kə] + *subj*	bevor
après que [apʀɛkœ]	nachdem
pendant que [pɑ̃dɑ̃kœ]	während
jusqu'à ce que [ʒyskaskə] + *subj*	bis
pour que [puʀk(ə)] + *subj*	damit
afin que [afɛkə] + *subj*	damit

Thematisches Wörterbuch *Strukturwörter*

Strukturwörter – Präpositionen und Konjunktionen

sans que [sãkə] + *subj* ohne dass
alors que [alɔʀkə] während; als
tandis que [tãdikə] während
bien que [bijɛ̃kə] + *subj* obwohl
quoique [kwak(ə)] + *subj* obwohl, obgleich
à condition que [akɔ̃disjɔ̃kə] + *subj* unter der Bedingung, dass; vorausgesetzt (, dass)

Alphabetisches Register **Thematisches Wörterbuch**

A

à	285, 317
À bientôt !	151
à bord	237
À ce soir !	151
À demain !	288
À demain !	151
à partir de	288, 318
à peine	304
À plus tard !	151
à propos de	174
À tout à l'heure !	151
absolument	178
abstrait, e	271
accepter	178
accès	281
accident	201, 233
accord	178
accorder	186
accrocher à qc (s')	197
accueil	242
accusation	264
accuser	264
acheter	217
acheteur	269
acheteuse	269
actif, -ive	187
action	215
activité	187, 266
additionner	276
adjectif	273
administratif, -ive	231
admiration	184
admirer	184
ado	152
adolescent, e	152
adorer	179
adosser (s')	197
adresse	152, 278
adresser (s')	151
adulte	152
adverbe	273
aération	159
aéroport	238
affaire	265
afin de	307
afin que	307, 319
âge	152
agence	241, 269
agence de voyage	241
agent de police	262
agir	186
agréable	253
agressif, -ive	156
agriculteur	267
agricultrice	267
agriculture	267
aide	259
aider	208, 265, 291
aider qn	265
Aïe !	200
aiguille	286
aimable	155
aimer	171, 179, 182, 187
ainsi	304
air	193
aisé, e	261
ajouter	174
album	188
alcool	199, 227
Allemagne	239
Allemand	239
allemand	239
allemand, e	239
Allemande	239
aller	196, 232, 291
aller bien	198
aller chercher	170, 218
aller chez	172
aller voir	172
allongé, e	301
Allô !	150
Allô ?	279
allumer	159, 282
alors	306
alors que	320
alphabet	206
altitude	249
ambassade	259
ambiance	170
ambulance	201
ami, e	171
amitié	172
amour	173
amoureux, euse	172
amoureux, -se	173
ampoule	162
amusant, e	155, 187
amuser (s')	193
an	152, 289
analyser	276
ananas	221
âne	251
ânesse	251
Anglais	239
anglais	206, 239
anglais, e	239
Anglaise	239
Angleterre	239
animal	250
animaux	250
année	290
anniversaire	170
annoncer	170
annuel, le	290
antenne	282
août	289
apparaître	252
appareil	165, 283
appareil photo	283
appart	157
appartement	157
appel	265, 279
appeler	151, 173, 279
appeler (s')	151
appétit	164
apprendre	208, 211
apprentissage	211
après	244, 291, 318, 319
après que	319
après-demain	288
après-midi	286
arbre	250
architecte	211
arène	247
argent	218, 268
argument	181
armée	259
armoire	162
arrêt	240
arrêter	210, 292
arrêter (s')	234
arrivée	190, 237, 242
arriver	201, 209, 237, 270
arrondi, e	301
arroser	167
art	228, 229
article	268, 273, 284
artisan	212
artisane	212
artistique	228
ascenseur	158
Ascension	272
aspect	182
aspirateur	165
assez	301
assiette	226
assis, e	196
assurance	268
atelier	211, 228
atteindre	307
attendre	232
attention	207
attraper	197
au	309
au lieu de	318
Au revoir !	151
Au secours !	200
aucun, e	296
au-dessous de	318
au-dessus de	318
auditeur	281
auditeur, auditrice	193
auditrice	281
augmentation	214, 261
augmentation (de salaire)	214
augmenter	257
auparavant	293
auprès de	244, 319
aussi	303, 304
autant (que)	304
auteur	275
autobus	232
autocar	234
automne	290
automobiliste	234
autoroute	233
autour de	245, 318
autre	270, 302, 315
autrefois	270
autrement	304
Autriche	239
Autrichien	239
autrichien, ne	239
Autrichienne	239
aux	309
avancer	286
avant	244, 292, 318
avant que	319
avantage	181
avant-garde	229
avant-hier	288

FRANZÖSISCH

Thematisches Wörterbuch *Alphabetisches Register*

FRANZÖSISCH

avec	318	
avenir	293	
aventure	241	
avertir	174	
avion	238	
avis	181	
avocat	264	
avocate	264	
avoir assez de qn/qc (en)	177	
avoir le droit de faire qc	175	
avoir lieu	270	
avoir marre	177	
avoir un six	188	
avril	289	

B

bac	209	
baccalauréat	209	
bagages	238	
baguette	219	
baigner (se)	187	
baignoire	165	
bâiller	162	
bain	165	
baiser	173	
baisser	197, 253, 257	
balade	188	
balader (se)	188	
balai	164	
balayer	164	
balcon	167	
balle	191	
ballon	191, 238	
banane	219	
bande dessinée	274	
banlieue	245	
banque	269	
bar	225	
bas	245, 298	
bas, se	298	
basket(-ball)	191	
basque	239	
bateau	237	
bateau à voiles	192	
bateaux	237	
bâtiment	157	
bâton	192	
batterie	194	
bavarder	174	

BD	274	
beau	153, 251	
beaucoup	295	
beau-père, beaux-pères	169	
beauté	154	
beaux-parents	169	
bébé	168	
beffroi	247	
bel	153, 251	
Belge	240	
belge	240	
Belgique	240	
belle	153, 251	
belle-fille, belles-filles	169	
belle-mère, belles-mères	169	
béquille	201	
bête	156, 250	
beur, e	258	
Beurk !	179	
beurre	219	
bibliothèque	160, 207	
bicyclette	235	
bidon	166	
bidule	221	
bien	271, 304	
Bien !	179	
bien aimer	179	
bien que	320	
Bien sûr !	178	
bien tomber	180	
bientôt	291	
Bienvenue !	150	
bière	221, 319	
bijou	224	
bijouterie	222	
bijoux	224	
billet	193, 236, 238, 268	
bise	171	
bizarre	156	
blague	186	
blanc, blanche	300	
blessé, e	201	
bleu, e	300	
blond, e	154	
blouson	223	
blues	194	
bœuf	221, 251	
Bof !	178	

boire	164, 199	
boisson	220	
boîte	193, 217, 266, 278	
boîte aux lettres	278	
bol	163	
bombardement	260	
bombe	260	
bon marché	218	
bon, ne	155, 226, 252	
bonheur	184	
Bonjour !	150	
Bonne chance !	151	
Bonne nuit !	151	
Bonsoir !	150	
bord	248	
bouche	195, 237	
bouche de métro	237	
boucher	212	
bouchère	212	
boucherie	217	
bouchon	233	
bouclé, e	153	
bouger	196	
boulanger	212	
boulangère	212	
boulangerie	217	
boulevard	232	
boulot	214	
boum	193	
bouquet	250	
bourgeois	261	
bourgeoise	261	
bout	245	
bouteille	218	
boutique	221	
bouton	154	
bras	196	
Bravo !	179	
bref	291	
brève	291	
brevet	210	
brevet des collèges	209	
briller	252	
brique	159	
bronzé, e	154	
brosse (à cheveux)	165	
brosser	165	
brouillard	253	
bruit	254	
brûler	254	

brun, e	154	
bruyant, e	254	
buffet	225	
bureau	160, 213, 231	
bus	232	
but	192, 307	

C

ça	312	
Ça suffit !	177	
Ça va ?	150	
Ça va.	150	
Ça y est !	179	
cabine	279	
cabine téléphonique	279	
cabinet (du médecin)	202	
cacher (se)	189	
cadeau	170	
cadre	162	
café	225, 227	
café-tabac	225	
cafetière (électrique)	163	
cage	251	
cage à lapin	167	
cahier	206	
caisse	218	
calcul	206	
calculer	206	
calendrier	290	
calme	155, 242	
calmement	306	
camarade	171	
caméscope	283	
camion	235	
camp	188	
campagne	249	
camping	242	
canapé	160	
canif	241	
cantine	206	
capitaine	238	
capitale	243	
car	234, 306, 319	
caravane	242	
carnet	206, 232	
carotte	219	
carré	301	
carré, e	299	

322

Alphabetisches Register — **Thematisches Wörterbuch**

carrefour	234	chaise	160	choc	200	collection	187, 228	
cartable	206	chaleur	253	chocolat	220, 227	collège	203	
carte	188, 241, 246,	chambre	161, 241	chocolat chaud	227	collégien	205	
	268, 278, 279	chambre		choisir	226	collégienne	205	
carte (routière)	241	à coucher	161	chômage	216	collègue	214	
carte		champ	249, 267	chômeur	216	coller	278, 281	
de téléphone	279	champagne	170, 227	chômeuse	216	colline	249	
carte postale	246	champion, -ne	190	chose	222	colo	188	
carton	166	championnat	190	chouette	179	colonie		
case	189	changement	308	ciel	252, 277	de vacances	188	
casque	235	changer	223, 237,	cigarette	199	coloré, e	301	
cassé, e	308		308	ci-joint, e	278	colorier	301	
casser	308	changer (se)	223	cinéma	229	combien	313	
cassette	282	chanson	193	cinq	294	combien (de)	295	
catastrophe	254	chanter	187, 193	cinquantaine	297	comme	302, 305,	
cathédrale	246	chanteur, euse	193	cinquante	294		306, 319	
cave	166	chapeau	224	cinquième	203, 296	comme ça	305	
caverne	249	chapitre	275	cintre	162	commencer	273, 291	
CD	282	chaque	295, 315	circulation	233	comment	304, 313	
C.E.	215	charbon	267	citerne	167	commerçant	217, 268	
ce	311, 312	charcuterie	218	citoyen	255	commerçante	217,	
ce que	314	charcutier	212	citoyenne	255		268	
ce qui	314	charcutière	212	citron	219	commerce	268	
ceci	312	charges	157	clair, e	154, 158, 182,	commercial	212	
cela	312	charme	155		301	commercial, e	268	
célèbre	229	chasser	186	clairement	306	commerciale	212	
celle	312	chat	250	classe	205, 260	commissaire		
celles	312	château	247	classement	190	(de police)	262	
celui	312	chatte	250	classer	161	commissariat		
cent	294, 295	chaud, e	200, 227,	classeur	161	(de police)	231, 262	
cent dix	295		252	classique	154	commode	162	
cent un	294	chauffeur	212, 235	clé	242	Compagnie	262	
centaine (de)	297	chaussettes	223	clé, clef	158	comparaison	304	
centième	295, 296	chaussures	223	clef	242	comparer	303	
centime	268	chef	214, 226	client	217	compétent, e	216	
centimètre	298	chef d'orchestre	193	cliente	217	complet, -ète	242,	
centraliser	256	chemin	243	climat	253		308	
centre	245, 246	cheminée	159	clinique	202	complètement	306	
centre(-)ville	246	chemise	222	clou	166	compliment	180	
cercle	301	chemisier	222	clown	229	comportement	185	
cerise	220	chèque	268	club	187, 189, 265	comporter (se)	185	
certain, e	315	cher	150, 218	coca®	227	compréhension	208	
certain, e	181	chercher	244	cochon	251	comprendre	207	
certainement	178	chère	150, 218	cocktail	193	compris, e	242	
certains	316	chéri	150	code	268	comptable	211	
ces	312	cheval	251	code secret	268	compte	269	
C'est ça.	178	cheveu	153, 195	cœur	195	compter	206	
cet	312	chez	243, 317	coiffeur	212, 222	concert	193	
cette	312	chic	154, 224	coiffeuse	212	concret, -ète	271	
ceux	312	chien	250, 261	coiffure	165	concurrence	267	
chacun, e	295	chienne	250	coin	159, 244	concurrent	267	
chaîne	282, 283	chiffre	207, 276, 297	colère	185	concurrente	267	
chaîne hi-fi	283	chirurgien, -ne	202	colle	161	condition	320	

F R A N Z Ö S I S C H

323

Thematisches Wörterbuch — *Alphabetisches Register*

FRANZÖSISCH

conditionnel	273	
conducteur	232, 236	
conductrice	232, 236	
conduire	234, 277	
conférence	259	
confus, e	182	
congé	213	
connaissance	171	
connaître	172, 208	
consacrer (se)	188	
conseil	176	
conseiller	176	
considérer	182	
consigne	276	
consommateur	269	
consommatrice	269	
consonne	274	
construction	158	
construire	159	
construit, e	246	
consulat	259	
consultation	202	
consulter	202	
conte	275	
content, e	183	
continuer	292	
contourner	234	
contraindre	183	
contraire	303	
contrairement à	303	
contrat	214	
contre	318	
contribution	257	
contrôle	208, 234, 236, 262	
contrôle des billets	236	
conversation	174	
copain	171	
coq	251	
corde	166	
correct, e	208	
corres	171	
correspondant, e	171	
correspondre	304	
corrida	247	
corriger	208	
côte	248	
côté	244, 317	
coton	224	
coucher (se)	161	
couette	162	
couleur	300	

couloir	159	
coup	197, 279, 280	
coup de fil	280	
coup de foudre	173	
coup de téléphone	279	
couper	166, 280	
couplet	193	
cour	167, 206	
courage	155	
courageux, -euse	155	
courir	191, 196	
couronne	270	
courrier	278, 281	
courrier électronique	281	
cours	205, 209	
cours élémentaire (CE1 et CE2)	203	
cours moyen (CM1 et CM2)	203	
cours préparatoire (CP)	203	
course	191	
courses	217	
court, e	224, 292, 298	
cousin, e	168	
coussin	162	
couteau	226	
coûter	217	
couverture	161	
couvrir (se)	223	
C.R.S.	262	
crabe	251	
craindre	185	
crayon (de papier)	160	
créateur	212	
créatrice de mode	212	
crèche	204	
crédit	268	
créer	216, 228, 265, 266	
crème	166	
creuser	197	
crier	177	
crime	263	
criminalité	262	
critiquer	180	
croire	181, 272	
croissant	220	

croix	272	
cube	299	
cueillir	167	
cuillère	226	
cuire	164	
cuisine	162	
cuisinière	163	
culotte	223	
cultiver	267	
culture	208, 229, 267	
curieux, -euse	155	

D

d'abord	291	
d'ailleurs	179	
d'après	181	
d'une part..., d'autre part...	181	
dame	151	
danger	263	
dangereux, -euse	253, 262	
dans	232, 243, 317	
danse	193	
danser	193	
danseur, euse	193	
date	288	
de	261, 292, 296, 317	
dé	188	
debout	196	
débrouiller (se)	186	
début	292	
débutant, e	190	
décembre	289	
décevoir	185	
décharge	254	
déchets	254	
déchirer	225	
décider	186	
décider (se)	186	
déclaration	174	
déclarer	174, 238, 258	
décontenancer	185	
décors	230	
découverte	247, 275	
découvrir	247, 275	
décrire	207	
décrocher	280	

déçu, e	185	
défaut	156	
défendre	176, 259, 264	
défendu, e	263	
défense	259	
Défense de...	176	
définitif, -ive	305	
définitivement	305	
degré	253	
dehors	245	
déjà	291	
déjeuner	164	
délégué	215	
déléguée (du personnel)	215	
demain	288	
demande	269	
demander	174, 182, 207	
démarche	231	
déménagement	158	
déménager	158	
demi, e	296	
demi-frère	169	
demi-sœur	169	
démocratie	255	
démocratique	256	
dent	195	
dentiste	202	
départ	190, 237, 242	
départemental, e	256	
dépêcher (se)	197	
dépenser	257	
déplacer	196	
depuis	244, 290, 318	
déranger	180	
dernier, -ière	190	
derrière	244, 317	
des	309	
descendre	196, 237	
déshabiller (se)	223	
désirer	182	
désolé, e	175	
dessécher	253	
dessert	227	
dessin	228	
dessiner	206, 228	
dessous	245	
dessus	245	
détail	275	
détester	179, 184	
détruire	254	

Alphabetisches Register **Thematisches Wörterbuch**

deux	294, 295	dix	294	économique	266	en face (de)	244, 317	
deux cents	295	dix-huit	294	économiser	254	en fait	179	
deux mille	295	dixième	295	écoute	282	en plus	306	
deuxième	295	dix-neuf	294	écouter	197, 281	en principe	306	
deuxièmement	295	dix-sept	294	écrire	206	en revanche	303	
devant	243, 317	dizaine (de)	297	écriture	206	enchanté	150	
développement	266, 276	docteur	202	édition	284	encore	291	
développer (se)	267	documentation	214	effectivement	179	endroit	245	
devenir	210, 308	doigt	196	efforcer (s')	186	énerver	177	
deviner	189	domaine	276	effort	186	enfant	151, 168	
devinette	189	Dommage !	175	égal, e	297	enfer	272	
devoir	183, 206, 268, 305	donc	306, 319	égalité	255	enfin	291	
		donner (qc à qn)	186	église	247, 272	enlever	223	
		dont	314	égratignure	201	ennemi	260	
dialogue	174	dormir	161	Eh bien, ...	174	ennemi, e	260	
dictature	256	dos	195	Eh oui !	174	ennemie	260	
dictionnaire	274	dossier	216, 265	électricien	212	ennuyer (s')	188	
Dieu	272	douane	238	électricienne	212	ennuyeux, -euse	180	
différence	302	double	297	électricité	159, 277	énorme	303	
différent, e	302	douce	253	électrique	277	enregistrement	283	
différentes	316	douche	165	électronique	276	enregistrer	283	
différents	316	doute	178	élégant, e	154	enseignement	204	
difficile	156, 213	doux	253	élevage	267	enseignement supérieur	210	
difficulté	208, 267	douzaine (de)	297	élève	205	ensemble	265, 298	
dimanche	288	douze	294	élever	267	ensuite	291	
dimension	298	draguer qn	172	éleveur	267	entendre	198	
diminuer	257	drap	161	éleveuse	267	entendu (bien)	178	
dîner	164	drapeau	255	elle	310	entier, -ière	308	
dingue	180	drogue	199	elles	311	entraînement	190	
diplôme	210	droit	243, 255, 264	e-mail	281	entraîner	307	
diplômé, e	210	droit, e	243	embêter	177	entraîner (s')	190	
dire	173	droite	243, 257, 317	embrasser	172	entraîneur, euse	190	
directement	306	drôle	155	émerveillé, e	184	entre	245, 292, 318	
directeur	205, 214	du	309	émigrer	258	entrée	160, 226, 233, 247, 274	
direction	232, 243	DVD	282	émission	281			
directrice	205, 214			emménager	158	entreposer	166	
diriger	193			emmerdeur, -euse	177	entreprise	213, 215, 266	
discothèque	193	**E**		émotion	184	entrer	196	
discours	257			empêcher	176	envahir	271	
discussion	174	eau	165, 220, 253	empereur	270	enveloppe	278	
discuter	174	échange	172	emploi	207, 216	envelopper	218	
disparaître	254	échecs	189	emploi du temps	207	envers	318	
disputer (se)	177	échelle	166	employé	214	envie	183, 187	
disque	283	éclater	236	employée	214	environ	303	
distrait, e	156	école	203	employer	267	environnement	254	
distribuer	278	école élémentaire	204	emporter	241	envoyer	191, 278	
distributeur (de billets)	269	école maternelle	204	emprunter	269	épais, se	224	
divers	316	écomusée	228	ému, e	184	épeler	151	
diverses	316	économie	266, 270	en	243, 244, 282, 288, 303, 306, 311, 317	épicerie	217	
diviser	276	économie mondiale	270			épicier	217	
divorce	168	économies	258	en direct	282	épicière	217	
divorcé, e	153							

FRANZÖSISCH

325

Thematisches Wörterbuch *Alphabetisches Register*

FRANZÖSISCH

époque	270, 292
équipe	190, 214
escalier	159
esclave	270
Espagne	240
Espagnol	240
espagnol, e	240
Espagnole	240
espérer	183
esprit	271
essayer	186, 223
est	246
est-ce que	313
et	292, 319
étable	267
étage	158
étagère	160
étape	190
État	255
été	290
éteindre	159, 282
étiquette	221
étonnant, e	181
étonner	181
étranger	239, 258, 259
étranger, -ère	239, 259
étrangère	258
être	293, 307
être à qn	161
être en train de faire qc	293
être vache	177
étroit, e	298
études	210
étudiant	210
étudiante	210
étudier	210
euro	268
Europe	240, 270
Européen	240
européen, ne	240, 270
Européenne	240
eux	311
événement	270
évidemment	178
éviter	186
évoluer	308
évolution	308
exact, e	181
exactement	178, 306

exagérer	303
examen	202, 210
examiner	202
excellent, e	180
exceptionnel, le	180
excursion	241
excuse	175
excuser	175
exemplaire	180
exemple	207
exercice	198, 206
exister	308
expliquer	207
expliquer (s')	263
explosion	260
exportation	270
exporter	269
exposer	228
exposition	228
exprès	307
expression	273
exprimer (s')	174
extérieur	159
extra	180
extraire	267
extrême	303
extrêmement	303

F

façade	158
facile	213
faciliter	182
façon	305
faible	198, 209
faiblesse	199
faim	163
faire	185, 291, 292
fait	270
falloir	183, 305
famille	168
fantastique	180
farce	193
fatigue	199
fatigué, e	198
fatiguer	199
fausse	208
faute	208
fauteuil	160
faux	208, 228
faxer	280
félicitations	171

féliciter	171, 180
féminin, e	152, 273
femme	151, 169
fenêtre	159
fer	267
ferme	267
fermé, e	221
fermer	217
ferry	238
festival	194
fête	170
fêter	170
feu	235, 254
feu arrière	235
feuille	167, 250
feutre	161
feux	254
février	289
fichier	280
fichu	177
fièvre	200
filet	191
fille	152, 168
film	230
fils	168
fin	291
fin, e	224
finir qc	292
Flandre	240
fleur	167, 249
fleuriste	222
fleuve	248
policier	262
flirter avec qn	172
fois	292
foncé, e	301
foncé, e	154
fonder	266
fontaine	247
foot(ball)	190
footballeur, -euse	192
force	199, 277
forcer	183
forêt	248
formation	210, 277
forme	198, 300
former	301
formidable	180
fort, e	154, 209, 227
fortune	261
fou, fol, folle	173
four	162

fourchette	226
fraîche	218, 253
frais	218, 253
fraise	219
framboise	220
franc (F)	268
Français	239
français	205, 239, 272
français, e	239
Français, e	152
Française	239
France	239
francophone	239
frapper	196
fraternité	255
frère	168
frérot	168
fric	269
frites	226
froid, e	200, 227, 252
fromage	219, 227
fruit	219, 226, 250
fumer	199
futur	273
futur, e	293

G

gagner	189, 190, 214
gai, e	155
garage	167, 233
garçon	152, 226
garde	264
garde des Sceaux	264
gardien	212
gardien, -ne	158
gardienne	212
gare	235, 236
gare routière	235
gaspiller	254
gâteau	170, 220
gauche	243, 257, 317
gaz naturel	267
gazon	167
gendarme	211, 262
gendarmerie	231, 262
gendre	169
gêné, e	185
général, e	306

Alphabetisches Register **Thematisches Wörterbuch**

généralement	306	Hé!	174	immatriculation	236	inspecteur		
généreux, -euse	155	herbe	167	immédiat, e	293	de police	262	
génial, e	180	herbes	221	immédiatement	293	inspectrice	211	
gens	260	héritier	271	immense	303	installer	280	
gentil, le	155	héritière	271	immeuble	157	installer (s')	158, 266	
géo	205	héroïne	230, 275	immigration	258	instit	207	
géographie	205	héros	230, 275	immigré	258	instituteur	207	
geste	196	hésiter	186	immigrée	258	institutrice	207	
gin	227	heure	285	immigrer	258	instrument		
glace	220, 227, 252	heureusement	182	immobile	308	(de musique)	192	
gomme	160	heureux, -euse	184	immobilité	308	insupportable	177	
goûter	164	hier	288	imparfait	273	intelligemment	182	
gouvernement	256	high tech	276	impératif	273	intelligent, e	155	
grâce à	306, 319	histoire	270, 274	impératrice	270	interdiction	176	
gramme	298	historique	270	impoli, e	156	interdire	176	
grand, e	153	hiver	290	important, e	181	interdit, e	263	
grand-mère,		HLM	257	importation	269	intéressant, e	179	
grands-mères	169	HLM (habitation		importer	268	intéresser	188	
grand-père	169	à loyer modéré)	257	imposer	307	Intérieur	263	
grands-parents	168	hobby	187	impossible	306	intérieur	159, 245,	
graphique	276	homme	151	impôt	257		318	
gras, se	154	honnête	155	impôts	214, 257	Internet	280	
gratuit, e	247	honte	185	impression	182, 198	internet	280	
grave	181	hôpital	202	impressionner	186	interprète	193, 211	
grippe	200	horaire	237	inchangé, e	308	interrogatoire	263	
gris, e	300	horloge	286	incolore	301	interroger	263	
gronder	177	hospitalier, -ière	202	incompétent, e	180	interroger (s')	186	
gros, se	154	hôtel	241, 242, 247	inconnu, e	229	interview	281	
groupe	193, 240,	hôtel particulier	247	inconvénient	182	interviewer	284	
	265, 266	Hôtel de Ville	231	indépendant, e	156	inventer	276	
guerre	259, 271	huit	294	individu	271	inventeur	276	
guichet	237, 278	huitante	294	individuel, le	272	invention	276	
guide	246	humide	253	inférieur, e	298	inventrice	276	
guide		hurler	177	infinitif	273	inverse	303	
(touristique)	241			infirmier,		invitation	172	
guillotine	271			infirmière	202	invité, e	170	
guitare	194	**I**		influencer	186	inviter	172, 182	
guitariste	194			informaticien	212	ironie	186	
		ici	243	informaticienne	212	Italie	240	
		idéal	272	information	241,	Italien	240	
H		idéal, e	180		284	italien, ne	240	
		idéaux	272	informatique	280	Italienne	240	
habiller (s')	223	idée	176, 271	informer	282			
habitant	239	identique	303	informer (s')	241			
habitante	239	idiomatique	274	infusion	227	**J**		
habiter	152, 157	idiot, e	156	ingénieur	212			
habitude	186	il	310	initiative	241	jadis	293	
hamster	250	il y a	307	injuste	264	jamais	292	
hangar	167	île	248	injustice	264	jambe	195	
hasard	307	illégal, e	263	inquiet, -ète	184	jambon	219	
haut	245	ils	311	inquiétant, e	184	janvier	289	
haut, e	249, 298	image	283	inquiéter (s')	184	jardin	167	
hauteur	299	imiter	186	inspecteur	211, 262	jaune	300	

F R A N Z Ö S I S C H

Thematisches Wörterbuch *Alphabetisches Register*

FRANZÖSISCH

je	310	
jean	222	
jeter	197	
jeu	189, 283	
jeu électronique	283	
jeu vidéo	283	
jeu(x)	188	
jeudi	287	
jeune	152, 153	
jeunes	260	
jeux	283	
jeux vidéo	283	
job	214	
joie	184	
joindre qc	278	
joindre qn	280	
joli, e	153	
jouer	188, 189, 229	
joueur, -euse	189	
jour	213, 242, 287	
jour férié	170, 213	
jour ouvrable	213	
jour ouvré	213	
journal	275, 284	
journal intime	275	
journaliste	284	
journée	286	
joyeux, -euse	184	
juge	264	
jugement	265	
juger	182, 265	
juillet	289	
juin	289	
jupe	222	
juré	264	
jurée	264	
jury	264	
jus	220, 227	
jusqu'à ce que	319	
jusque	244, 290, 318	
juste	208, 264	
justice	264, 272	
justifier	263	

K

kilo(gramme)	298
kilomètre	245, 298
klaxonner	234

L

la	309, 310
là	243
là-bas	244
lac	248
lâcher	197
là-dedans	244
là-haut	244
laid, e	153
laideur	154
laisser	175
laisser qn	151
lait	219
lampe	162
lampe de poche	166
lancer	192
langue	196, 207, 239, 274
lapin	251
laquelle	314
large	224, 298
largeur	299
lavabo	165
laver (se)	165
le	309, 310
leçon	205
lecteur	275, 283
lecteur de CD/DVD	283
lectrice	275
léger, -ère	224, 299
légume	219
lendemain	288
lent, e	156, 237
lentilles (de contact)	153
lequel	314
les	205, 219, 226, 231, 259, 264, 272, 276, 284, 309, 311
lesquels	314
lettre	278
leur	311, 313
lever (se)	162
liberté	255, 263
libre	242, 263
licenciement	216
licencier	216
lieu de naissance	152
ligne	206, 236
limonade	227
lion	251
lionne	251

lire	187, 206
lisse	153
liste	240
lit	161, 242
litre (de)	299
littérature	275
livre	206, 274, 299
livre (de)	299
local, e	245
locataire	157
locomotive	236
logement	257
logement social	257
loin	243, 318
lointain, e	239
loisirs	188
long	224, 292, 298
longtemps	292
longue	224, 292, 298
longueur	298
look	153
Lorraine	240
louer	157
loup	251
lourd, e	299
louve	251
loyer	157, 257
lui	311
lundi	287
lunettes	153, 223
lunettes de soleil	223
lutter	215
Luxembourg	240
lycée	204
lycéen	205
lycéenne	205

M

M.	151
ma	312
machine	266
maçon	212
Madame	150
Mademoiselle	150
magasin	221
magazine	284
magnétophone	283
magnétoscope	283
magnifique	179
mai	289
maigre	154

maillot	191
main	195
maintenant	291
maire	231
mais	178, 319
maison	157, 241, 284
maison de vacances	241
majorité	256
mal	177, 180, 200, 271, 304
malade	199, 200
maladie	200
malgré	179, 318
malheureusement	175
maligne	155
malin	155
maman	168
mamie	169
Manche	249
manger	163
manière	304
manif	265
manifestation	265
manifester	265
mannequin	212
manœuvre	234
manquer	181
manteau	223
marchander	222
marche	159
marché	217, 246, 247, 268
marché aux puces	247
marcher	191, 196
mardi	287
marée	249
mari	169
mariage	171
marié, e	153
marier (se)	171
marin	238
marque	266
marquer	270
marron	250, 300
mars	289
marteau	166
masculin, e	152, 273
massif, -ive	160
match	190
matelas	162

Alphabetisches Register **Thematisches Wörterbuch**

mathématiques	205, 276	ministre	256, 263	multicolore	301	nord	245	F
matheux, -euse	276	minuit	285	multiplier	276	Nord de la France	239	R
maths	205	minuscule	299	multiplier (se)	297	normal, e	182	A
matière	206, 267	minute	285	mur	158, 167	normalement	306	N
matière première	267	misère	261	musée	228, 246	nos	312	Z
matin	285, 295	Mlle	151	musique	192	note	193, 209, 242	Ö
matinée	286	Mme	151	musique pop	194	noter	206, 208	S
mauvais, e	180, 226, 251	mob	236			notre	312	I
		mobile	279			nourrir	164	S
me	310	mobilier	160	**N**		nous	311	C
méchant, e	156	mobylette®	236			nouveau	224	H
mécontent, e	184	mode	223, 305	nager	191	nouvel	224	
médecin	201, 212	modèle	228	nageur, -euse	191	nouvelle	224, 284	
médicament	202	moderne	157	naissance	152	nouvelles	281	
meilleur	303	moi	310	nation	255	novembre	289	
mélange	227	moins	253, 276, 295, 302, 304	national, e	255	nuage	252	
melon	221			nature	248, 254	nuance	301	
mémé	169	mois	289	naturel, le	155, 254	nuit	286	
même	302, 305, 315	moitié	297	naturellement	178	nulle part	244	
mensuel, le	290	moment	291	navette	235	numéro	152, 229, 279, 284	
menteur, -euse	156	mon	312	naviguer	281			
mentir	264	Mon Dieu, ...	177	ne pas s'en faire	184			
mer	237, 248	monarchie	256	ne pas tarder à faire qc	293	**O**		
merci	179	mondial, e	270	ne plus en pouvoir	185			
mercredi	287	moniteur	212	ne... ni...	319	objectif	307	
Merde !	177	monitrice	212	né, e	152	objet	160	
mère	168	monnaie	217	nécessaire	182	obligatoire	183	
merguez	219	Monsieur	150	néerlandais, e	240	obliger	183	
mesure	257, 298	montagne	248	négatif, -ive	180	observer	198	
métier	211	monter	196, 237, 253	neige	252	obtenir	186	
mètre	245, 298	montgolfière	238	neiger	252	occasion	182, 293	
métro	237	montre	286	nettoyer	164, 225	occupé	279	
metteur en scène	229	montrer (qc à qn)	246	nettoyer (se)	166	occuper	169	
mettre	196, 223, 286	monument (historique)	246	neuf	294	octante	294	
mettre (se)	292	moquer de qn/qc (se)	180	neveu	169	octobre	289	
meuble	160	moral	199	nez	195	œil	154	
micro	283	morale	271	ni... ni...	319	œil, yeux	195	
Midi	240	morceau	297	nièce	169	œillet	250	
midi	285	mort	201	n'importe quel	316	œuf	221, 228	
mieux	176, 302	mort, e	201	n'importe qui	316	œuvre	229, 265, 275	
milieu	244, 261, 318	mot	273, 281	n'importe quoi	316	office du tourisme	241	
militaire	212, 259	mot de passe	281	niveau	209	offre	269	
mille	295	moto	235	Noël	170, 272	offrir	171	
mille un	295	Mouais !	179	noir, e	301	Oh là là !	177	
milliard	296	mouillé, e	253	nom	151, 273	oiseau	251	
millième	295	mourir	201	nom de famille	152	on	315	
millier (de)	297	mouvement	196	nombre	206, 293	oncle	168	
millimètre	298	moyen	303, 305	nombreux, -euse	298	ongle	195	
million	296	moyen, ne	303	non	178, 304	onze	294	
mince	154	moyenne	209, 303	non plus	304	opération	202	
Mince (alors) !	177	muet, te	274	nonante	294	opérer	202	
mine	260, 267							

Thematisches Wörterbuch — Alphabetisches Register

FRANZÖSISCH

opposé	303	
opposé, e	303	
opposition	256, 303	
orage	253	
orange	219, 300	
orangina®	226	
orchestre	193	
ordinateur	280	
ordonnance	202	
ordonner	183	
ordre	183, 295	
ordures	254	
oreille	195	
oreiller	162	
organiser	215, 265	
original	228	
original, e	155, 180	
origine	258, 293	
os	195	
oser	186	
ou	319	
où	243, 313, 314	
oublier	207	
ouest	246	
oui	178	
outil	166	
ouvert, e	221	
ouvrage	275	
ouvrier	211	
ouvrière	211	
ouvrir	217	
ovale	301	

P

page	206, 274
paiement	269
pain	220, 227
paix	260
palais	246
pâle	154
panique	185
paniquer	185
panneau	234
pansement	202
pantalon	222
pantomime	229
papa	168
papier	161
papiers	231
papier-toilette	165
papi, papy	169

Pâques	170, 272
paquet	217, 278
par	245, 278, 318
par avion	278
par contre	178
paradis	272
paraître	284
parapente	192
parapluie	224
parc	247
parce que	306, 319
par-dessus	318
pardon	175
pardonner	175
pareil, le	304
parents	168
paresseux, -euse	156
parfaitement	178
parfois	293
parfumerie	221
parisien, ne	245
parking	234
parlement	256
parler	173
parmi	318
parole	174
part	297
partager	186
partenaire	168
parti (politique)	256
participer à qc	190
partie	189, 296
partir	151, 234
partout	244
pas	197, 296, 314
pas du tout (ne...)	178
pas mal	179
Pas question !	178
passager	238
passagère	238
passe	191
passé	273
passé, e	293
passer	187, 196, 279, 282, 290
passer (en)	204
passer (se)	270
passion	187
patient, e	202
patinage	192
patineur, -euse	192
patinoire	192

patins à glace	192
pâtisserie	218
pâtisseries	220
pâtissier	212
pâtissière	212
patrie	255
patrouille (de police)	262
pauvre	175, 260, 261
pauvreté	261
payer	213, 217, 225
pays	239
Pays Basque	239
paysage	248
paysan	267
paysanne	267
Pays-Bas	240
peau	196
pêche	221
peigne	165
peigner (se)	165
pelouse	167
pencher	197
pendant	292, 318
pendant que	319
pendule	286
penser	181, 271
pension	242
Pentecôte	272
pépé	169
perdre	190
perdre (se)	246
père	168
période	293
permanence	207
permettre	175, 264
permission	175
perroquet	250
personnage	230
personne	152, 315
personnel	242, 267
perte	267
peser	298
petit, e	153
petit-déjeuner	164
petite-fille	169
petit-fils,	169
petits-enfants	169
pétrole	267
peu	295, 302, 305
peu à peu	305
peuple	270
peur	184

peut-être	305
phare	235, 247
pharmacie	200, 222
pharmacien	212
pharmacienne	212
photo	187, 283
phrase	273
pianiste	194
piano	192
pièce	159, 230, 268, 297
pièce de monnaie	268
pièce de théâtre	230
pied	195
piège	208
pierre	159, 249
piéton	234
piétonne	234
pile	286
pilote	238
pion	189
pipi	166
pique-nique	240
piqûre	202
pire	302
piscine	188
piste	192, 238
pitié	175
pittoresque	247
place	193, 230, 236, 246
placer	196, 268
plafond	159
plage	248
plaindre (se)	177
plaire	179
plaisanter	186
plaisir	184
plaît	150, 175
plan	158, 240
plancher	159
plante	167, 250
planter	167
plastique	224, 277
plat	226
plâtre	159, 201
plein de	296
plein, e	232, 296
pleurer	184
pleuvoir	252
plombier	212
pluie	253

Alphabetisches Register **Thematisches Wörterbuch**

pluriel	273	poste de police	262	prof	205	quatre-vingts	294
plus	253, 276, 295,	poster	162	professeur	205, 209,	quatre-vingt-un	294
	302, 304	pot	167, 218		211	quatrième	203
plusieurs	297, 315	poule	251	profession	211	que	303, 313, 314,
plus-que-parfait	273	pour	290, 307, 318	professionnel	211		319
plutôt	303	pour que	307, 319	professionnel, le	211	quel	314
pneu	235	pourquoi	313, 319	professionnelle	211	quelconque	316
poème	274	pourquoi ?	306	profiter de	186	quelle	314
poésie	275	pourtant	178	profondeur	299	quelque	306, 315
poète	275	pousser	197, 250	projet	211, 214	quelque chose	315
poétesse	275	pouvoir	183, 255,	promenade	187	quelque peu	306
poids	154, 236, 299		304	promener (se)	187	quelquefois	293
poids lourd	236	pratique	163, 180	promesse	174	quelques	297, 315
point	189, 246,	précis, e	286	promettre	174	quelques-uns	316
	273, 304	précisément	178	prononcer	173	quelqu'un	315
point commun	304	préfecture	231	proposer	176, 256	quels	314
point de départ	246	préférable	181	propriétaire	157	qu'est-ce que/qu'	313
point de vue	181	préféré, e	181	protéger	254	question	173, 207
pointu, e	301	préférer	181	protéger (se)	263	questionnaire	231
poire	220	préfixe	274	province	239	queue	218, 251
poisson	219, 250	premier, -ière	295	provisoire	305	qui	313, 314
poissonnerie	217	première	204	provisoirement	305	quiche	227
poivre	228	premièrement	295	prudent, e	155	quinzaine (de)	297
poli, e	155	prendre	217	prune	221	quinze	294
police	261	prendre mal qc	185	pub	282	quoi	313, 314
policier	211, 262	prendre un pot	172	public	229	quoique	320
policier, -ière	262	prénom	151	publicité	282		
politesse	156	préparation	241	publier	284		
politique	256	préparer	170, 240	puis	291	**R**	
polluer	254	près	244, 318	puissance	259, 277		
pomme	219	présent	273, 293	pull	222	raccrocher	280
pomme de terre	219	présenter (se)	151	pull-over	222	racisme	258
pont	246	presque	302	punir	263	raciste	258
populaire	261	presse	283	punition	263	raconter	173
population	261	prêt, e	241	puzzle	189	radio	281
porc	221, 251	prêter	172, 269	pyramide	246	raison	178, 306
port	238	prévenir	174			raisonnable	155
portable	279, 280	prince	271			râler	177
porte	158	princesse	271	**Q**		rallye	190
portefeuille	218	principal, e	182, 303			rang	207, 230
porte-monnaie	218	principe	271	qualité	155, 224, 266	ranger	164
porter	217, 223	printemps	289	quand	313, 319	rapide	235
portière	235	prix	217	quand même	179	rapidement	235
portion	228	problème	177, 206	quantité	297	rappel	208
portrait	229, 275	procès	264	quarantaine (de)	297	rappeler	174, 279
portugais, e	240	prochain, e	292	quarante	294	rapport	304
Portugal	240	procureur	264	quart	296	rapport (avec qn)	172
poser	196	prodige	180	quartier	246	rapprocher	197
positif, -ive	180	producteur	230, 266	quatorze	294	rarement	292
position	181, 244	production	266	quatre	294	ras-le-bol	177
possibilité	305	productrice	230, 266	quatre-vingt-dix	294	rassurer	175
possible	306	produire	266	quatre-vingt-onze		rater	208
poste	262, 278, 282	produit	266		294	réaction	198

F R A N Z Ö S I S C H

Thematisches Wörterbuch *Alphabetisches Register*

FRANZÖSISCH

réagir	186
réaliser	186
récemment	293
récent, e	293
réception	241
recette	164
recevoir	172, 278, 281
récipient	163
recommandation	176
recommandé	278
recommander	176
recommencer	215, 291
récré	206
récréation	206
rectangle	301
recuire	164
recyclable	254
recyclage	254
recycler	254
rédacteur	284
rédactrice	284
redire	173
redistribuer	278
réduction	261
réflexe	198
refrain	193
refuge	242
regarder	197
régime	255
région	239
règle	161, 208
régler	264, 268
régner	271
regret	175
regretter	175
reine	270
relation	172, 304
relations internationales	259
relever	197
relief	248
religion	272
relire	275
remarque	174
remarquer	198
remerciement	180
remercier	180
remettre	291, 293
remorque	235
rencontre	172, 259
rencontrer	151, 172

rendez-vous	172, 202
rendre	186
renseignement	241
renseignements	279
rentrer	213, 232
réparer	166
repas	163
répertoire	281
répéter	173, 207
répondeur	280
répondre	174, 207, 279
réponse	174, 207
repos	198
reposer (se)	199
reprendre	215, 218
représentant	256
représentante	256
république	255
RER	236
Réseau	236
respecter	272
respiration	201
responsable	212, 263
ressemblant, e	304
ressembler à qc	301
ressembler à qn	153
restaurant	225
reste	297
rester	242, 307
rester à la maison	187
résultat	190, 210, 307
résumé	206
résumer	207
retard	287
retarder	287
retour	245
retourner	197, 234
retrouver	170
réussi, e	180
réussir	208, 212
rêve	161
réveil	162
réveillé, e	162
réveiller	162
revenir	245
rêver	161, 183
revoir	171
révolution	271
révolutionnaire	271
revue	284
rez-de-chaussée	158

rhume	200
riche	261
richesse	261
rien	296, 315
rigoler	171, 184
rime	193, 275
rimer	274
rire	171, 183
rivage	249
rive	249
riz	220
robe	222
robot	267
roche	249
rocher	249
rock	193
roi	270
rôle	230
romain, e	270
roman	274
rond	301
rond, e	301
rose	250, 300
rosée	253
roue	235
rouge	300
route	233, 244
routier	236
roux, -sse	154
rue	152, 232, 243
ruine	247

S

sa	312
sable	249
sac	217, 223, 240
sac à dos	240
saisir	197, 208
saison	251
salade	219, 226
saladier	162
salaire	214
salle	230, 242
salle à manger	160
salle d'attente	202
salle de bains	165, 242
salle de séjour	160
salon	160, 225
salon de thé	225
Salut !	150, 151
samedi	288

sanction	263
sandwich	226
sang	201
sans	292, 318
sans arrêt	292
sans aucun doute	179
sans doute	178
sans que	320
sans-papiers	258
santé	198
satisfait, e	184
sauce	227
saucisse	221
sauf	178, 318
saut	191
sauter	191, 197
sauteur, euse	191
sauvage	249, 251
sauver	201
savoir	207
scène	229
se	308, 311
se développer	308
séance	256
sec	253
sec, sèche	166, 253
sécher (se)	166
second, e	295
secondaire	182
seconde	204, 285
secourisme	201
secours	201
Sécurité	262
sécurité	263
seize	294
sel	221, 228
self	225
self-service	225
self-services	225
semaine	288
semblable	304
sens	198, 271, 274
sentir	198
sentir (se)	184
sentir bien (se)	199
séparer (se)	151
sept	294
septante	294
septembre	289
sérieux, -euse	155
seringue	202
serrer	197
serrure	158

Alphabetisches Register **Thematisches Wörterbuch**

service	172, 191, 231	sommet	249	suffisant, e	182	taureau	251
serviette	213, 226	son	193, 283, 312	suffixe	274	taxi	234
serviette de toilette	165	sondage	269	Suisse	239	te	310
servir	214, 222, 226, 307	sonner	158, 279	suisse	239	technique	276
		sonnette	158	suite	274, 306	tee-shirt	222
ses	312	sorte	305	suivant, e	293	tel	315
seul, e	261	sortie	222, 233	suivre	209, 234	télé	279, 281
seulement	178, 305	sortir	172, 187, 284	sujet	209, 284	télécarte®	279
sévère	156	sortir (s'en)	186	Super !	179	télécommande	282
sexe	152	souci	185	superficie	299	téléphone	279
short	223	soudain	292	supérieur, e	298	téléphoner	279
si	174, 303, 319	souhaiter	171	supermarché	217	téléspectateur	281
siècle	270, 290	source	249	supplément	237	téléspectatrice	281
signature	278	sourire	184, 261	supprimer	216	téléviseur	282
signer	278	souris	250, 280	sur	244, 317	télévision	281
signifier	274	sous	244, 317	sûr, e	181, 263	telle	315
silence	229	soustraire	276	sûrement	178	tellement	302
s'il te plaît	150, 175	soutenir	265	surface	299	témoin	264
s'il vous plaît	150, 175	soutien	265	surtout	305	température	252
		souvenir	270	surveillant	207	tempête	253
simple	160, 182	souvent	292	surveillante	207	temps	252, 273, 290
singe	251	spaghettis	226	surveiller	206	tendre	173
singulier	273	spécialisé, e	211	survoler	238	tenir	197
site (Internet)	281	spécialité	211, 228	sweat	222	tennis	191
situation	307	spectacle	229	sweat-shirt	222	tente	242
situation de famille	152	spectateur	229	syllabe	274	terminaison	274
		spectatrice	229	symbole	271	terminale	205
six	294	sport	189	sympa	155	terminer	213, 291
sixième	203	sport automobile	190	sympathique	155	terminer (se)	273
sketch	230	sportif, -ive	189	syndicat	215, 241	terrain	158, 190, 249
ski	191	stage	211	système	255	terrasse	167
skier	191	stand	217			terrible	180
skieur, -euse	191	star	230			tes	312
slalom	192	station	237, 246, 281	**T**		tête	195
social, e	257, 260	station de radio	281			texte	206
société	261, 266	stationner	234	ta	312	TGV	236
sœur	168	statue	247	tabac	199	thé	227
sœurette	168	stop	234	table	160, 163	théâtre	230
soi	311	stratégie	266	table de nuit/de chevet	162	thermomètre	200
soif	163	strict, e	156	tableau	162, 206, 228, 276	ticket	237
soin	201, 202	strictement	306			tiède	165
soir	286	strophe	275	tache	224	tiers	296
soirée	286	studio	230	taille	154, 223, 298	tigre	251
soixante	294	stupide	156	taille-crayon	161	tigresse	251
soixante et onze	294	stylo	160	tandis que	320	timbre	278
soixante-dix	294	subjonctif	273	tante	168	tirer	197
soixante-douze	294	succès	230	taper	197	tiroir	161
sol	159	sucette	220	tapis	160	tisane	227
soleil	252, 277	sucre	220	tard	286	tissu	224
solitude	261	sucrer	164	tarte	219	titre	274, 284
solution	208	sucreries	219	tartine	164	toi	310
somme	269	sud	246	tasse	226	toilettes	165
		suffisamment	182			toit	159

FRANZÖSISCH

333

Thematisches Wörterbuch *Alphabetisches Register*

FRANZÖSISCH

tomate	219	
tombeau	246	
tomber	196, 200	
tomber en arrêt devant	222	
tomber mal	177	
ton	301, 312	
tonne	299	
tort	180, 264	
tôt	286	
total	297	
toucher	198	
toujours	291	
tour	157, 188, 240, 246	
Tour de France	191	
tourisme	241	
touriste	240	
touristique	247	
tourner	197, 244	
tous, toutes	295, 315	
Toussaint	272	
tout	243, 291, 292, 315	
tout à coup	291	
tout à fait	178	
tout de suite	292	
tout droit	243	
tout, e	295, 315	
toutes	315	
trac	230, 263	
trace	263	
traduction	275	
traduire	207	
trafic	234	
train	236	
trait	274	
traitement	186, 280	
traitement des données	280	
traiter	186	
trajet	234	
tram(way)	236	
tranche	297	
tranquille	155, 242	
transformation	308	
transformer	308	
transport	234	
transporter	235	
travail	213	
travailler	211, 213	
travailleur	212	
travailleuse	212	

travaux	213, 233
traverser	237, 244
traversin	162
treize	294
trentaine (de)	297
trente	294
très	301
triangle	301
tribunal	264
triple	297
triste	184
trois	294
troisième	204, 295
trop (de)	301
trottoir	234
trou	224
troupeau	267
trousse	206
trouver	181, 217, 244
truc	166
T-shirt	222
tu	310
tube	166
tuer	263
tuile	159
tulipe	250
tunnel	234
tutoyer	174

U

un	309
un pour cent	297
un, e	293
une	309
union	274
uniquement	179
universitaire	210
université	210
usine	266
utile	180
utiliser	166

V

vacances	213, 240
vacances scolaires	204
vache	251
vague	248
vaisselle	163
valise	241
vallée	249
vase	160
Vas-y!	183
veau	221, 251
vedette	229, 281
veille	289
vélo	190, 235
vendre	218
vendredi	287
venir	234, 261
vent	252
vente	269
ventre	195
verbe	273
vérité	265
verre	225
vers	245, 275, 286, 318
version	275
vert, e	300
veste	222
vêtement	222
viande	218
victime	263
vide	226
vidéo	283
vie	198
vieil	153, 157
vieille	153, 157, 246
vieille ville	246
vieux	153, 157
village	244
ville	243, 314
vin	227, 319
vingt	294
vingt et un	294
vingtaine (de)	297
vingt-deux	294
vingtième	295
violence	263
violent, e	263
violet, te	300
violon	194
virage	232
virgule	273
visage	195
visite	172, 246
visite à domicile	202
visiter	228, 246
visiteur, -euse	247
vite	232
vitesse	234, 235, 236

vitre	159
vitrine	222
vivant, e	201
Vive…!	180
vivre	152
vocabulaire	272
Voilà!	179
voile	192
voilier	192
voir	197
voisin, e	157, 158
voiture	235
voix	193
vol	238, 263
volant	235
volcan	249
voler	238, 263
voleur, -euse	263
volley(-ball)	191
volontiers	178
volume	283, 299
vomir	200
voter	215, 256
votre, vos	312
vouloir	182, 304
vous	311
vouvoyer	175
voyage	241
voyager	241
voyelle	274
vrai, e	181
vraiment	306
vue	198, 242

W

W.-C.	165
week-end	288

Y

y	311
yeux	154, 195

Z

zapper	282
zéro	293
zoo	247
Zut!	177

Lautschrift Thematisches Wörterbuch

Vokale

[a]	bac
[ɑ]	classe, pâte
[e]	état, presser
[ɛ]	caisse
[ə]	menace
[i]	diplôme
[o]	auteur
[ɔ]	obtenir
[œ]	Europe
[u]	coup
[y]	nature

Konsonanten

[b]	beau
[d]	du
[ʒ]	gendarmerie, jour
[f]	feu, philosphie
[m]	mer
[n]	nature
[p]	pont
[z]	zèbre, rose
[g]	gant
[k]	cours
[l]	lac
[ŋ]	jogging
[ɲ]	digne
[R]	règle
[s]	soleil
[ʃ]	chat
[t]	toi
[v]	visite
[']	héros (behauchtes oder konsonantisches h)

Halbvokale

[j]	pièce
[w]	boîte
[ɥ]	produit

Nasale

[ã]	champignon, chanson, ensemble
[ɛ̃]	fin
[ɔ̃]	bonbon, long, tronc
[œ̃]	aucun